사회복지
총론

Introduction to Social Welfare

김욱·이홍직·강선경·김학주

圖書出版 오 래

머 리 말

현대사회를 살아가는 우리들은 급격한 사회변화를 겪으며 다양한 심리적·사회적·경제적 문제에 직면하게 되고, 개개인이 경험하는 다양하고 복잡한 욕구를 해결하고자 노력하면서 살아가고 있다. 산업화와 도시화의 이면에서 야기되는 혼란과 스트레스 속에서 정신적 안정이나 여유, 인간다운 삶을 기대하기는 어렵게 되었고, 적응곤란 문제로까지 이어져 신체질병과 더불어 정신적 질환을 겪게 되는 현상도 나타나게 되었다. 이에 따라 사회복지의 실천영역과 활동범위도 점점 다양해지고 있으며, 이러한 인간의 문제와 욕구를 해결하도록 도와주며 개개인의 잠재능력과 사회적 기능을 향상시켜 삶의 질을 높이는 데 사회복지의 중요성이 점차 부각되고 있다.

이러한 상황에서 많은 사람들이 사회복지에 관심을 가지게 되었고 사회복지를 전공하거나 교양과목으로서 공부하려는 사람들이 늘어나고 있다. 뿐만 아니라 대학 등 다양한 기관과 단체에서 사회복지 프로그램을 개설하여 매년 수천 명의 사회복지 전문인력을 배출하고 있다. 이에 따라 이들이 사회복지학의 기초적 지식 및 이론을 학습하고 사회복지를 좀더 쉽게 이해하도록 돕기 위한 길잡이로서의 사회복지학 개론서가 필요하다. 아울러 일선 현장의 사회복지사 및 사회복지정책 담당자들에게도 유용하게 활용될 수 있는 지침서가 필요하다고 하겠다. 집필진은 기존 사회복지개론 교재들과 차별화하여 사회복지 기초와 관련된 내용을 보다 구체적으로 다루기 위하여 세 권의 총서로 나누어 제1권 사회복지총론, 제2권 사회복지방법론, 제3권 사회복지분야론으로 세분화하여 집필하게 되었다.

이 책은 사회복지학총서의 제1권에 해당하는 것으로 사회복지를 입문하는 사람들에게 사회복지의 기초가 되는 핵심내용을 9개의 장(제1장 인간의 삶과 사회복지, 제2장 사회복지의 개념, 제3장 사회복지의 학문적 성격, 제4장 사회복지의 동기와 이념, 제5장 사회복지의 가치와 윤리, 제6장 사회복지의 구성요소와 전달체계, 제7장 사회복지의 역사, 제8장 사회복지 전문직과 사회복지사, 제9장 복지국가론)으로 나누어 소개하고 있다.

이 책의 집필진은 모두 해외에서 사회복지학 석사와 박사과정을 마쳤으며, 미국의 정신과 병원, 대학부설 연구소, 지역사회복지관, 공공기관 등에서 사회복지 실무에 종사하면서, 개인뿐 아니라 가족, 지역사회 및 국가차원의 사회복지정책과 실천현장을 경험하였고, 귀국 후에는 연구자 및 교수로서 한국의 사회복지 현장과 교류하며 10년 이상을 활동하면서, 전반적인 사회복지의 이론 및 실제를 정리해 볼 필요성을 느끼게 되었다. 이러한 집필진의 경험이 유사분야에 종사하고자 하는 학생 및 예비사회복지사, 현장실무자들에게 도움이 되었으면 하는 마음으로 이 책을 집필하게 되었다.

이 책은 한국사회복지교육협의회의 '사회복지학 교과목 지침서'의 내용을 충실히 반영하고자 노력하였다. 그리고 사회복지 입문자들이 다소 딱딱하고 지루하게 느낄 수 있는 내용을 가능하면 표 또는 그림을 사용하여 이해를 돕고자 하였다. 또한 각 장의 마무리에는 독자들이 자신의 배움의 수준을 연습할 수 있도록 <생각해 볼 문제 및 과제>를 첨부하였다.

다수의 개론서가 쏟아져 나오는 현실에서 또 다른 개론서를 더하는 것은 아닌가 하고 염려도 되지만 이 책이 우리나라의 사회복지 학문과 교육, 그리고 실천현장을 이해하는 데 조금이나마 기여하기를 바라는 마음으로 조심스럽게 내어 놓는다. 부족하지만 모두 바쁜 일정 속에서도 서로 협력하여 세 권의 책을 시리즈로 기획하여 집필하였다는 데에 가장 큰 의의를 두고자 한다. 아울러 이 책의 많은 부분은 그동안 발행된 각종 도서, 논문 및 자료 등 관련내용에 기초하여 독자의 편에서 이해하기 쉽도록 정리하고 발전시키고자 하였음을 밝히고 감사드린다. 이 책의 미진한 부분은 앞으로 계속 수정·보완해 나갈 것을 약속드리며,

여러분의 지속적인 관심과 지도편달을 부탁드린다.

끝으로 이 책이 출판될 수 있도록 오랜 시간을 기다려 주시고 한결같이 지지하여 주신 도서출판 오래의 황인욱 사장님과 촉박한 일정 중에서도 꼼꼼히 편집과정을 진행하여 주신 편집부 여러분, 그리고 정리를 도와준 경기대학교 박사과정의 김재희 선생에게 고마운 마음을 전한다.

2015년 3월
저자 일동

차 례

Contents

제 5 장　사회복지의 가치와 윤리

제 6 장　사회복지의 구성요소와 전달체계

제 7 장 　사회복지의 역사

제 **1** 장

인간의 삶과 사회복지

제1절   인간의 욕구와 사회문제

사회복지는 인간의 욕구(needs)를 충족하고 사회문제(social problems)에 대응하기 위한 사회적 제도이다. 사회복지는 인간의 삶 전반과 인간이 살아가는 사회환경에 관심을 가지고 있다. 인간은 삶의 과정에서 다양한 욕구를 가지게 되고 사회변화와 함께 사회문제가 증대됨에 따라 사회복지의 필요성이 증대되어 왔다. 즉, 사회복지는 삶의 각 단계에서 만나게 되는 문제들을 해결해 나갈 수 있도록 개인의 기능 향상을 돕고 욕구가 충족되도록 사회환경을 개선하여 인간과 환경사이의 부적응을 줄이고 상호작용을 향상시키려는 사회적 노력이나 활동이라고 할 수 있다.

사회복지전문직은 인간이 신체·심리·사회적으로 건강한 삶을 유지하고, 개인, 가족, 집단, 지역사회, 그리고 전체사회의 사회적 기능과 삶의 질을 향상 할 수 있도록 돕는 휴먼서비스 전문직(human service profession) 또는 도움 전문직(helping profession) 중 한 가지이다. 사회복지전문직은 사회복지의 가치를 기반으로 전문적 지식과 기술을 활용하여 인간의 전 생애과정에서 일어날 수 있는 미 충족 욕구를 충족하고 삶의 과정에서 직면하는 개인적 혹은 사회적 문제를 예방 또는 해결할 수 있도록 돕는 전문직이다.

따라서 인간의 삶과 사회복지의 관련성을 이해하는 데 바탕이 되는 인간의 욕구와 사회문제에 대한 이해는 사회복지전문직의 사명을 효과적으로 수행하기 위한 정책을 세우고 서비스를 계획하는 전제조건이라고 할 수 있다.

1. 인간의 욕구

1) 욕구의 정의

욕구는 필요한 무엇이 기준에 미달되어 미 충족되거나 결여된 상태이고 이로 인해 불편함과 어려움을 겪고 있는 상황을 말한다. Meenaghan(1982: 168) 등은 욕구를 "인간이 개인 또는 가족구성원으로 기능하기 위한 잠재력을 충분히 발휘하는 것을 제한하는 확인될 수 있는 어떠한 조건"으로 정의하였다(황성철, 2005:

109 재인용). 욕구는 "당연히 되어야 할 것(ought to be)과 현상(are) 사이에 존재하는 격차(gap) 혹은 차이(discrepancy)가 있는 상태"(정무성·정진모, 2001: 55)로, 인간의 생존과 발전을 위해 필요한 것이다.

욕구(need)는 요구(want)와 유사한 개념이지만 차이가 있다. 욕구는 어떤 사람이 필요한 것을 다른 사람의 판단과정을 거쳐 확인된 것으로서, 무엇이 필요하지만 가지지 못했을 때 발생하는 개인의 인지 혹은 정서상태인 요구와는 다르다(Reid, 1978: 25-29). 즉, 욕구는 개인차원에서 필요한 요구를 토대로 다른 사람의 평가와 판단과정을 거친 사회적 차원의 개념으로 이해할 수 있다(황성철, 2005: 109). Gates(1980: 110)는 욕구의 주체를 빈민, 아동, 노인, 장애인 등과 같은 사회적 약자로 보고 욕구의 객체를 의식주를 비롯한 의료, 재활, 취업, 보육, 양로 등과 같은 재화나 서비스로 나누어 설명하였다.

인간이 생애과정에서 요구되는 발달과업을 적절하게 수행하지 못할 경우 환경과의 부적응 상태를 경험하게 되고, 미 충족 욕구를 갖게 되며, 문제 상황에 직면하게 되는데 이를 해결하고 인간의 삶의 질을 제고하는 것이 바로 사회복지의 목적이다. 인간이 욕구충족에 실패할 경우 역기능적이 되거나 혼란 상태에 놓이게 되어 사회복지의 개입이 필요하게 되고, 인간의 욕구는 무한한데 제한된 자원으로 인하여 욕구가 완전히 충족되기는 어렵기 때문에 사회복지는 계속 필요하게 된다.

2) 욕구의 유형

(1) Maslow의 인간의 욕구

Maslow(1954)는 인간이 생활을 영위하는 데 필요하거나 필수적인 것이 결여될 때 갖게 되는 공통적인 욕구가 있으며, 인간행동의 동기가 욕구충족행위로 나타난다고 보았다. 그는 인간욕구가 크게 생존적(survival) 경향과 실현적(actualizing) 경향이라는 2가지 경향성을 가지며, 인간의 욕구를 생리적 욕구, 안전의 욕구, 소속과 사랑의 욕구, 존경의 욕구, 자아실현의 욕구라는 5가지로 분류한 욕구위계설(needs hierarchy)을 제시하였다.

욕구의 위계구조가 절대적인 것은 아니지만 인간은 보편적으로 낮은 수준의 욕구가 어느 정도 충족되어야 다음 단계의 욕구를 충족하고자 노력한다고 보았다. 그러나 반드시 저차원의 욕구충족 후 고차원의 욕구를 추구하는 것이 아니라 저차원의 욕구가 충족되지 않아도 때로는 고차원의 욕구를 추구하는 사람도 있다고 하였다. 이러한 욕구의 위계성은 사회복지의 자원이 제한되어 있는 상황에서 낮은 수준의 욕구에 먼저 관심을 기울이고 후에 다음 단계의 욕구를 충족시키는 것이 바람직하다는 점을 시사하고 있다.

Maslow의 인간의 욕구

- **1단계 욕구: 생리적 욕구(the physiological needs)**
  인간의 욕구 중 가장 기본적이며 강한 욕구로서 생명 유지와 직결되는 최하위의 욕구이다. 주로 의식주에 대한 욕구이며 구체적으로 식욕·수면욕·성욕·갈증·피로 등 감각적 자극에 관한 욕구로서 이 욕구가 해결되지 않으면 다른 욕구는 존재하지 못하거나 우선순위에서 밀려난다.
- **2단계 욕구: 안전의 욕구(the safety needs)**
  생리적 욕구가 충족된 후 외부의 위험으로부터 자신을 보호하고자 하는 욕구로 신체적 안정과 심리적 안정을 포함한다. 개인이 처한 환경 내에서 안정성·안락함·평온·평정 등에 대한 욕구라 할 수 있다.
- **3단계 욕구: 소속과 사랑의 욕구(the beingness and love needs/ belongingness)**
  생리적 욕구와 안전의 욕구가 충족되면 나타나는 것으로서 다른 사람으로부터 사랑받고 다른 사람을 사랑하며, 어떤 집단에 소속되어 집단의 구성원으로서 역할을 담당하고자 하는 욕구이다.
- **4단계 욕구: 존경의 욕구(the self-esteem needs)**
  자신의 가치를 존중하고 다른 사람으로부터 존경을 받고자 하는 욕구이다. 자기능력과 성취 및 전반적인 개인적 가치에 대한 타인의 인정과 사랑을 받고자 하는 욕구로서 자존심에 대한 욕구와 명예, 지위, 위신, 인정에 대한 욕구라 할 수 있다.
- **5단계 욕구: 자아실현의 욕구(the self-realization / actualization needs)**
  궁극적으로 인간이 추구하는 욕구로서 자신의 재능·능력·잠재력을 충분히 발휘하여 자신이 원하는 사람이 되고자 하는 것이다. 즉, 자신의 잠재능력을 최대한으로 발휘하여 가치 있는 삶을 살고자 하는 최종 단계의 욕구이다.

그림 1-1 Maslow의 인간의 욕구 5단계

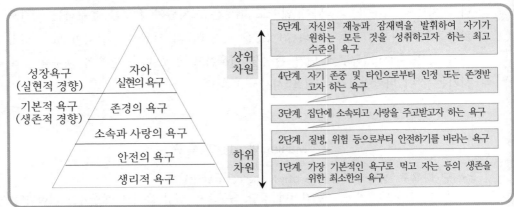

출처: 교육과학기술부, 2011: 10을 기초로 하여 보완함

(2) Bradshaw의 사회적 욕구

인간의 욕구는 사회변동 등 사회적 차원에서 발생 가능하다. 개인은 사회구조적인 이유로 발생하는 빈곤, 실업 등에 영향을 받기 때문에 이는 사회적 개입의 근거가 될 수 있다. Bradshaw(1972)는 욕구인식의 기준에 따라 사회문제를 욕구의 측면에서 접근한 사회적 욕구를 규범적 욕구, 인지적 욕구, 표현적 욕구, 비교적 욕구의 4가지로 분류하였다.

사회복지의 주된 대상이 되는 것은 규범적 욕구와 표현적 욕구이며, 인지적 욕구와 비교욕구도 정책형성에서 고려된다. 또 규범적 욕구와 비교적 욕구의 규정주체는 전문가 혹은 사회이고, 인지적 욕구와 표현적 욕구는 욕구를 가진 이용당사자이다(정무성·정진모, 2001: 68). 위와 같은 4가지 유형의 사회적 욕구는 상호의존적으로 사회문제를 종합적으로 이해하는 데 도움을 준다.

Bradshaw의 사회적 욕구

• 규범적 욕구(normative needs)
 전문가들이 바람직한 욕구충족의 수준을 정해 놓고 개인이나 집단이 바람직한 수준에 미치지 못하면 욕구가 있는 상태로 규정하는 전문가의 판단에 의해 규정된 욕구로 어린이의 영양기준, 절대빈곤선, 최저임금 등을 예로 들 수 있다. 이 욕구는 객관적 목표설정과 계량화가 용이하지만 욕구수준이 지식, 기술, 가치변화나 시간에 따라 변할 수 있는 등 논란의 여지가 있다.

- 인지적 욕구(감지된 또는 느끼는 욕구)(perceived/felt needs)
  주관적인 것으로서 욕구상태에 있는 개개인의 느낌에 의해 인식되는 욕구를 말한다. 서비스 이용자 또는 잠재적 이용자가 원하는 것이 무엇인지 파악함으로써 확인된다. 이것은 이용자의 높은 기대로 과장되기도 하고 잠재적 이용자의 무지 또는 서비스 거절로 축소되는 등 실질적인 욕구측정이 되지 못하고 개인의 인식 정도에 따라 달라질 수 있다.

- 표현적 욕구(표출적 욕구)(expressed needs)
  사회복지서비스 분야에서 가장 일반적으로 이용하는 것으로서 필요에 대해 느껴진 욕구가 행동으로 표출되는 욕구이다. 수요가 되는 욕구. 느낀 욕구가 실제의 욕구충족 추구행위로 나타난 것으로 요구적(demand) 욕구라고도 할 수 있다. 대기자 명단, 참여자 등 서비스를 실제로 받기 원하거나 참여하는 사람의 수로 파악된다.

- 비교적 욕구(상대적 욕구)(comparative/relative needs)
  다른 서비스 대상자와 비슷한 처지에 있으면서 서비스를 받지 못하고 있는 욕구상태를 말한다. 어떤 집단이 갖고 있는 서비스 수준이 비교집단의 서비스 수준에 미치지 못할 경우 그 집단은 동 서비스가 필요하다고 본다. 즉, 다른 사람, 지역, 국가간을 비교함으로써 상대적으로 부족하게 느껴지는 욕구를 말한다.

2. 사회문제

사회문제는 사회(social)라는 말과 문제(problem)라는 말의 합성어이다. 여기에서 사회 혹은 사회적이라는 말은 문제라는 용어의 의미와 관련지어 이해할 필요가 있다. 즉, 문제는 한 사회의 구성원들이 일반적으로 공유하는 가치·윤리·규범 등에 비추어 바람직하지 못하므로 개선이 요구되는 부정적 현상을 말한다. 여기에 사회적이라는 의미가 합해진다면 그와 같은 문제가 자연현상이 아니라 사회구성원들에 의해 야기된 사회현상이며, 사회구성원 다수에게 영향을 미치는 측면이 있다는 것이다. 이에 Henslin(1996)은 사회문제를 바람직하지 못한 사회적 조건 또는 상황이 존재하고 많은 사람들이 그러한 사회적 조건이나 상황을 개선할 필요가 있다고 생각하는 상태로 정의하고 있다.

사회문제를 한 마디로 정의하기는 어렵다. Schneider 등(1981: 4-8)은 사회문제의 특징을 첫째, 그 원인이 사회적인 것이라는 점, 둘째, 그것이 사회구성원의 가치지향에 비추어 문제로서 정의되고 평가된다는 점, 셋째, 광범위한 시민적 관심을 불러일으킨다는 점, 넷째, 그 문제의 직접적인 피해자 외의 많은 사람들에게도 영향을 미친다는 점, 다섯째, 그 문제에 대처하기 위한 행동이나 개입을 만들어 낸다는 점 등을 들고 있다(최선화 외, 1999: 15 재인용).

최성재는 다수의 학자들의 정의로부터 사회문제의 특성을 규명하는 공통적이고 중요한 요소들을 다음과 같이 제시하였다(최일섭 외, 1995: 25-27).

사회문제의 특성

• 사회문제는 어떤 사회적 현상이 사회적 가치(또는 규범)에서 벗어나야 한다.
• 상당수의 사람들이 그 현상으로 인하여 부정적인 영향을 받고 있어야 한다.
• 그 원인이 사회적인 것이어야 한다.
• 다수의 사람들이나 영향력 있는 일부 사람들이 문제로 판단하고 있어야 한다.
• 사회가 그 개선을 원하고 있어야 한다.
• 개선을 위하여 집단적·사회적 행동이 요청되는 것이어야 한다.

한국사회는 세계에서 유래가 없는 급속한 인구의 고령화와 출산율 저하, 급속한 경제발전과 기술혁명의 여파 등 사회구조적 환경변화에 따라 다양한 유형의 사회문제가 발생하고 있다. 빈곤문제, 환경문제, 가정폭력문제, 청소년 비행문제, 성폭력문제, 노인부양문제, 자녀양육문제, 노동 및 실업문제 등 각종 사회문제들이 우리사회에 존재하며 이로 인하여 많은 사람들이 어려움을 겪으며 살아가고 있다.

사회문제의 유형

• 사회변동 또는 사회해체문제: 가족문제, 노인문제, 환경문제, 도시 및 농촌문제, 인구 및 식량문제, 테러리즘 등.
• 사회적 불평등 문제: 빈곤문제, 성차별문제, 인종차별문제, 노사문제 등.
• 사회적 일탈문제: 청소년비행, 범죄문제, 성폭력, 알코올 및 약물중독문제 등.

출처: 최일섭·최성재 편, 1995와 Henslin, 1996을 참고하여 재구성함

　　사회문제의 해결에 관심을 가지고 있는 사회복지는 위와 같은 모든 사회문제에 관심을 두지만 가족문제, 빈곤문제, 성차별문제, 노사문제, 범죄문제, 성폭력문제 등에 실제적으로 개입 가능하며 취약계층의 삶의 질과 직접적으로 관련된 사회문제의 해결에 우선적인 관심을 갖는다. 사회문제의 존치는 또 다른 문제를 야기할 수 있고, 사회구성원들의 안녕과 복지를 저해하는 요인으로 작용하기 때문에 사회복지적 개입이 요구되는 것이다.

　　사회복지는 사회문제와 관련해 어려움을 겪는 개개인이 제 기능을 발휘해 기대되는 사회적 역할을 수행할 수 있도록 돕고, 사회문제를 해결하기 위하여 사회구조적인 변화를 긍정적으로 이끌어내기 위한 사회환경의 변화를 위해 적극적인 개입을 시도한다. 이 과정에서 사회복지사는 중개인, 옹호자, 교사, 상담가 또는 임상가, 사례관리자, 업무량관리자, 직원개발자, 행정가, 사회변화대행자, 전문가 등의 역할을 수행할 수 있다(Sheafor, Horejsi & Horejsi, 1997; 김욱 외, 2004: 22-23 재인용).

제2절　　인간의 생애 주기별 욕구와 문제

　　인간은 전 생애에 걸쳐 역동적으로 변화·발전하는 존재이며, 지속적으로 변화하는 환경에 적응하며 환경과 상호작용하는 존재이다. 임신과 태아기, 영유아기, 아동기, 청소년기, 성인기, 중장년기, 노년기를 거쳐 죽음에 이르기까지 전 생애 기간 동안 인간다운 삶을 영위하는 데 제한이 되는 욕구·문제·위험 등에 직면하게 되고 이에 대처함으로써 보다 높은 삶의 질을 도모하는 것은 모든 사람들의 바람일 것이다(김욱, 2003: 34).

　　인간의 삶은 일련의 연속적 과정이라 할 수 있지만 이러한 삶의 과정을 발달적 관점과 특성에 따라 나눈 것이 생애 주기(life cycle)이다. Erikson의 심리사회적 발달 8단계를 포함해 학자나 연구자에 따라 다양한 발달단계의 구분이 있지만 여기에서는 인간발달단계별 주요발달과업을 아래와 같이 간략히 제시하였다.

☞ 표 1-1 인간발달단계별 주요 발달과업

발달단계	발달과업
영·유아기	①보행 학습 ②고형분의 음식 섭취학습 ③언어 학습 ④배설통제 학습 ⑤성차 인식 ⑥생리적 안정유지 ⑦환경에 대한 단순개념형성 ⑧타인과의 정서적 관계형성학습 ⑨양심의 발달
아동기	①놀이에 필요한 신체기술 학습 ②자신에 대한 건전한 태도 형성 ③또래친구 사귀는 법 학습 ④성역할 학습 ⑤기본 학습기술(3R)의 습득 ⑥일상생활에 필요한 개념학습 ⑦양심·도덕·가치체계의 발달 ⑧사회집단과 제도에 대한 태도 발달
청소년기	①자신의 신체 및 성역할 수용 ②동성 또는 이성친구와의 새로운 관계형성 ③부모와 다른 성인으로부터의 정서적 독립 ④경제적 독립의 필요성 인식 ⑤직업선택 및 준비 ⑥유능한 시민으로서의 기본적인 지적기능과 개념획득 ⑦사회적 책임에 적합한 행동 ⑧결혼 및 가정생활의 준비 ⑨과학적 세계관에 근거한 가치체계의 발달
성인기	①배우자 선택 ②배우자와의 생활방법 학습 ③가정형성 ④자녀양육과 가정관리 ⑤시민으로서의 의무완수 ⑥친밀한 사회적 집단형성
중·장년기	①사회적 의무의 완수 ②경제적 표준생활 확립과 유지 ③10대 자녀의 훈육과 선도 ④적절한 여가활용 ⑤배우자와의 친밀한 관계유지 ⑥중년기의 생리적 변화 인정 및 적응 ⑦노년기 부모에 대한 적응
노년기	①신체적 건강쇠퇴에 대한 적응 ②은퇴와 수입 감소에 대한 적응 ③배우자의 사망에 대한 적응 ④동년배와의 유대관계 재형성 ⑤사회적 시민으로서의 의무수행 ⑥생활에 적합한 물리적 환경의 조성

출처: 권중돈, 2014: 37

위와 같은 생애 주기에 대해 사회복지가 관심을 가지는 이유는 다음과 같다(김상균 외, 2005: 38). 첫째, 모든 인간은 전 생애에 걸쳐 삶을 영위하는 데 있어 연령별 또는 시기별로 다양한 욕구를 공통적으로 가지는데 이러한 연령별, 시기별 욕구를 충족하지 못할 때 대다수 인간은 문제에 직면하거나 위험에 빠짐으로써 복지증진을 이룰 수 없음을 미리 알고 사전 또는 사후대책을 강구할 수 있기 때문이다. 둘째, 사회복지에서 문제해결을 위한 프로그램이나 서비스를 고안할 때 발달단계에 입각한 접근은 효과성과 효율성을 높이기 용이하다는 점 때문이다. 예컨대 서비스 이용 집단이 노인이나 청소년, 아동과 같이 특정 발달단계에 속할 경우 그 단계의 발달적 특징을 이해함으로써 집단의 욕구와 이용 가능한 자원을 더 잘 파악할 수 있다는 것이다.

　사회복지는 인간발달과정에 있어서 신체적·심리적·사회문화적 요인들간의 상호작용을 이해하는 데 관심이 많다. 이를 통하여 사회복지사는 인간의 욕구와 문제를 정확히 파악하여 도움계획을 세우고, 개입을 실행하게 된다. 사회복지는 모든 국민이 전 생애에 걸쳐 직면하게 되는 욕구·문제·부적응 상태를 해결하고 보다 높은 수준의 삶의 질을 도모하기 위한 제도·법·프로그램이며(권중돈·김동배, 2005: 37), 인간의 발달단계를 제약하는 개인의 미 충족 욕구나 사회문제에 대처하려는 제도화된 기제로 생애 주기 전반과 관계가 있다. 이러한 인간의 생애 주기와 사회복지 사이의 관련성을 살펴보면 〈표 1-2〉와 같다.

☞ 표 1-2 인간발달단계와 사회복지의 관련성

구 분			인간발달단계					
			영·유아기	아동기	청소년기	성인기	중·장년기	노년기
사회복지분야	사회보장	공적부조	국민기초생활보장						
			의료급여						
		사회보험	연금보험						
			건강보험						
			노인장기요양보험						
			산업재해보상보험						
			고용보험						
	사회복지서비스	영·유아보육						
		아동복지						
		청소년복지						
		여성복지						
		노인복지						
		산업복지						
		(정신)의료사회복지						
		학교사회복지						
		교정복지						
		장애인복지						
		가족복지						

관련분야	보건의료정책						
	고용정책						
	교육정책						
	주택·교통정책						
	환경정책						

주: 는 각 발달단계와 특히 밀접한 관련성을 지니고 있음을 의미함
출처: 권중돈, 2014: 40

생각해 볼 문제 및 과제

1. 요구(want)와 욕구(need)의 차이점에 대해서 설명해 보자.

2. Maslow와 Bradshaw가 제시한 욕구는 무엇이 있는지 생각해 보고, 욕구가 충족되지 못했을 때 어떠한 문제가 발생할 수 있는지 논의해 보자.

3. 사회문제의 특성과 유형에 대해 생각해 보자.

4. 인간의 생애 주기별 발달단계에 있어서 미충족 욕구가 생길 때 어떠한 문제가 나타날 수 있으며, 사회복지적 입장에서 어떠한 도움을 줄 수 있을지 예를 들어 설명해 보자.

5. 인간의 발달단계와 각종 사회복지프로그램과 서비스는 어떻게 관련될 수 있는지 생각해 보자.

6. 최근 사회문제시 되고 있는 사회복지 이슈들 중 관심 있는 주제에 관한 신문이나 잡지, 혹은 인터넷 기사 등을 스크랩하고 이에 대해 논의해 보자.

7. "사회복지는 (   )이다"는 문장을 완성해 보고, 왜 그렇게 생각하는지 그 이유에 대해 설명해 보자.

참고문헌

교육과학기술부(2011). 기초복지서비스. 두산동아.

권중돈(2014). 인간행동과 사회환경: 이론과 실천. 학지사.

권중돈, 김동배(2005). 인간행동과 사회환경. 학지사.

김상균, 최일섭, 최성재, 조흥식, 김혜란(2005). 사회복지개론. 나남출판.

김욱(2003). 복지란 무엇인가: 인간의 행복 찾는 사회제도. teenNews, 55, 32-34.

김욱 외 30인(2004). 사회복지사 이야기: 사회복지 현장실무자 31인의 일과 사랑. 학지사.

정무성, 정진모(2001). 사회복지 프로그램 개발과 평가. 양서원.

최선화, 박광준, 황성철, 안홍순, 홍봉선(1999). 사회문제와 사회복지. 양서원.

최일섭, 최성재(1995). 사회문제와 사회복지. 나남출판.

황성철(2005). 사회복지 프로그램 개발과 평가. 공동체.

Bradshaw, J.(1972). The Concept of Social Need. New Society, 30(3), 640-3.

Gates, B. L.(1980). Social Program Administration: The Implementation of Social Policy. Englewood Cliffs, NJ: Prentice Hall.

Hanslin, J. M.(1996). Social Problems(4th ed.). Upper Saddle River, NJ: Prentice Hall.

Maslow, A. H.(1954). Motivation and Personality. NY: Harper & Row.

Reid, W.(1978). The Task Centered System. NY: Columbia University.

제 2 장

사회복지의 개념

제1절 사회복지의 의미

사회복지는 형용사인 사회적(social)이라는 용어와 명사인 복지(welfare)라는 용어의 합성어이다. 영어로 복지를 뜻하는 용어인 welfare의 well은 satisfactory (만족스럽게), successfully(성공적으로), properly(적절하게)를 의미하고, fare는 state of things(상태)를 뜻하므로 복지는 '더할 나위 없이 좋고 만족스러운 삶을 사는 이상적 상태, 즉 안녕(well-being)의 상태'를 의미한다. 또한 복지는 '살아가다'(get on), '진척되다'(turn out). '가다'(go)의 뜻을 가진 fare라는 용어의 동사로서의 의미처럼 이상상태를 지향하는 구체적 실천활동을 포괄하는 개념으로 이해될 수 있다(김욱 외, 2004: 13-14). 한편 독일어로 복지를 뜻하는 wholfahrt는 whol(행복)과 fahren(가다)의 합성어로 영어표현과 유사한 의미로서 행복한 상태로 가기 위한 노력으로 이해할 수 있다(박경일 외, 2010: 14). 여기에 사회적(공공적·이타적·집합적 성격)이라는 말을 합하면 '사회적으로 인간생활의 이상상태와 이를 지향하는 구체적 실천 활동'이라는 사회복지의 의미가 나온다(김욱 외, 2004: 14).

☞ 표 2-1 사회복지의 어의적 의미

사회(social) 공공적·이타적·집합적	복지(welfare)	
	well	fare
	satisfactory(만족스럽게) successfully(성공적으로) properly(적절하게)	state of things(상태) get on(살아가다) turn out(진척되다) go(가다)

사회복지의 개념

박경일 외(2010: 18-24)는 사회복지의 개념을 목적론적(이념적) 개념, 제도적 및 기능론적 개념, 법적 개념, 그리고 실체론적 개념의 네 가지로 구분하여 살펴보았다. 여기에서는 이 네 가지 개념의 틀을 유지하면서 각 개념을 구체적으로 살펴보고자 한다.

1. 목적론적(이념적) 개념

사회복지의 목적론적 개념은 사회복지의 당위성을 강조하면서 사회의 진보와 발전, 사회 전체의 행복추구라는 막연한 의미로 사용된 것이며, 일련의 정책과 제도의 목적을 강조하는 의미로 사회복지의 개념을 이해하는 것이다. 목적론적 개념으로서의 사회복지는 사회가 달성해야 하는 이상적 상태로 인간의 가치와 존엄성이 최고도로 실현되는 상황이라고 할 수 있다(박경일 외, 2010: 18).

2. 제도적 및 기능론적 개념

1) 사회제도와 기능

국가와 사회는 개인의 행복과 발전을 위하여 다양한 기능을 제공해야 하고, 그러한 기능을 효과적이고 효율적으로 수행하기 위한 사회제도를 마련하여야 한다. 사회가 존속하고 발전하기 위해서는 국가나 사회가 구성원들에게 제공해야 하는 필수적인 기능이 여러 가지가 있는데 Gilbert와 Terrell(2002)은 이 주요 기능을 사회화 기능, 재화의 생산·분배·소비 기능, 사회통제 기능. 사회통합 기능, 상부상조 기능의 다섯 가지로 분류해 제시하였다(윤철수 외, 2011: 25 재인용).

(1) 가족제도와 사회화 기능

사회화 기능은 사회가 구성원들에게 지식, 가치, 행동양식 등을 전달하는 과정을 말한다(남기민, 2011: 16). 가족제도는 사회성원들이 생활하는 데 필요한 지식, 가치, 행동양식 등을 전수하는 사회화 기능을 담당한다.

(2) 경제제도와 생산·분배·소비 기능

경제제도는 시장의 기능을 통해 사회구성원들이 생활하는 데 필요한 재화나 서비스를 생산하고, 분배하며 소비하는 경제적 기능을 담당한다.

(3) 정치제도와 사회통제기능

사회통제기능은 사회의 규범에 순응하도록 구성원의 행위에 영향을 미치는 장치를 말한다(남기민, 2011: 16). 국가는 중앙 및 지방정부 등의 조직을 통해 사회구성원들이 일정한 가치와 규범에 순응하도록 강제하는 사회통제기능을 담당한다(윤철수 외, 2011: 24).

(4) 종교제도와 사회통합기능

사회통합기능은 사회구성원들로 하여금 상호간의 신뢰를 바탕으로 사기를 진작시킴으로써 사회에 대한 충성심을 불러일으켜 사회존속을 유지하는 과정과 관련된다(남기민, 2011: 16). 교회와 사찰 등의 종교 조직은 사회규범을 자발적으로 따르고 사회구성원으로서의 깊은 관여와 헌신을 강화하는 사회통합과 영적계발 기능을 갖는다(윤철수 외, 2011: 24).

(5) 사회복지제도와 상부상조기능

다양한 사회복지제도와 조직들은 공식적이고 제도적인 장치를 통하여 상부상조의 기능을 수행하게 된다. 사회복지제도의 1차적 기능인 상부상조기능은 다른 사회제도와 밀접하게 관련되며, 인간의 욕구가 가족제도, 경제제도, 정치제도, 종교제도 등을 통해 충족되지 않을 때 작용하게 된다(남기민, 2011: 17).

☞ 표 2-2 주요 사회제도와 기능의 관계

사회제도	주요조직	기본기능 (1차적 기능)	사회복지 기능
가 족	가족	사회화 (출산·보호·정서적 지원)	피부양 가족의 보호, 가족간/세대간 재정지원
경 제	기업	재화의 생산·분배·소비	복지서비스와 재화의 영리적 생산, 기업복지
정 치	중앙정부 지방정부	사회통제 자원의 동원과 배분	공공복지서비스, 소득, 보건, 교육, 주택보장
종 교	종교조직 (교회·사찰·성당 등)	사회통합 영적 개발	교파별 복지/보건/교육, 상담, 사회서비스

사회복지	사회복지기관 자원봉사기관 회원기관	상부상조·박애·자조	자원봉사 지역사회서비스 사회복지서비스

출처: Gilbert & Terrell(2002); 윤철수 외, 2011: 25; 이용교, 2011: 21 인용하여 재구성

　과거 단순한 사회에서는 가족이 모든 사회제도의 역할을 수행하고 사회적 기능을 수행할 수 있었다. 그러나 사회가 점차 복잡해짐에 따라 경제, 정치, 종교 등의 사회제도가 인간의 욕구를 충족하고, 제기된 사회문제를 해결하고자 등장하게 되었다. 산업화·도시화 등과 함께 분출하는 각종 사회문제와 다양하고 복잡한 인간의 욕구를 전통적 사회제도로는 감당하기 어렵게 되었기 때문이다. 사회복지제도는 이에 대응하기 위한 하나의 사회제도로서 인간의 행복을 추구하기 위한 사회적 노력의 일환으로 발전해 왔다. 즉, 사회복지제도는 앞서 언급한 각종 사회제도들이 개인의 욕구충족과 사회문제 해결에 한계를 보일 때 상부상조를 1차적 기능으로 하는 고유의 사회적 기능을 수행하기 위해 작동함은 물론 타 사회제도의 기능을 유지하고, 강화시키는 통합적 사회제도로서의 역할을 담당하기도 한다(김욱, 2003: 33).

　사회복지를 통합적 사회제도로 보는 이유는 다음과 같다(전남진, 1982: 31-34; 남기민, 2011: 18 재인용). 사회복지제도의 한 가지인 전문사회사업의 치료목적은 주로 사회화에 있으므로 사회화 기능을 담당하며, 사회복지 프로그램인 공공부조나 연금은 경제제도의 생산·분배·소비의 기능을 대신하는 측면이 있다. 또한 사회복지 프로그램은 사회통제의 수단이라고 비난받을 정도로 실제 사회통제기능을 수행해 오고 있으며, 사회복지의 기원이 교회라 해도 과언이 아닐만큼 사회복지는 사회통합기능과 관련된다.

2) 잔여적(보충적/보완적) 개념과 제도적 개념

　사회복지의 개념을 구분하는 대표적 학자인 Wilensky와 Lebeaux(1965: 138-139)는 그들의 저서인 '산업사회와 사회복지'(Industrial Society and Social Welfare)에서 사회복지를 잔여적 사회복지(residual social welfare)와 제도적 사회복지(institutional social welfare)로 나누어 설명하고 있다.

(1) 잔여적(보충적/보완적) 개념

잔여적 개념으로서의 사회복지는 개인의 욕구를 1차적으로 가족이나 시장과 같은 정상적인 공급구조가 제 기능을 수행하지 못할 경우 이러한 체계들을 대신하여 사회복지가 보충적·잠정적·일시적으로 기능하고 여타 사회체계들이 제 기능을 회복하면 사회복지는 개입을 중단한다는 개념이다. 개인의 욕구를 충족시켜야 하는 가족이 가장의 실직이나 병고로 제 기능을 하지 못하거나, 시장체계가 경기침체 등의 이유로 제 기능을 발휘하지 못할 때 사회복지가 가족이나 시장을 대신해 일시적인 최소한의 개입이 이루어진다는 것이다(김기태 외, 2014: 5). 즉, 가족과 시장을 보완하는 것이 사회복지이고 가족과 시장이 욕구충족을 가능하게 하면 사회복지는 중단하게 된다는 점에서 잔여적이다. 대표적인 예는 영국의 빈민법, 공공부조 등이며 자유주의자들이 이념적으로 지지하는 개념이다.

이 관점에서는 개인의 문제는 개인의 과실로 인하여 발생하는 것으로 개인 스스로 문제를 해결할 수 있을 때까지만 도움이 제공된다. 그러므로 이 상황에서 사회복지 대상자는 일반인들보다 비정상적이고 나약하고 적응을 잘하지 못하는 의존적이고 병리적인 사람으로 스스로 상태를 벗어나기 위해 노력해야 하는 도덕적 의무가 있으며 그렇지 못할 경우 사회적 낙인(stigma)의 대상이 된다.

가족, 종교, 경제, 정치 같은 다양한 사회제도들이 발전하였고, 이 제도들은 각각의 기능을 수행하는데 이러한 기존 제도들이 충족시켜주지 못하는 부분을 일시적으로 충족시켜 주는 제도가 잔여적 사회복지로서 이 경우의 사회복지는 사회적 안전망(safety net)의 역할만을 수행하는 것이다. 이 관점에서 보면 사회복지는 고유의 정체성을 지니지 못하고 각 제도의 교차지역에서 희미하게 위치하고 있어 다른 사회제도와 동등한 수준에 놓이지 못한다. 즉 사회복지가 다른 사회제도를 보완하거나 종속적 위치에 놓여 있는 제도로 이해된다.

(2) 제도적 개념

제도적 개념으로서의 사회복지는 사람들의 욕구는 정상적이며, 사회는 욕구를 가진 사람을 도와야 할 의무가 있고, 사회구성원은 사회복지 급여와 서비스를 받을 권리가 있다고 본다(원석조, 2013: 17). 현대산업사회에서는 핵가족화가 불가피하고 가족기능이 약화되므로 아동의 양육과 노인, 장애인 등의 보호 및 그들의 사회화를 가족이 전적으로 책임지는 것은 불가능하며, 경제제도도 생산과 분배에 따른 제 기능을 온전히 수행할 수 없어 실직과 빈곤을 경험할 가능성이 높다는 것이다(최일섭·최준보, 2012: 20-21).

사회복지는 사회 내에서 보완적이거나 부차적인 제도가 아니라 정상적인 1차적 기능으로서 가족, 경제, 정치, 종교와 같은 사회제도들과 동등한 수준에서 고유하고 독립적인 기능을 수행하는 것이다. 즉 사회복지가 다른 사회제도와의 관계 속에서 중복되는 기능도 수행하지만 독립적 제도로서의 역할도 수행하는 것으로 이해한다.

사회복지제도는 개개인이 자신의 능력과 자아를 최대로 발전시키며, 만족할 만한 수준의 삶의 질을 유지할 수 있게 하고, 개인의 자아완성을 돕는 타당하고 정당한 기능을 수행하는 활동이다. 이 관점에서 보면 사회복지는 평등주의 이념에 따라 모든 국민에게 보편적으로 제공되는 것이다(Titmuss, 1974: 30-31; 원석조, 2013: 17 재인용). 따라서, 사회복지 대상자는 지극히 정상적인 사회구성원들이므로 낙인, 수치, 응급조치적, 비정상적 요소와 거리가 멀다. 대표적 제도적 프로그램으로는 연금, 사회보험제도 등을 들 수 있다.

☞ 표 2-3 사회복지의 잔여적 개념과 제도적 개념

잔여적 개념	제도적 개념
개인의 욕구는 비정상적인 것으로 간주된다.	개인의 욕구는 산업화로 인해 필연적으로 발생한다.
문제 상황은 응급 상황 또는 위기 상황이다.	문제 상황은 복잡한 현대사회에서 항상 발생한다.
개인이 가진 자원이 모두 소진된 이후에야 사회복지가 제공된다(사후적).	사회복지는 문제가 심각해지기 전에 제공된다(예방적).
사회복지에는 낙인이 뒤따른다.	사회복지에 낙인은 없다.
사회복지는 문제를 일시적으로 완화시킬 뿐이며, 최후로 기댈 수 있는 자선이나 시혜로서 가급적 단기간에 종결된다.	사회복지에는 예방과 재활이 제도화되어 있으며, 항구적으로 제공된다.

출처: Johnson(1982: 15), 원석조(2013: 18) 재인용

한편, Gilbert와 Specht(1986: 9)는 다섯 가지의 사회제도를 설명하면서 각 사회제도와의 관계에서 사회복지의 위치와 기능을 점선과 실선으로 구분하여 사회복지의 잔여적 개념과 제도적 개념을 〈그림 2-1〉과 같이 구분하였다.

그림 2-1 사회복지의 잔여적 개념과 제도적 개념

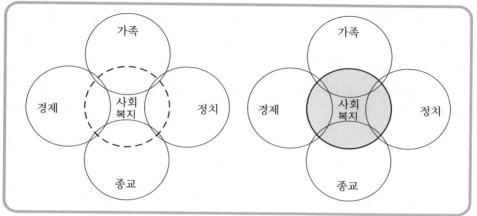

출처: Gilbert & Specht(1986: 9); 박경일 외, 2010: 20 재인용

전통적으로 사회복지제도는 잔여적 성격이 강했으나 산업화의 진전과 함께 제도적 성격이 강조되고 있고, 잔여적 개념은 개인의 책임을 강조하는 반면 제도적 개념은 사회적 책임을 강조하므로 잔여적 성격의 자선과 일시적 구호에서 벗어나 사회문제의 발생을 예방하고 경감하는 지속적이고 독자적인 제도로 사회복지가 발전해 간다는 것이다(최일섭·최준보, 2012: 21).

이 두 가지 관점은 철학적으로 정반대의 위치에 있고, 역사적으로 잔여적 관점에서 제도적 관점으로 사회복지의 개념변화가 있어 왔지만 일반적으로 두 관점이 혼합되어 있는 것이 현실이다(원석조, 2013: 18).

3. 법적 개념

사회복지의 개념은 법에 나타난 정의나 내용을 살펴봄으로써 이해할 수 있다. 여기에서는 헌법, 사회복지사업법, 사회보장기본법에 나타난 개념을 중심으로 사회복지의 개념을 살펴보도록 하겠다.

1) 헌 법

사회복지의 근거가 되는 법 중 가장 최상위의 법은 헌법이다. 대한민국 헌법에서는 다음과 같이 몇 가지 조항에서 사회복지와 관련된 내용을 제시하고 있다. 제10조에서 "모든 국민은 인간으로서의 존엄과 가치를 가지며, 행복을 추구할 권리를 가진다"를 기본으로 해서 제31조에서 제36조까지 사회복지 관련조항을 포괄적으로 제시하고 있으며(제31조 교육을 받을 권리, 제32조 근로의 권리, 제33조 노동 3권의 보장, 제34조 복지권, 제35조 건강하고 쾌적한 환경에서 생활할 환경권, 제36조 혼인과 가족, 보건에 관한 권리), 특히 제34조에서는 좁은 의미의 사회복지의 개념을 구체적으로 명시하고 있다.

헌법상의 사회복지 관련조항

제10조 모든 국민은 인간으로서의 존엄과 가치를 가지며, 행복을 추구할 권리를 가진다. 국가는 개인이 가지는 불가침의 기본적 인권을 확인하고 이를 보장할 의무를 진다.

제31조 ① 모든 국민은 능력에 따라 균등하게 교육을 받을 권리를 가진다.
　　　② 모든 국민은 그 보호하는 자녀에게 적어도 초등교육과 법률이 정하는 교육을 받게 할 의무를 진다.
　　　③ 의무교육은 무상으로 한다.
　　　④ 교육의 자주성·전문성·정치적 중립성 및 대학의 자율성은 법률이 정하는 바에 의하여 보장된다.
　　　⑤ 국가는 평생교육을 진흥하여야 한다.
　　　⑥ 학교교육 및 평생교육을 포함한 교육제도와 그 운영, 교육재정 및 교원의 지위에 관한 기본적인 사항은 법률로 정한다.

제32조 ① 모든 국민은 근로의 권리를 가진다. 국가는 사회적·경제적 방법으로 근로자의 고용의 증진과 적정임금의 보장에 노력하여야 하며, 법률이 정하는 바에 의하여 최저임금제를 시행하여야 한다.
　　　② 모든 국민은 근로의 의무를 진다. 국가는 근로의 의무의 내용과 조건을 민주주의원칙에 따라 법률로 정한다.
　　　③ 근로조건의 기준은 인간의 존엄성을 보장하도록 법률로 정한다.

④ 여자의 근로는 특별한 보호를 받으며, 고용·임금 및 근로조건에 있어서 부당한 차별을 받지 아니한다.

⑤ 연소자의 근로는 특별한 보호를 받는다.

⑥ 국가유공자·상이군경 및 전몰군경의 유가족은 법률이 정하는 바에 의하여 우선적으로 근로의 기회를 부여받는다.

제33조 ① 근로자는 근로조건의 향상을 위하여 자주적인 단결권·단체교섭권 및 단체행동권을 가진다.

② 공무원인 근로자는 법률이 정하는 자에 한하여 단결권·단체교섭권 및 단체행동권을 가진다.

③ 법률이 정하는 주요방위산업체에 종사하는 근로자의 단체행동권은 법률이 정하는 바에 의하여 이를 제한하거나 인정하지 아니할 수 있다.

제34조 ① 모든 국민은 인간다운 생활을 할 권리를 가진다.

② 국가는 사회보장·사회복지의 증진에 노력할 의무를 진다.

③ 국가는 여자의 복지와 권익의 향상을 위하여 노력하여야 한다.

④ 국가는 노인과 청소년의 복지향상을 위한 정책을 실시할 의무를 진다.

⑤ 신체장애자 및 질병·노령 기타의 사유로 생활능력이 없는 국민은 법률이 정하는 바에 의하여 국가의 보호를 받는다.

⑥ 국가는 재해를 예방하고 그 위험으로부터 국민을 보호하기 위하여 노력하여야 한다.

제35조 ① 모든 국민은 건강하고 쾌적한 환경에서 생활할 권리를 가지며, 국가와 국민은 환경보전을 위하여 노력하여야 한다.

② 환경권의 내용과 행사에 관하여는 법률로 정한다.

③ 국가는 주택개발정책 등을 통하여 모든 국민이 쾌적한 주거생활을 할 수 있도록 노력하여야 한다.

제36조 ① 혼인과 가족생활은 개인의 존엄과 양성의 평등을 기초로 성립되고 유지되어야 하며, 국가는 이를 보장한다.

② 국가는 모성의 보호를 위하여 노력하여야 한다.

③ 모든 국민은 보건에 관하여 국가의 보호를 받는다.

출처: 법제처(http://www.moleg.go.kr)

2) 사회복지사업법

사회복지사업법에서는 사회복지사업의 개념을 명확히 규명하지 않고 사업의 종류를 한정적으로 나열하는 방법을 택하고 있는데 이는 시대의 변천과 함께 대상과 방법이 바뀌는 사회복지사업의 복잡한 양상을 고려할 때 타당한 방법으로 볼 수 있다(현외성, 2009: 402).

사회복지사업법 제2조 제1항에서는 사회복지사업이란 다음 각 목의 법률에 따른 보호·선도(善導) 또는 복지에 관한 사업과 사회복지상담, 직업지원, 무료 숙박, 지역사회복지, 의료복지, 재가복지(在家福祉), 사회복지관 운영, 정신질환자 및 한센병력자의 사회복귀에 관한 사업 등 각종 복지사업과 이와 관련된 자원봉사활동 및 복지시설의 운영 또는 지원을 목적으로 하는 사업을 말한다.

사회복지사업법에 규정된 사회복지사업 관련법

- 국민기초생활 보장법　• 아동복지법　• 노인복지법　• 장애인복지법
- 한부모가족지원법　• 영유아보육법　• 성매매방지 및 피해자보호 등에 관한 법률
- 정신보건법　• 성폭력방지 및 피해자보호 등에 관한 법률　• 입양특례법
- 일제하 일본군위안부 피해자에 대한 생활안정지원 및 기념사업 등에 관한 법률
- 사회복지공동모금회법　• 장애인·노인·임산부 등의 편의증진 보장에 관한 법률
- 가정폭력방지 및 피해자보호 등에 관한 법률　• 농어촌주민의 보건복지증진을 위한 특별법　• 식품기부 활성화에 관한 법률　• 의료급여법　• 기초연금법
- 긴급복지지원법　• 다문화가족지원법　• 장애인연금법　• 장애인활동 지원에 관한 법률　• 노숙인 등의 복지 및 자립지원에 관한 법률　• 보호관찰 등에 관한 법률
- 장애아동 복지지원법

출처: 법제처(http://www.moleg.go.kr)

이는 사회복지사업의 정의인 동시에 종류이며 그 사업의 적용범위가 된다. 이 범위에 들지 않은 사업은 통념상 요건을 갖추었다 할지라도 법률상 사회복지사업으로 인정하지 않고 있다. 예를 들어 고용상 연령차별금지 및 고령자고용촉진에 관한 법률, 재해구호법 등은 법률상 사회복지사업으로 인정되지 않고 있으나 대상이 되어야 할 것이다(조원탁, 2009: 175)

3) 사회보장기본법

사회보장기본법은 사회보장제도의 기본사항을 법률로 규정한 것이다. 사회보장기본법은 제반 사회보장제도의 기본이념과 발전방향을 제시하고 제도의 효율적

운영과 통합적 발전을 위한 법적기초를 마련하고자 발전시킨 법으로 이해할 수 있다(현외성, 2009: 172-173). 한국에서 사회보장의 개념에는 이념적 요소가 거의 없고 미국이나 유럽국가에서 실시되는 제도들을 총괄하여 사회보장으로 이해하는 듯한 인상을 주고 있다(조원탁, 2009: 161).

사회보장기본법 제3조 제1항에서 사회보장이란 출산, 양육, 실업, 노령, 장애, 질병, 빈곤 및 사망 등의 사회적 위험으로부터 모든 국민을 보호하고 국민 삶의 질을 향상시키는 데 필요한 소득·서비스를 보장하는 사회보험, 공공부조, 사회서비스를 말한다(2014년 11월 19일 개정).

사회보장기본법의 내용으로 본다면 사회보장의 개념은 광의의 개념으로 이해되고, 사회(복지)서비스의 개념은 협의의 개념으로 사용되고 있음을 알 수 있다. 일반적으로 사회복지학이 광범위한 영역에까지 인간의 삶의 질과 관련되기 때문에 사회복지를 넓은 개념으로 이해하여 사회보장을 포함한 제반 사회복지제도와 실천을 말하는 것으로 이해하고 사회(복지)서비스는 사회복지의 협의의 개념으로 이해한다(현외성, 2009: 177-178). 다음은 이러한 관점에서 사회복지의 하위개념으로 사회보장기본법상 나타난 사회보험, 공공부조, 사회(복지)서비스, 그리고 평생사회안전망에 대한 정의이다.

그림 2-2　사회보장기본법의 정의

사회보장기본법 제3조 제1항		"사회보장"이란 출산, 양육, 실업, 노령, 장애, 질병, 빈곤 및 사망 등의 사회적 위험으로부터 모든 국민을 보호하고 국민 삶의 질을 향상시키는 데 필요한 소득·서비스를 보장하는 사회보험, 공공부조, 사회서비스를 말한다.
	사회보험 제3조 제2항	"사회보험"이란 국민에게 발생하는 사회적 위험을 보험의 방식으로 대처함으로써 국민의 건강과 소득을 보장하는 제도를 말한다.
	공공부조 제3조 제3항	"공공부조"(公共扶助)란 국가와 지방자치단체의 책임하에 생활유지 능력이 없거나 생활이 어려운 국민의 최저생활을 보장하고 자립을 지원하는 제도를 말한다.
	사회 서비스	"사회서비스"란 국가·지방자치단체 및 민간부문의 도움이 필요한 모든 국민에게 복지, 보건의료, 교육, 고용, 주거, 문화, 환경

제3조 제4항	등의 분야에서 인간다운 생활을 보장하고 상담, 재활, 돌봄, 정보의 제공, 관련 시설의 이용, 역량 개발, 사회참여 지원 등을 통하여 국민의 삶의 질이 향상되도록 지원하는 제도를 말한다.
평생사회 안전망 제3조 제5항	"평생사회안전망"이란 생애 주기에 걸쳐 보편적으로 충족되어야 하는 기본욕구와 특정한 사회위험에 의하여 발생하는 특수욕구를 동시에 고려하여 소득·서비스를 보장하는 맞춤형 사회보장제도를 말한다.

출처: 법제처(http://www.moleg.go.kr)

4. 실체론적 개념

사회복지의 실체론적 개념은 역사적·현실적인 사회적 시책과 실천활동, 즉 목적달성의 현실적인 수단과 방법으로서 사회복지를 말하는데 시간과 공간에 따라 역사적 발달과정과 문화적 배경이 다르므로 사회복지의 용어와 포괄하는 범위도 다르다(박경일 외, 2010: 20-21).

1) 광의 및 협의의 개념

광의의 사회복지는 사회복지욕구를 해결하기 위한 사회적 노력이라는 사회복지의 범위를 협의의 사회복지에 비해 넓게 보는 개념으로 한국사회의 사회복지전문가들이 주로 갖고 있는 개념이다. 이는 관련 공공정책과 사회보장제도 등을 활용하여 사회 구성원 전체 혹은 전 국민들을 대상으로 비 복지를 해결하고 인간다운 생활을 영위할 수 있도록 지원하는 사회복지를 말한다. 이 관점에서는 사회유지에 필요한 사회적·경제적·교육적·의료적 욕구가 충족되도록 제반서비스(개별 사회복지서비스, 보건의료, 교육, 여가, 소득, 노동, 주택, 안전, 거주 등)를 활용해 돕는 사회복지정책 혹은 사회복지제도를 강조한다. 때로는 조세, 환경, 문화, 교통 등 유럽의 사회정책에서 논의하는 영역까지 광의의 사회복지영역에 포함시키기도 한다(오정수 외, 2010: 19).

협의의 사회복지는 사회복지를 소극적이고 제한적으로 받아들이는 개념으로, 빈민, 환자, 노인, 아동, 여성, 장애인, 한부모가족, 기타 취약계층 등 시장에서 실패한 사람, 사회적 약자 등 정상적으로 사회생활을 하기 어려운 사람들을 대상으로 기본적 사회적 욕구를 해결하기 위한 사회복지사업을 의미하고 이를 사회사업 혹은 사회사업실천 등으로 부른다. 그들이 자신의 기능을 회복하고 독립적으로 능력을 발휘하는 데 필요한 기본적 소득보장, 개별 사회적 서비스, 생활지도, 재활서비스 등을 통해 대상자를 돕는 전문적 사회복지실천활동을 강조한다.

　광의의 사회복지 개념은 사회복지를 포괄하는 범위가 모호하다는 단점이 있고, 협의의 사회복지개념은 사회복지의 고유영역을 규정하는 장점이 있으나, 대상과 범위를 지나치게 좁게 규정하여 중요하고 효과적인 사회복지 프로그램을 배제하므로 다양한 사회적 욕구에 대응하는 데 한계가 있다. 광의의 사회복지는 전술한 제도적 사회복지의 개념과 관련되고, 협의의 사회복지는 잔여적 사회복지의 개념과 보다 관련된다고 할 수 있다.

2) 실체론적 개념으로서의 사회복지

　실체론적 개념으로서의 사회복지는 각국에 제도화되어 있는 사회보장 프로그램을 중심으로 살펴볼 수 있다(박경일, 2010: 21). 사회보장은 각 나라마다 상이한 형태로 운영되고 있지만, 일반적으로 빈곤에 대처하는 소득보장과 질병에 대처하는 의료보장으로 대별되며, 오늘날 각국의 사회보장제도는 사회보험, 공공부조, 사회복지사업, 그리고 기타 공공정책의 4개 부분으로 분류될 수 있는데(박경일, 2010: 21-22), 이는 법적 개념에서 정의한 바 있다.

　오늘날 182개 국가가 하나 또는 둘 이상의 사회보장 프로그램을 갖고 있고, 미국 사회보장청에서는 대륙별 사회보장 프로그램을 5개 유형(노령·장애·유족연금, 질병보험 및 모성수당, 산업재해보상보험, 고용보험, 가족수당)으로 분류해 통계자료를 발표하고 있다(<표 2-4> 참조).

☞ 표 2-4 세계의 사회보장 프로그램

구 분	노령·장애 유족연금	질병보험 및 모성수당		산업재해 보상보험	고용보험	가족수당
		출산수당	상병수당			
계	180	128	137	147	82	91
아메리카	36	34	25	35	11	15
유럽	44	44	44	44	44	44
아프리카	43	26	34	34	6	26

| 아시아·태평양 | 47 | 24 | 34 | 34 | 21 | 16 |

출처: SSA. Social Security Program throughout the World. The Americas(36개국), 2007; Europe(44개국), Asia and the Pacifics(47개국), 2008; Africa(43개국), 2009; 박경일 외, 2010: 22 재인용

실체론적 개념으로서의 사회복지는 위에서 분류한 것처럼 사회보장 프로그램 같이 각 나라에 공통적으로 제도화되어 있는 사회복지관련 프로그램이나 서비스가 실제로 어느 정도 수준에서 정책이나 제도로서 제공되고, 어떻게 분류되고, 정의되며, 시행되고 있는지를 파악함으로써 사회복지의 개념을 이해하는 것이다.

☞ 표 2-5 사회복지 개념의 구분

구 분	사회복지의 의미
목적론적 개념	• 사회복지는 사회가 달성해야 하는 이상적인 상태 • 인간의 가치와 존엄성이 최고도로 실현되는 상황
제도적 및 기능론적 개념	• 사회복지는 사회제도의 다양한 기능(가족제도의 사회화 기능, 경제제도의 생산·분배·소비 기능, 정치제도의 사회통제기능, 종교제도의 사회통합기능) 수행을 보완하고 상부상조기능을 중점적으로 수행함 • 잔여적(보충적), 제도적 기능을 수행함
법적 개념	• 모든 국민은 인간으로서의 존엄과 가치를 지니고 행복을 추구해야 함 • 법에 나타난 정의나 내용을 살펴봄으로써 사회복지를 이해
실체론적 개념	• 역사적·현실적인 사회적 시책과 실천활동을 의미 • 시간과 공간에 따라 달라짐

제3절 사회복지와 사회사업의 정의

사회복지는 사회의 제반 문제에 대한 대응책이며 인간이 직면하는 다양한 욕구에 대한 서비스로서 궁극적으로 사회구성원들이 행복을 추구하고 만족스러운 삶을 영위하는 데 방해가 되는 요인들을 제거 또는 완화하기 위한 미시적이고 거시적 측면에서의 조직화되고 체계화된 사회적 노력과 활동이라 할 수 있다.

사회복지와 사회사업은 학자나 기관에 따라 다양하게 정의되어 왔는데, 이를 발표 연대순으로 정리해 보면 〈표 2-6〉 및 〈표 2-7〉과 같다.

☞ 표 2-6 사회복지의 정의

학 자	정 의
W. A. Friedlander (1955)	사회복지란 개인과 집단을 도와 건강상의 만족스러운 기준에 도달할 때까지 행하는 계획적인 사회적 서비스와 시설의 조직적인 제도이다.
A. Dunham (1967)	사회복지는 가족, 아동생활, 건강, 사회적응, 여가, 생활수준 및 사회적 관계성과 같은 영역에 있어서 인간의 욕구를 해결하는 데 도움을 제공함으로써 사회적 행복의 추진하기 위한 조직적 노력이다.
Encyclopedia of Social Work (1971)	사회복지란 일반적으로 인지된 사회문제를 예방하거나 완화시키며 그러한 문제의 해결에 기여하고자 노력하거나 개인, 집단, 지역사회의 복리를 개선하고자 노력하는 민간과 정부기관의 광범위한 조직적 활동이다.
J. M. Romanyshin (1971)	사회복지란 한정적으로 사회적 약자에 대한 재정적 원조나 서비스를 의미하며, 다른 한편으로는 국민의 보편적 욕구에 대한 공동의 책임을 의미한다.
R. L. Baker (1987)	사회복지는 사회의 유지에 기본적인 사회적·경제적·교육적 및 건강적 욕구를 충족시키려는 사람을 돕는 프로그램, 급부 및 서비스에 대한 국가의 체계이다.
C. Zastrow (2008)	사회복지는 부자와 가난한 자 모두를 포함하여 다양한 연령층을 대상으로 그들의 사회적 기능을 향상시켜 사회적 경제적 욕구와 건강 및 여가적 욕구를 충족시켜 주는 것이다.

출처: 박경일 외, 2010: 26의 내용을 기초로 하여 보완함

☞ 표 2-7 사회사업의 정의

학 자	정 의
미국사회사업교육협회 (1954)	사회사업은 인간과 환경간의 상호작용을 이루는 사회적 관계에 초점을 두는 활동을 통하여 개인들의 사회적 기능을 단독으로나 집단적으로 향상시키고자 함에 있으며, 그 기능으로서는 손상된 능력의 회복, 개인적·사회적 자원의 제공, 사회적 기능장애의 예방을 들고 있다.
W. A. Friedlander (1955)	사회사업은 개인으로 하여금 개인을 집단의 일원으로서 사회적·인간적인 만족과 독립을 성취하도록 원조하여 주고 인간관계에 관한 과학적 지식과 숙련을 기초로 한 전문적 활동이다.

A. Dunham (1967)	사회사업은 개인·집단·지역사회의 인구집단에 관심을 두고, 이것의 보호·치료 및 예방을 포괄한다.
유엔 (1971)	사회과학과 기타 과학에서 도출되어 사회개발의 훈련 및 조사에 교육적으로 인정받는 사업에 의해 지지된 지식, 방법 및 철학의 체계에 주로 기초를 두는 훈련에 의해서 터득된 사회복지 분야에 있어서 사람의 사회적 욕구를 충족시키기 위한 전문적인 운영방법이다.

출처: 박경일 외, 2010: 26

　우리나라에서는 사회복지와 사회사업이라는 용어가 혼용되어 사용되고 있고 때로는 두 용어를 합쳐 사회복지사업, 사회서비스, 사회복지서비스 등으로 사용하기도 한다. 그러나 국가고시제도가 도입된 2003년부터 전문가 집단인 social worker를 사회복지사로 공식적으로 사용하게 되면서 사회사업가 또는 사회사업이라는 용어의 사용이 줄어드는 경향이 있다(한인영 외, 2011: 16). 특히 사회사업이라는 용어는 자선사업이라는 의미를 내포한다는 인상을 갖고 있어(윤철수 외, 2011: 26) 제한적인 의미를 나타내는 것으로 이해되고, 이에 반해 사회복지는 보다 포괄적인 의미로 이해되는 경향이 있다. 그러나 여전히 사회복지와 사회사업 용어간 명확한 개념구분은 쉽지 않다.

제4절 　사회복지와 사회사업의 비교

　사회복지와 사회사업의 차이는 무엇인가? Friedlander와 Apte(1980)에 의하면 사회복지는 국민들의 복지를 위한 기본적인 것으로 인정된 사회적 욕구를 충족하기 위하여 그리고 사회질서의 회복을 위하여 제반 급여를 확보하거나 강화시키는 법률, 프로그램, 급여 및 서비스체계인 반면, 사회사업은 개인, 집단, 지역사회가 사회적 또는 개인적 만족을 얻고 독립할 수 있도록 도와주는 인간관계상의 과학적 지식과 전문 기술에 바탕을 둔 전문적 서비스이다.[1]

---

1) 과거 Social Work을 사회사업으로 번역하여 사용하였으나 사회사업이 우리나라에서 자선사업,

사회복지는 다른 사회제도가 그 기능을 수행하지 못하거나 새로운 사회적 위험에 대처하기 어려울 때 사회적 기능을 도와주는 제도나 활동의 총체로서의 의미를 갖는 반면에, 사회사업은 사회복지 안에서 실천을 통해 사회복지를 구현하는 전문적 방법이며 사람들을 돕는 전문적 활동으로 이해된다(오정수 외, 2010: 20-21). 사회복지는 상태적(고정적) 개념으로 사회구성원이 각자의 사회적 기능을 원활히 수행함으로써 만족감을 성취하는 복지적 사회를 뜻하고, 사회사업은 역동적 개념으로 그러한 사회가 구현될 수 있도록 과학적이고 전문적인 지식과 기술을 활용해 실천하는 활동을 강조한다(윤철수 외, 2011: 27).

사회복지와 사회사업의 관계를 살펴보면 상호 관련되어 있고, 모든 인간의 행복을 증진시키는 것이 사회복지라 할지라도 개개인의 행복을 위한 사회사업을 분리해 생각할 수 없으며, 사회복지의 모든 정책은 사회사업을 기초로 발전되고 제도화된다(박경일 외, 2010: 25). 따라서 이 두 가지 개념은 서로 배타적인 관계가 아닌 보완적인 관계로 이해될 수 있고 일반적으로 사회복지가 더욱 포괄적인 개념으로 사용되는 경향이 있다. 사회복지와 사회사업의 관계를 컴퓨터의 구조와 관련하여 비유해 보면 사회복지는 하드웨어이며, 사회사업은 소프트웨어, 그리고 사회복지사는 휴먼웨어라고 할 수 있다(박경일 외, 2010: 25).

☞ 표 2-8　사회복지와 사회사업의 비교

구 분	사회복지	사회사업
개념	거시적(macro)	미시적(micro)
목적	바람직한 사회건설이 목적 사회환경지향적(사회환경변화)	바람직한 인간화가 목적 개인지향적(개인변화)
대상	일반적 대상(전 국민), 전체적, 불특정적	개별적 대상(사회적 약자), 부분적, 특정적
방법	제도와 정책 중시	개인의 사회적 기능수행향상에 필요한 전문지식과 기술 중시

구호사업 등으로 인식되고 있고 원래의 의미를 정확히 전달할 수 없으며, 사회복지와의 관계 등을 이유로 소셜윌이라는 용어를 그대로 사용하기를 제안하는 학자들(김상균 외, 2007; 오정수 외, 2010)도 있으나 이 책에서는 일반적 구분에 따라 사회복지와 사회사업으로 구분하였다.

기능	예방적, 사전적	치료적, 사후적
범위	보편성	개별성
기타	고정적(상태적) 이상적 측면 강조	역동적 실천적 측면 강조

제5절 사회복지의 개념변화

사회복지의 개념은 고정되어 있는 것이 아니라 시대나 사회적 상황의 변화에 따라 그리고 이념 및 방법과 기술의 발전에 따라 그 강조점이 변화되고 있다(박경일 외, 2010: 27). Romanyshin(1971: 34-37)은 사회변화에 따라 사회적 개입을 필요로 하는 욕구에 대한 인식이 높아지면서 사회복지의 개념이 다음과 같이 변화하고 있다고 설명하였다(한인영 외, 2011: 25-27 재인용; 남기민, 2011: 21-22 재인용). 전반적으로 사회복지의 개념은 빈곤층 등 특정대상을 강조하다가 점차적으로 사회일반의 보편적 복지를 강조하는 방향으로 변화되고 있다.

1. 잔여적 개념에서 제도적 개념으로 변화

잔여적 개념에서는 사회복지를 가족이나 시장과 같은 정상적 제도를 통하여 욕구를 충족시키지 못하는 사람들의 최후대책으로 일시적 도움에 그치며, 여기에서는 도움을 필요로 하는 사람들의 결함이 강조된다. 반면 제도적 개념의 사회복지는 변화하는 사회경제적 환경 속에서 사람들이 잘 대처하도록 최일선에서 돕는 것으로 사회복지가 정상적이고 필수적인 사회제도로서 사회에서 정당한 지위를 가지게 되는 것이다.

2. 자선에서 시민의 권리로 변화

자선으로서의 사회복지가 19세기 중산층의 가난한 사람들에게 도움을 주는 것이라면, 시민의 권리로서의 사회복지는 다수의 국민들이 피지배 노동자 신분에서 시민계급으로 성장하는 과정에서 획득한 권리의 확대라고 할 수 있다. 노동자들은 신체, 언론, 재산의 자유 등 자유권과 선거를 통한 정치권을 확보하였으며, 이를 계기로 사회권으로서의 복지에 대한 권리를 확보하게 되었다.

3. 빈민에 대한 특수성에서 사회구성원 전체에 대한 보편성으로 변화

사회복지를 빈민에 대한 특별한 서비스로 인식하는 관점에서 벗어나 전체 국민들의 보편적 욕구를 충족시키는 서비스로 이해하는 방향으로 발전하고 있다. 현대산업사회에서 많은 사람들에게 나타나는 실업, 노령, 질병, 장애, 사망 등의 사회적 위험에 대처하기 위하여 보편적인 사회복지서비스가 필요하게 된 것이다.

4. 최저수준에서 적정수준으로 변화

사회가 발전함에 따라 사회복지의 보장수준이 최저수준의 자원을 공급한다는 제한적 개념으로부터 국민의 안녕과 복지를 증진하고 인간의 잠재력을 최대한 개발하도록 적절한 급여 및 서비스를 보장하는 방향으로 변화하게 되었다.

5. 개인의 변화에서 사회의 개혁으로 변화

사회복지에 대한 초기의 관점은 문제발생의 원인을 개인의 도덕적인 결함에서 찾았고 따라서 문제해결은 개인을 변화시키고 치료하는 것에 목적을 두었다. 그러나 최근에는 대부분의 사회복지 문제의 발생 원인을 구조적인 사회제도의 결함으로 보고 개인의 치료보다는 사회개혁을 강조하는 방향으로 변화하고 있다.

6. 민간의 후원에서 정부의 개입으로 변화

국가 또는 정부가 복지에 대한 책임을 인식하게 된 것은 영국의 구빈법까지 거슬러 올라갈 수 있지만 19세기 또는 20세기 초까지도 민간의 자발적인 사회복지활동에 크게 의존해 온 경향이 있었다. 이는 최소한의 정부개입을 주장하는 자유방임주의와 사회적 진화주의사상과 일치되는 것이었다. 그러나 산업화와 민주화의 진전에 따라 발생하는 사회복지욕구와 대규모의 다양하고 복잡한 문제들을 자선활동으로 대처하기에는 한계가 있고 국가의 복지기능을 확대하라는 정치적 압력의 증가와 함께 정부 또는 공적 개입이 증가하게 되었다.

7. 빈민을 위한 복지에서 복지사회의 구현으로 변화

사회복지가 과거 단순한 사회에서 소수의 불행하고 가난한 사람들의 욕구를 충족시키는 것으로부터 고도로 복잡한 현대사회에 사는 모든 사람들의 욕구를 충족시키기 위한 개념으로 발전해 왔다. 복지사회의 개념에서는 모든 사회제도들이 인간의 발전에 얼마나 기여했는가의 측면에서 평가를 받는다. 현재 전반적 복지현실이 복지사회와 상당한 거리가 있으나 복지제도의 인간화 또는 삶의 질 향상이라는 슬로건 등에서 복지사회로 나아가고 있음을 알 수 있다.

그림 2-3 Romanyshin의 사회복지의 개념변화

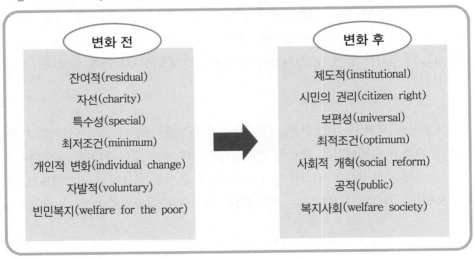

제6절 사회복지 활동의 5가지 한계 기준

Wilensky와 Lebeaux(1965: 140-147, 1989: 122-129)는 현대 산업사회에서의

사회복지활동의 한계를 규정하기 위한 5가지 기준을 다음과 같이 제시하였
다.[2] 이 기준들은 사회복지활동의 주요 특징이지만 사회현실의 핵심사항들을 추
상적으로 강조하여 구성된 이념형으로 이해할 수 있으므로 현실적으로 위의 기
준을 적용하여 사회복지활동과 다른 활동을 명확히 구분하기는 쉽지 않을 수 있
다(박차상 외, 2010: 28-29). 다만 사회복지활동이 다른 활동에 비해 아래 제시한
특징들을 더 많이 갖고 있다고 할 수 있다.

1. 공식적인 조직에 기초한 활동

현대 산업사회에서 사회복지활동은 공식적 조직을 통해 제공된다. 공식적 조직
이란 사람들에게 지속적으로 원조를 제공하는 정규적이고 공인된 사회복지조직을
의미한다. 오늘날 사회복지는 낯선 사람에게 도움이 주어지므로 도움을 주는 사람
과 받는 사람 사이에 어느 정도 사회적 거리가 존재한다. 즉, 개인적인 유대관계
로 도움을 주는 행위나 우발적으로 행해진 자선적 행위는 엄격한 의미에서 사회
복지활동에 포함되지 않는다. 그러므로 동냥, 개인적 자선, 가족, 친구, 이웃, 친척
으로부터 상호부조적 차원에서 나오는 원조행위는 사회복지활동으로 볼 수 없다.

2. 사회적·공공적 목적을 위하여 사회적 책임을 갖고 시행

사회복지활동은 사회적으로 인정된 목적과 방법으로 수행되어야 하고 공익성
을 통해 사회적 책임을 지는 활동이어야 한다.

3. 프로그램의 주된 목표로서 이윤추구의 배제

영리를 목적으로 하는 활동과 사회복지활동을 구분하는 기준은 프로그램의 주
된 목표가 시장경제체계 내에서 이윤을 추구하는 것이냐 하는 것이다. 시장경제
를 통해 결정되는 가격을 기준으로 이윤을 추구하며, 서비스 이용료를 받는 대
부분의 활동들은 사회복지활동에서 제외된다.

---

2) 이 부분은 김융일 외(2003: 25-26), 남기민(2011: 18-20), 박차상 외(2010: 27-29), 정무
성 외(2013: 28)를 주로 참고하여 정리하였다.

4. 인간의 욕구에 대해 통합적 관점에서 접근

사회복지는 인간의 욕구를 부분적으로 접근하는 것이 아니라 통합적으로 접근하는 활동이다. 사회복지서비스는 의식주, 의료와 같은 인간의 신체적 욕구에만 관심을 갖는 것이 아니라 사회적·심리적·정신적·영적 욕구에 이르는 광범위한 욕구를 충족시키기 위해 다양한 형태로 제공된다.

5. 인간의 소비적 욕구에 대한 직접적 관심

사회복지활동은 개인의 삶에 직접적으로 영향을 미치는 소비욕구에 대한 관심에서 시작된다. 굶주린 사람에게 양식을 제공하고 집이 없는 사람에게 거처를 제공함으로써 개인의 소비자로서의 욕구에 직접적인 관심을 갖는다.

이러한 사회복지활동의 기준은 때로는 사회복지 서비스나 프로그램이 어디까지 사회복지활동의 범주에 속하는가를 결정하는 데 어려움을 주기도 한다. 사회복지의 범주를 단순히 대상이나 내용을 가지고 결정하는 것은 한계가 있으며, 프로그램을 진행하는 기관이나 인력(예: 사회복지기관, 사회복지사 등), 사회복지의 이념과 관점의 반영 등이 고려될 수 있을 것이다(정무성 외, 2013: 28). 사회복지의 개념이 보편화되면서 대부분의 비영리조직에서 진행되는 사업들이 사회복지적 성격을 지니고 있다(정무성 외, 2013: 28).

사회복지 활동의 5가지 기준

- 공식적인 조직에 기초한 활동이다.
- 사회적 공공적 목적을 위하여 사회적 책임을 갖고 행해진다.
- 프로그램의 주된 목표로서 이윤추구를 배제한다.
- 인간의 욕구에 대해 통합적 관점에서 접근한다.
- 인간의 소비적 욕구에 대해 직접적인 관심을 갖는다.

생각해 볼 문제 및 과제

1. 사회복지의 개념을 다양한 방식으로 정의 내려 보자.

2. 잔여적 복지와 제도적 복지의 차이는 무엇이고, 사회복지실천 및 정책에 어떻게 적용될 수 있는지 예를 들어 논의해 보자. 또한 잔여적 및 제도적 복지 중 어느 관점이 어떠한 이유에서 더 지향되어야 하는지에 대해서 논의해 보자.

3. 우리나라 사회보장기본법에는 어떠한 내용들이 포함되어 있으며, 각각의 내용의 차이가 무엇인지를 생각해 보자.

4. 사회복지와 사회사업의 개념의 차이에 대해서 생각해 보자.

5. 사회복지 개념의 변화양상에 대해 살펴보자.

6. 사회복지 활동의 5가지 기준에 대해 생각해 보자.

참고문헌

김기태, 박병현, 최송식(2014). 사회복지개론(제6판). 박영사.

김기태, 박병현, 최송식(2009). 사회복지개론. 박영사.

김상균, 최일섭, 최성재, 조흥식, 김혜란(2007). 사회복지개론. 나남출판.

김욱(2003). 복지란 무엇인가: 인간의 행복 찾는 사회제도. teenNews, 55, 32-34.

김욱 외 30인(2004). 사회복지사 이야기: 사회복지 현장실무자 31인의 일과 사랑. 학지사.

김융일, 김기환, 김미혜, 김형식, 박능후, 신준섭, 오창순, 이영분, 정무성, 황성철(2003).
　　　사회복지학개론. 동인.

남기민(2011). 사회복지학개론(제3판). 양서원.

박경일, 김경호, 서화정, 윤숙자, 이명현, 이상주, 이재모, 전광현, 조수경(2010). 사회복지
　　　학강의. 양서원.

박차상, 강세현, 김옥희, 남진열, 이현주, 전영록(2010). 사회복지학개론. 학현사.

오정수, 최해경, 정연택, 류진석, 유채영(2010). 사회복지학개론. 양서원.

원석조(2013). 사회복지학개론(제4판). 양서원.

윤철수, 노혁, 도종수, 김정진, 김미숙, 석말숙, 김혜경, 박창남, 성준모(2011). 사회복지개
　　　론. 학지사.

이용교(2011). 디지털 사회복지개론. 인간과 복지.

정무성, 나임순, 유용식(2013). 현대사회복지개론. 신정.

조원탁, 김형수, 이형하, 조준(2019). 사회복지법제론. 양서원.

최일섭, 최준보(2012). 사회복지학개론. 공동체.

현외성(2009). 한국사회복지법제론. 양서원.

Friedlander, W. A., & Apte, R. Z.(1980). Introduction to Social Welfare. Englewood
　　　Cliffs, NJ: Prentice Hall.

Romanyshyn, J. M.(1971). Social Welfare: Charity to Justice. NY: Random House.

Wilensky, H. L., & Lebeaux, C. N.(1965). Industrial Society and Social Welfare. NY:
　　　The Free Press.

Wilensky, H., & Lebeaux, C.(1989). Industrial Society and Social Welfare. 장인협 역,
　　　산업사회와 사회복지, 대한교과서주식회사.

Zastrow, C.(2008). Introduction to Social Work and Social Welfare. CA: Thomson
　　　Brooks.

법제처 홈페이지, www.moleg.go.kr.

제 3 장

사회복지의 학문적 성격

제1절 사회과학과 사회복지학

과학은 경험적 검증의 필요성 유무로 경험과학(empirical science)과 비경험과학 (non-empirical science)으로 나눌 수 있다. 경험과학은 현실세계에서 발생하는 여러 사실들을 탐구·묘사·설명·예측하고자 하고, 비경험과학은 경험적 검증이 없이도 성립 가능한 윤리학이나 순수수학 등이 해당된다(김상균 외, 2007: 57).

경험과학은 현실의 구체적 경험에서 얻어진 사실들을 경험과 수정을 통해 일반적 법칙을 추출하는데 이는 다시 사회과학과 자연과학으로 나뉜다. 사회과학은 사회현상을 대상으로 사회법칙을 탐구하는 것을 목적으로 하고, 자연과학은 자연현상을 대상으로 자연법칙의 발견과 인식을 추구한다(김기태 외, 2009: 27). 사회과학은 끊임없이 변화하는 사회현상을 규명하는 과학이고 자연과학은 동일하게 되풀이되는 자연현상을 일정한 조건하에서 실험을 통하여 객관적인 관계법칙을 규명하는 과학이다(박경일 외, 2010: 28).

김광웅(1976: 42-43)은 자연과학과 사회과학의 차이를 다음의 4가지 측면에서 살펴보았다(김상균 외, 2007: 57에서 재인용). 첫째, 연구대상의 차이로서, 자연과학은 객관의 세계를 대상으로 하고, 사회과학은 인간이나 그들의 의도적 행위를 대상으로 한다. 둘째, 예측과 의사소통의 차이로서, 자연과학이 미래에 발생할 어떤 일에 대한 예측을 수반한다는 데에는 이견이 별로 없으나 사회과학에서는 예측보다는 사람과 사람 사이의 의사소통에 더 큰 비중을 둔다. 셋째, 법칙과 관습의 차이로서, 사회과학이 법칙 있는 설명을 추구하는 것은 사실이지만 자연과학처럼 완전한 법칙을 추구하는 것은 구비할 수 있는 것은 아니며, 사회과학에서는 사회적 관습이 인간행동을 규제하기도 한다. 넷째, 이론과 구성적 의미의 차이로서, 자연과학에서는 경험의 연역적 통일성을 제시하는 반면, 사회과학은 경험의 연역적 통일성을 마련해 주지는 못하며, 현상을 설명할 수 있는 정도에 그친다.

사회과학은 인간행위를 다루고 그 인간은 그가 속한 사회의 생활조건으로부터 많은 영향을 받기 때문에 사회과학에서 추구하는 바는 보편적인 것과는 다소 거리가 있고, 다루는 것이 극히 가변적이며, 자연과학이든 사회과학이든 과학적 활동의 근거에 가치전제를 두지만 자연과학의 가치전제가 단순하고 자명한 것이라면, 사회과학의 가치전제는 복잡하고 덜 자명하다(Myrdal, 1972: 161-162; 김광웅, 1976: 43; 김상균 외, 2007: 58 재인용).

우에다 교수는 사회과학자의 연구대상은 눈으로 보이지 않는 사회현상이고 자연과학자의 연구대상은 눈으로 볼 수 있으므로, 사회과학자는 자신이 음을 만들어 내며 연주하는 바이올리니스트이고, 자연과학자는 이미 조율되어 있는 피아노를 연주하는 피아니스트로 비유하였다(서윤 역, 1989: 26-28; 김기태 외, 2014: 37-38 재인용).

사회복지활동은 인간의 욕구를 충족하고 사회문제를 해결하기 위한 실제적 해결책을 모색하고 이를 위해 과학적 지식을 활용한다는 측면에서 자선이나 박애, 자원봉사 등과는 구분되고 다른 사회과학들과도 구분된다. 자본주의사회가 발달하면서 기존 사회과학영역으로 해결할 수 없는 인간욕구의 미충족 문제와 각종 사회문제에 직면하게 되었고, 불평등·빈곤·차별·소외·정신건강 문제 등이 확대되었고 사회복지는 이에 대처하기 위한 사회적 노력 혹은 활동으로서 자리매김하게 되었다. 따라서 사회복지학은 사회과학의 한 영역으로 사회 속에서 인간들이 살아가는 방식, 서로 관계를 맺는 것과 관련되는 현상들, 그 속에서 도움·나눔·지킴의 행위 및 관련되는 사회적 제도와 실천들을 연구대상으로 한다(윤찬영, 2010: 31).

Davis(1950: 21)는 사회과학과 사회복지학의 관계를 다음의 3가지 측면에서 설명하고 있다(장인협, 1990: 62; 김상균 외, 2007: 63-64 재인용). 첫째, 사회과학의 인간에 관한 지식과 인간의 사회적 행동에 관한 지식 등 다른 사회과학이 축적한 지식은 사회복지실천에 새로운 통찰을 제공할 수 있다. 둘째, 사회복지의 목적·기능·전제·방법 등에 대한 평가·검증·수정이 많을수록 사회복지는 인류에 더 많은 공헌을 할 수 있다. 셋째, 사회복지는 사회과학이 필요로 하는 인간의 생활경험에 관한 풍부한 지식을 축적하고 있다.

제2절   사회복지학의 특성

김상균 외(2007: 64-66)는 사회복지학이 타 학문 분야와 비교하여 나타나는 독특한 특징을 다음의 4가지로 정리하였다.

첫째, 틈새과학(niche science)적 성격이다. 인간의 미충족 욕구충족과 사회문제 해결에 있어서 사회학·심리학·경제학·정치학·법학 등 기존 학문과 다른 관점과 접근법이 요구되는 상황에서 사회복지학이 새로운 영역을 찾아 도전을 시도해 본다는 의미이다. 즉 사회복지학은 20세기에나 정립되어 다른 사회과학들과 비교해 늦게 출발하였으므로 기존 학문들과 중복되지 않으면서 차별성을 유지하고자 하였다. 사회복지학이 갖는 장점 중 한 가지는 문제해결을 최우선으로 하는 응용 혹은 실천학문이라는 사실이다.

둘째, 사회과학의 가치성과 관련된 것이다. 대다수의 사회과학들은 서양의 개인주의적 전통을 중시하는데 사회복지학의 주류는 집합주의(collectivistic)적 전통에 가깝다. 유럽에서는 사회주의(socialism)를 자본주의의 약점을 점진적으로 개선하는 개량주의로 인식하고 집합주의와 공동체주의와 동일시하기도 한다. 서구의 주류사회복지학도들은 페이비언 사회주의 또는 민주적 사회주의 편에 서 있다. 사회복지학은 영리목적의 상업적 행위를 배제하고 탈상품화를 우선적 연구 주제로 삼으며 원조대상자의 존엄성·자율성·발전가능성을 강조하며 존재이유를 약자보호에서 찾는다.

세 번째 특징은 절충주의(eclecticism)적 태도이다. 주류 사회복지학의 관점이 집합주의에 가깝다 하더라도 사회복지학이 개인주의를 전적으로 배척하는 것은 아니다. 사회복지학도들은 다른 사회과학도들에 비해 높은 수준의 평형감각을 요구받는다. 이상과 현실, 정신과 물질, 이기심과 이타심, 권리와 의무 등과 같은 상호충돌 가능성이 있는 양극단 중 어느 하나를 선택하지 않는다. 즉, 두 가지 이상의 가치를 조화시키려고 하고, 여러 이론들의 장점을 극대화시키려고 노력한다.

네 번째 특징은 다학문적(multi-disciplinary) 성격이다. 사회복지학은 사회과학

의 여타 학문이 개발한 지식과 이론을 적극 활용하고 인간의 문제가 복합적이거
나 중층적인 경우가 많아 전체적인 접근을 요구하기 때문에 문제해결을 위해 여
러 이론들을 절충하여 사용하기도 한다. 이러한 다학문적 성격은 종합사회과학
을 하고 있다는 자긍심을 갖게 만들기도 하는 반면 다양한 지식의 습득과 비판
능력을 겸비하는 것과 여러 학문분야가 제시하는 이론들간의 상호연계성을 파악
하는 일이 쉽지 않은 등 어려움을 주기도 한다.

제3절 사회복지학과 인접학문

사회복지학은 인접 사회과학의 이론과 지식을 기반으로 출발하였으나 독자적
이론과 지식체계를 축적하였고 인접학문과 차별되는 특징을 지닌다. 사회복지학
을 이해하기 위해서는 경제학·사회학·정치학·법학·심리학 등 인접 사회과학과
사회복지학의 관계를 살펴볼 필요가 있다. 여기에서는 학문으로서 사회복지학이
이러한 인접학문과 어떠한 공통점과 차이점이 있는지 살펴보고자 한다.[1]

1. 사회복지학과 경제학

경제학은 물질을 둘러싸고 벌어지는 인간관계 및 그것을 지배하는 물질의 현
상과 법칙에 관심을 가지며(윤찬영, 2010: 29), 인간의 경제행위 전반을 연구대상
으로 하는 학문이다. 경제성장·소득분배·노사관계·조세·재정·실업 등의 경제현
상은 우리의 삶과 직접적으로 연관되어 있으며 이러한 문제들은 경제학의 주요
연구대상이다(오정수 외, 2010: 54).

경제학에서는 복지를 일상생활상 욕구의 충족상태 또는 생활상태가 좋은 것이
라고 표현하고 경제적 복지가 사회복지의 기초가 된다고 생각하며 개인의 소득
보장 등을 연구한다(송정부, 1993: 5). 경제학은 국민생활수준의 양적 및 질적 향

---

1) 사회복지학과 인접학문에 대해서는 오정수 외(2010), 박경일 외(2004), 김기태 외(2009)를
   주로 참고하여 집필하였다.

상을 통하여 절대빈곤을 감소시키는 순기능이 있기도 하지만 소득불평등과 상대
적 박탈감 증가, 배금주의와 인간경시 풍조조장 등 역기능을 초래하여 사회갈등을
야기시키기도 한다(박경일 외, 2004: 120-121). 사회복지학은 경제적 성과를 바탕으
로 복지를 제공하며 경제적 부작용의 치유를 위한 정책과 서비스를 추진한다.

　서비스나 재화의 배분과 관련된 선택행위나 관리 및 배분방식 등은 경제학에
서 중요하게 다루어지는 연구 주제인데 최근 사회복지학에서도 복지자원의 관리
와 배분을 최적으로 하는 일에 많은 관심을 보이고 있다(오정수 외, 2010: 54). 사
회복지학에서는 사회문제에 내포되어 있는 경제적 측면이나 자원의 배분과정에
대한 체계적 지식이 요구되는데 예를 들어 사회복지프로그램에 대한 경제적 효
과분석, 복지재정의 구조 및 운용원리, 조세정의의 실현, 소득분배, 노동문제에
대한 이해 등은 사회복지의 지식체계를 구축하는 중요 연구영역이 된다(오정수
외, 2010: 54). 사회복지 프로그램과 서비스는 법에 의해 정당화되고 조세 등의
재원에 의해 구체화된다. 즉 경제학적 논리에 의해 정당화되는 것이다.

　경제학은 적절한 생활수준의 유지와 소득분배, 생활수준의 측정과 결정, 조세
와 복지서비스와의 관계, 임금과 시장체계 등 현재 경제체제의 특성, 아동의 노
동이나 저임금과 같은 노동문제 등과 관련해 필요한 지식과 이론적 기반을 사회
복지에 제공한다(장인협, 1987: 62; 박경일 외, 2004: 121 재인용). 따라서 경제학에 대
한 기초지식과 사회복지학과의 관련성에 대해 이해하는 것은 사회복지의 학문적
발전은 물론 사회복지를 실천하는 데에도 도움이 될 수 있다.

☞ 표 3-1 사회복지학과 경제학

사회복지학	경 제 학
• 사회복지 프로그램과 서비스는 경제학적 논리에 의해 정당화 • 사회복지학은 경제적 성과를 바탕으로 복지를 제공하며 경제적 부작용치유를 위한 서비스를 제공	• 경제체계와 소득분배에 관심 • 국민생활수준의 양적 및 질적 향상과 절대빈곤을 감소시키는 순기능 • 소득불평등과 상대적 박탈감 증가, 배금주의와 인간경시 풍조조장 등 역기능을 초래 • 효용을 중시

2. 사회복지학과 사회학

사회학은 개인의 사회적인 삶, 조직 및 집단, 사회에 대해 연구하는 학문으로서 인간의 집합체인 사회를 이해하고 사회적 관계의 구조·현상·변동 등을 과학적이고 체계적으로 탐구한다(오정수 외, 2010: 52). 사회학은 미시수준의 개인적 행위로부터 중범위수준의 사회조직과 제도, 거시수준의 국가 및 초국가 행위에 이르는 복합적인 사회현상을 연구하는 학문이다(오정수 외, 2010: 52).

MacIver(1931)는 '사회사업에 대한 사회학의 공헌'이라는 저서에서 사회학이 사회사업에 대해 어떤 직접적인 치료의 의미를 가지는 것은 아닐지라도 사회사업의 사고를 통합시키거나 그 방향 및 활동의 목표를 밝혀 주는 사회철학의 발전에 기초를 제공할 수 있다고 하여 사회학이 사회복지에 공헌할 수 있음을 강조하였다(장인협 외, 2007: 75 재인용). 그리고 사회정책학에서 중요하게 다루고 있는 사회복지제도의 성립과 발전 등에 대한 설명은 사회학의 학문적 성과와 관련된다(오정수 외, 2010: 53).

사회복지와 사회학 모두 사람, 사람들간의 상호관계를 이해하는 데 관심을 가진다는 공통점이 있다. 그러나 사회학은 사회구조와 제도·문화에 관심이 있고, 사람들과의 관계에서 어떻게, 언제, 왜 그렇게 행동하는지 관심을 보인다. 또한 조사 등을 통해 사회문제의 원인과 결과를 과학적인 방법에 의하여 규명하고 인간관계의 상호관계를 이해하는 데에 초점을 둔다. 반면, 사회복지학은 개인의 미충족 욕구를 충족하고 사회문제를 해결하는 구체적 방법을 개발하고 적용하는 데 초점을 둔다. 즉, 사회학자는 사실을 찾아내는 데 대부분 소요하는 반면, 사회복지사들은 문제의 지적을 넘어서 문제를 해결하고 사람의 사회적 기능의 향상을 위해 노력하고 사람이나 지역사회를 이해하고 적절한 진단을 내리고 치료하여 문제를 해결하는 데 시간을 보낸다(Skidmore, Thackeray, & Farley, 1991: 13-14; 김기태 외, 2009: 30 재인용)는 차이점이 있다.

개인의 사회적 행위, 사회구조 및 사회변동, 가족, 집단, 지역사회, 사회계층, 이데올로기의 역할 등에 관한 사회학적 이론들은 복지현상을 이해하는 데 도움을 줄 수 있다(오정수 외, 2010: 53). 따라서 사회학의 기초지식을 이해하고 사회학과 사회복지와의 관련성을 살펴볼 필요가 있다.

☞ 표 3-2 사회복지학과 사회학의 비교

	사회복지학	사회학
공통점	• 사람, 사람들간의 상호관계에 관심	
차이점	• 개인의 욕구를 충족하는 데 초점 • 사회문제를 해결하는 구체적 방법 개발 및 적용하는 데 초점 • 문제를 해결 및 사람의 사회적 기능의 향상을 위해 노력 • 사람 및 지역사회에 대한 이해, 진단, 치료	• 사회구조, 제도, 문화에 관심 • 사회문제의 원인과 결과를 과학적인 방법에 의하여 규명하고 인간관계의 상호관계를 이해하는 데에 초점 • 개인의 사회적 행위, 사회구조, 사회변동, 가족, 집단, 지역사회, 사회계층, 이데올로기의 역할 등 이론제시

3. 사회복지학과 정치학

사회과학의 한 분과로서 정치학은 다양한 정치현상을 과학적인 분석방법으로 연구·설명·해석·예측하는 학문이다. 정치학은 또한 인간 상호간에 지배와 피지배의 질서에 관련되는 현상을 연구한다(윤찬영, 2010: 29). 정치학은 사회적 가치를 권위적으로 배분하는 다양한 활동이나 분야에 대한 연구와 국가나 국가간의 권력의 배분과 관련한 현상을 설명하고 분석한다(오정수 외, 2010: 54-55). 현대사회에서는 사회복지에 대한 국가의 책임과 역할이 강조되고 재정도 많은 부분을 국가에 의존하는 경향이 있으므로 다양한 정치현상과 정치적 상황에 관심을 가질 필요가 있다.

정치학은 복지국가 건설을 위한 복지정책을 제시하고, 정부의 역할, 행정조직, 전달체계 등의 지식을 제공하며, 사회복지는 정치구조, 정치체제의 유형, 유권자 비율, 집권여당의 유형, 정치이념, 관료제도나 국가의 역할 등 정치적 환경요인에 영향을 받는다(박경일, 2004: 123).

특히 선거와 같이 정부의 정책방향을 결정하는 정치행위는 국가의 역할이나 사회복지의 발전에 중대한 영향을 미칠 수 있기 때문에 정치현상 및 행위를 이해하는 것은 중요하다(오정수 외, 2010: 55).

정치적 활동은 사회복지, 특히 사회보장제도의 발달에 결정적인 영향을 미친다는 주장들이 있고, 사회복지정책은 국가의 정치적 과정을 통해 산출되는 결과물이라는 점 때문에 정치학의 주요지식과 정치형태 및 정치문화에 관한 이론은 사회복지학도에게 중요한 지침을 제공할 수 있다(임춘식 외, 2007: 98).

사회복지사들은 기초 사회과학인 정치학의 지식으로부터 첫째, 복지서비스에 대한 정부의 기능, 둘째, 정부의 구조와 과정, 역사적 배경, 개인에 대한 관계 및 의미, 정부구조 내에서 사회복지의 위치 및 정부의 발전과정, 셋째, 공공 사회정책의 발전과 점진적 개선에 참여할 수 있는 방법 등에 대한 지식을 습득할 수 있다(장인협 외, 2007: 77).

정치학이 사회복지에 공헌한 것으로는 첫째, 정치구조에 있어서 대표자의 유형, 둘째, 공공행정의 기능으로서 공공서비스와 인사행정, 예산과 회계행정, 정책결정 과정, 그리고 공공기관과 민간조직간의 관계 등에 대한 지식이다(장인협 외, 2007: 77).

☞ 표 3-3   사회복지학과 정치학

사회복지학	정치학
• 인간의 미충족 욕구와 다양한 사회문제 해결의 방법 개발과 적용에 관심 • 정치적 환경요인(정치구조, 유형, 유권자 비율, 집권여당의 유형, 정치이념, 관료제도, 국가의 역할 등)에 영향을 받음	• 다양한 정치현상을 연구, 설명, 해석, 예측 • 인간 상호간의 지배와 피지배 질서관련 현상 연구 • 복지국가 건설을 위한 복지정책 제시 • 정부의 역할, 행정조직, 전달체계 등 지식 제공

4. 사회복지학과 법학

법학은 법 현상을 고찰하고 연구하는 학문이다. 사회복지는 법률적 근거에 의해 공적인 책임하에 급여와 서비스가 제공되므로 법적 근거가 있어야 실시할 수 있으며, 특히 권리로서의 사회복지가 현대사회에서는 강조되므로 법적인 장치로서 복지수급권과 생존권 등에 대한 연구와 지식이 필요하다(박경일 외, 2004: 122).

사회복지사는 법, 제도적 범위 안에서 전문가적 재량을 발휘하여 문제해결에 노력해야 하며, 보다 이상적이고 효과적인 서비스를 고안하고 보다 나은 사회복지정책과 프로그램을 수립하는 역할을 담당한다(현외성, 2001: 35). 또한 사회복지사는 행정가로서 복지기관의 행정과 정책결정에 점진적으로 관여하고(현외성, 2001: 35), 클라이언트의 권익옹호 활동을 위해서도 법적 지식은 필요하다(박경일 외, 2004: 122).

사회복지교과과정에는 사회복지법제론이 법정필수이수과목으로 포함되어 있다. 이 교과목은 사회복지현장에서 사회복지법과 관련법의 적용능력을 배양하기 위해 사회복지법 체계를 이해하고 사회복지법의 발생배경과 과정, 그리고 실정법으로서 사회복지법과 관련법을 해석하고, 적용하는 능력을 제고하고 판례를 학습하고 법리를 이해하도록 하고 있다(한국사회복지교육협의회, 2012). 이와 같이 사회복지 정책과 제도를 운용하고 현장에서 적용할 수 있는 능력을 제고시키고자 사회복지법제론 과목을 제공하는 것도 사회복지학과 법학이 관련되어 있음을 보여주는 것이다.

☞ 표 3-4 사회복지학과 법학

사회복지학	법 학
• 기관의 경영, 관리 및 클라이언트 권익 옹호를 위해 법적 지식 필요 • 사회복지는 법적 근거에 의해 공적인 책임하에 실시	• 법 현상의 고찰 및 연구 • 법률적 지식, 판례, 법리 제공 • 사회복지 관련법 제정의 기반 제공

5. 사회복지학과 심리학

영국의 심리학과 교수이자 사회복지사인 Carole Sutton(2003)은 심리학 연구 결과를 충분히 이해하고 활용하는 것이 효율적인 사회복지실천에 필수적이라고 주장하면서, 발달심리학, 사회학습이론, 인본주의 심리학, 정신건강과 상담 등 심리학 이론들이 사회복지실천과 관련되어 있고 적용될 수 있기 때문에 학문분야가 서로 발전할 수 있고, 궁극적으로 인간복지향상에 기여할 수 있다고 말했다(정명숙 역, 2007).

사회복지학과 심리학 모두 사람의 행동과 상호작용유형에 관심을 갖고 있고 인간의 삶의 질과 복지향상을 궁극적 목표로 하는 학문이다. 사회복지학이나 심리학 모두 사람들의 행복과 상호작용유형에 주목하며 사람들의 사고과정과 느낌 과정을 중시한다(박경일 외, 2004: 121).

심리학은 '마음의 과학'(science of the mind)이라고 하여 인간의 마음과 행동을 과학적으로 연구하고, 설명하며, 변화시키려고 한다. 심리학은 일반적으로 그 초점을 개인에게 두고, 개인과 개인의 행동을 이해하는 데 관심을 가지고 검사와 측정 등의 방법을 통하여 인간의 특성과 행동을 이해한다. 즉 심리학은 개인에게 영향을 미치는 다양한 요인들을 찾아내고 심리치료 서비스를 제공한다. 심리학은 인간의 사고·행동·정서와 같은 인간경험의 본질을 과학적 방법에 의해 연구하는 학문분야이다(정명숙 역, 2007: 1). 개인의 성장과 발달, 육체적 정신적 병리현상에 관한 심리학의 성격이론은 사회복지학 특히 개별사회사업 이론의 발달에 기여하였다. 인간의 문제를 이해함에 있어서 사회복지사들은 심리학 특히 정신분석학 등으로부터 귀중한 도움을 받아 왔다(장인협, 김융일 역, 1983: 7).

반면 사회복지학은 개인을 전체로서 이해하고자 하며 개인의 사회적 기능과 사회적 관계에 관심이 많고 개인의 문제와 지역사회의 문제해결을 위해 지역사회 자원을 활용하는 데 관심이 많다. 사회복지학은 인간의 심리적 문제 해결을 위한 상담서비스 이외에도 사회적·경제적 서비스를 추가로 제공한다는 점에서 차이를 보인다. 즉 사회복지는 지식을 응용하는 데 관심을 둔다.

심리학은 인간의 발달과정에서 나타난 특성 및 문제를 이해하는 데 기여할 뿐만 아니라 인간의 행위와 사회와의 관계를 파악하는 데 기초지식을 제공하고, 사회복지의 이론적 기초를 정립하는 데 많은 영향을 미쳤다(오정수 외, 2010: 51). 예를 들어 사회복지학의 주요교과목인 인간행동과 사회환경, 사회복지실천론, 사회복지실천기술론 등 관련교과목은 심리학의 이론적 기초를 활용하고 있다.

☞ 표 3-5   사회복지학과 심리학의 비교

	사회복지학	심리학
공통점	• 사람의 행동과 상호작용유형에 관심 • 인간의 삶의 질과 복지향상을 궁극적 목표로 하는 학문	
차이점	• 개인을 전체로서 이해 • 개인의 사회적 기능, 사회적 관계, 문제, 문제해결을 위한 지역사회 자원 활용 등에 관심 • 상담서비스 이외에도 사회적·경제적 서비스 제공	• 개인에게 초점 • 개인과 개인의 행동을 이해하는 데 관심 • 검사와 측정 등의 방법을 통하여 인간의 특성과 행동을 이해 • 개인에게 영향을 미치는 다양한 요인들을 파악, 심리치료 서비스 제공

사회복지학과 관련 사회과학의 관계를 정리해 보면 다음 <그림 3-1>과 같다.

그림 3-1   사회복지학과 관련 사회과학

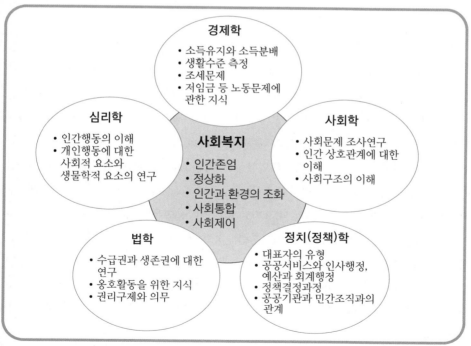

출처: 박경일 외, 2010: 29

제4절 사회복지학의 실천방법

사회복지학의 실천방법은 대상체계의 수준과 접근방법에 따라 크게 미시적 실천방법(일명 '실천')과 거시적 실천방법(일명 '정책')으로 구분할 수 있다. 이를 사회복지실천의 대상인 개인·가족·집단·지역사회에 임상적 서비스나 자원 등을 제공하는 직접적 서비스와, 사회적 제도와 규칙 등을 통해 사회복지혜택이 주어질 수 있도록 기반을 마련하는 방식으로 이루어지는 간접적 서비스로 부르기도 한다(한인영 외, 2011: 53-54). 두 접근방법 모두 인간의 욕구와 문제를 해결함으로써 삶의 질을 향상시키고자 하는 공통적인 목표는 같지만 실천방법상의 차이를 보일 뿐이다. 우리나라는 전통적으로 미국의 전문사회사업을 포괄하는 실천론적 방법과 유럽의 사회정책과 사회행정을 포괄하는 정책론적 방법으로 구분하여 왔다.

1. 사회복지의 미시적 실천방법

흔히 실천 혹은 임상사회사업 또는 전문적 접근방법으로 불리며 개인·가족·집단 등 대상체계의 규모가 작은 수준에서 클라이언트와의 대면접촉을 중심으로 문제와 욕구를 해결하고자 서비스를 제공하는 실천방법이기 때문에 직접적 실천으로도 불린다. 미국자본주의의 절대적인 확신을 배경으로 하여 자유민주주의적 개념에 내재하는 인간의 존엄성의 존중과 Freud학파의 정신분석이론에 근거한 인간행동의 이해를 강조하며, 실용주의사상을 기반으로 개별사회사업(case work), 집단사회사업(group work), 지역사회조직(community organization) 등 사회사업의 주요 전문기술을 강조한다(전재일 외, 2005: 40). 이 방법은 전문지식을 갖춘 사회복지사가 개인 및 집단상담, 교육 및 훈련, 정보 제공, 보호, 클라이언트 옹호활동 등을 통해 클라이언트의 변화를 이끌어 내거나 클라이언트가 사회적 기능을 강화하고 손상된 기능을 회복할 수 있도록 물리적·인적 환경을 조성하는 데 도움을 제공하는 것과 관련되는 예방, 치료 및 재활활동 모두를 포함한다(한인영 외, 2011: 54).

이 입장은 대상자의 사회문제를 도덕적 문제, 성격의 결함, 정서적 및 정신적 이상 문제 또는 가족이나 지역사회의 인간관계문제에 기인한다고 보고(전재일 외, 2005: 40), 전문기술을 구사하여 인간관계를 조절하는 '기술'을 강조하는 접근법이다. 이는 또한 개인·가족·소집단의 심리사회적 역기능이나 장애 등을 치료하고 예방하기 위해 사회사업의 제 방법론을 적용하는 방법이다. 이 관점은 자본주의 사회의 역사적·사회적 모순을 무시하고 단순히 원조과정의 체계로만 파악한다는 비판을 받기도 한다(남세진, 1992: 138; 김기태, 2014: 17 재인용).

2. 사회복지의 거시적 실천방법

흔히 정책 및 제도적 접근방법으로 불리며, 정책 및 제도를 활용하여 서비스 대상자에게 간접적으로 접근하여 문제와 욕구를 해결하는 실천방법으로 간접적 서비스라고 불린다. 사회복지가 자본주의제도의 구조적 필연으로서 모순, 즉 빈곤을 바탕으로 하는 여러 사회문제를 대상으로 하고 빈곤을 사회구조적 모순의 결과로 보고 자본주의 체계의 유지와 재생산을 위한 분배정책을 사회복지로 이해한다(전재일 외, 2005: 38).

거시적 실천방법은 클라이언트를 직접 접촉하며 서비스를 제공하기보다는 클라이언트의 떨어진 상황에서 특정 대상의 클라이언트를 대상으로 간접적인 서비스를 제공한다고 하여 간접적 실천으로 불린다.

이 방법은 미시적이고 직접적인 접근방법이 실천기술로서 개인의 정서적·내면적 문제해결을 돕는 과정을 강조한 나머지 대상자가 직면한 사회문제로서의 생활장애, 생활문제의 정책적 및 제도적 해결이라고 하는 사회복지의 기본적 과제에 대응할 수 없다고 비판한다(전재일 외, 2005: 38).

☞ 표 3-6 미시적 실천방법과 거시적 실천방법의 차이

	미시적 실천방법(실천)	거시적 실천방법(정책)
클라이언트	개인, 가족, 소집단	이웃, 근린, 공식적 조직, 지역사회, 전체사회
목표	사회기능의 향상: 개인, 가족, 소집단을 위한 사회문제의 경감	조직, 지역사회 및 전체사회 변화

기초가 되는 지식	개인변화이론: 발달심리학, 인간발달이론	대규모 체계 변화이론: 사회학, 경제학, 정치학, 산업관계학
공통으로 필요한 지식	소집단 사회학, 커뮤니케이션 이론	
변화전략	직접적인 상담, 위기개입, 개별 클라이언트를 위한 옹호	지역사회조직, 사회행동, 로비활동, 조정, 지역사회분석

출처: James K. Whittaker, Social Treatment: An Approach to International Helping, New York: Aldine, 1974: 45; 김기태. 2014: 18 재인용

미시적 실천방법으로 포함한 개별사회사업과 집단사회사업은 이후 사회복지의 통합적 접근을 강조하는 분위기에서 사회복지실천과 사회복지실천기술로 통합되었다. 또한 지역사회조직은 지역사회수준에서의 개입을 통하여 각종 사회문제를 예방하고 해결하며 지역사회 내 각종 제도에 영향을 미친다는 측면을 강조하여 최근에는 지역사회복지(community welfare)라 불리며 중시적 접근 또는 거시적 접근방법으로 분류하기도 한다.

이 외에도 사회복지기관이나 조직의 운용과 행정체계에 관심을 가지고 사회복지정책을 관련 조직과 전달체계를 통하여 서비스로 전환하는 과정에 있어서의 인적 및 물적 자원을 관리하고 운용하는 사회복지행정을 중시적 또는 거시적 접근방법에 포함시키기도 한다. 실제로 한국사회복지교육협의회(2012)의 사회복지학 교과목 지침서에서는 사회복지의 실천방법을 미시적 실천방법과 거시적 실천방법으로 크게 분류하고, 미시적 실천방법으로 사회복지실천 및 사회복지실천기술을, 중범위·거시적 실천방법으로 지역사회복지, 사회복지행정, 사회복지정책을 포함하고 있다. 또한 사회복지관련 정보와 지식을 수집하고 분석하여 사회복지정책 또는 사회복지실천의 근거를 제시하고, 클라이언트의 욕구를 더 잘 이해하고 더 나은 서비스를 제공하는 데 도움이 되는 사회복지조사를 사회복지실천방법의 또 다른 방법으로 구분하기도 한다(한인영 외, 2011: 56).

위에서 설명한 미시적 실천방법과 거시적 실천방법은 상호 대립적인 관계인 것처럼 보이지만 실상은 상호보완적인 관계에서 전체적인 사회복지를 실현하는 것이라 볼 수 있다. 사회복지의 미시적 접근방법은 인간행동의 측면에 초점을 두고 문제해결을 도모하는 입장이며, 거시적 접근방법은 사회구조적 측면에 초

점을 두고 사회문제의 해결을 강조하는 입장이다(전재일 외, 2005: 41). 정책이나 제도 등을 통한 간접적 실천방법은 인간생활의 일정한 수준과 범위를 다루는 것과 관련되고, 이를 개별적인 원조과정을 통해 사회복지를 실현하는 것이 실천이기 때문에 양 접근 방법이 조화를 이룰 때 전체적인 복지의 실현이 가능하다.

현대사회의 복합성을 띤 제반 문제를 해결하기 위해서는 어느 한 가지 방법으로는 효과를 거두기가 어렵다. 미시적 접근과 거시적 접근 모두 서로 강조점이 다르므로 어느 한 분야를 소홀히 하거나 특정 방법에 의존하기보다는 두 영역을 함께 발전시켜 나가며 적절히 연계시키는 것이 통합적이고 전체적인 사회복지를 실천하는 데 도움이 될 수 있을 것이다.

생각해 볼 문제 및 과제

1. 과학, 사회과학, 사회복지학의 관련성에 대해 생각해 보자.

2. 사회복지학과 인접학문들과의 관계는 어떠하며, 각 학문들과의 공통점 및 차이점은 무엇인지 논의해 보자.

3. 사회복지학의 독특한 특징은 무엇인지 생각해 보자.

4. 사회복지는 응용학문(applied science)이고 실천학문이라고 한다. 사회복지가 응용학문이라면 무엇을 응용한 것인지 살펴보고, 실천학문이라면 무엇을 강조한 표현인지 설명해 보자.

5. 사회복지의 거시적 실천방법과 미시적 실천방법 중 어느 방법을 선호하며, 그 이유는 무엇인지 설명해 보자.

참고문헌

김기태, 박병현, 최송식(2014). 사회복지의 이해(제6판). 박영사.

김상균, 최일섭, 최성재, 조흥식, 김혜란, 이봉주, 구인회, 강상경, 안상훈(2007). 사회복지
  개론. 나남출판.

박경일, 김경호, 김희년, 서미경, 양정하, 이경희, 이명현, 장중탁, 전광현(2004). 사회복지
  학강의. 양서원.

박경일, 김경호, 서화정, 윤숙자, 이명현, 이상주, 이재모, 전광현, 조수경(2010). 사회복지
  학강의. 양서원.

오정수, 최해경, 정연택, 류진석, 유채영(2010). 사회복지학 개론. 양서원.

윤찬영(2010). 사회복지의 이해. 학현사.

장인협, 김융일(1983). 사회학과 사회사업. 집문당.

장인협, 이혜경, 오정수(2007). 사회복지학(제2개정판). 서울대학교 출판부.

전재일, 김규수, 박태룡, 김태진, 박태영, 이준상, 이성희, 이팔환(2005). 사회복지개론. 형
  설출판사.

정명숙 역(2007). 사회복지와 심리학. 시그마프레스.

한국복지연구회 편(1999). 사회과학과 사회복지학. 한울아카데미.

한국사회복지교육협의회(2012). 2012년도 사회복지학 교과목지침서. 한국사회복지교육협
  의회.

한인영, 권금주, 김경미, 김수정, 김지혜, 김희성, 석재은, 어윤경, 이홍직, 정익중, 조상미,
  최명민, 현진희(2011). 사회복지개론. 학지사.

제 **4** 장 사회복지의 동기와 이념

제1절 사회복지의 동기

동기(motivations)란 '사람으로 하여금 행동을 일으키게 하는 내적인 요인'으로 자원봉사활동으로부터 소득재분배에 이르기까지 다양한 동기가 영향을 준다(박경일 외, 2010: 43). 사회복지는 인간의 욕구충족을 지원하려고 발전하였으며 이러한 욕구와 욕구에 대한 사회인식이 변화하기 때문에 사회복지의 동기 역시 변화해 왔다(김상균 외, 2007: 88). 직업으로서의 사회복지는 20세기의 산물이라 할 수 있지만, 철학적 기초는 자선사업 등 원초적 동기에 기초하여 꾸준히 발달하고 있는데 이처럼 역사적으로 사회복지의 동기를 이해하는 것은 사회복지의 공적·사적 책임에 대한 발전적 개념을 모색하는 한 가지 방법이다(윤철수 외, 2011: 33).

인간의 행위는 여러 가지 동기가 작용하고 있고, 상호연관 되어 있다. 사회복지의 동기도 서로 복합되어 작용할 경우가 많고, 사회복지활동을 일으키게 하는 드러나는 동기도 있지만 잘 드러나지 않은 동기도 있고, 외부적으로 나타난 동기도 실제동기와 다를 수 있기 때문에 동기를 이해하는 작업은 쉽지 않다.

Freud 이후 심리학에서는 인간행위의 동기가 잠재의식 또는 무의식 세계의 영향을 받을 수 있음을 인정하고 사회복지 동기 역시 그러한 측면을 무시할 수 없다(김상균 외, 2007: 88). 방어기제 중 '반동형성'은 가난한 사람을 극도로 미워한 나머지 증오의 충동을 정반대인 사랑이나 과잉보호로 나타낼 수도 있는 것이다(김상균 외, 2007: 88). 또한 타인을 돕는 행위에 대한 사회적 평가도 시대와 장소에 따라 차이가 있고 이는 동기에 영향을 미칠 수 있다. 성경에는 '왼손이 하는 일을 바른손이 모르게 하라'할 정도로 원조행위를 숨기도록 장려하기도 했으나, 오늘날에는 Bill Gates처럼 자선행위를 적극적으로 공표하는 경향이 강화되는 추세이다(김상균 외, 2007: 88).

다양한 동기를 Macarov(1978: 43-150)는 상호부조의 동기, 종교적 동기, 정치적 동기, 경제적 동기, 이데올로기적 동기로 구분한 후 이러한 동기들이 복합적으로 작용하여 사회복지제도가 만들어지고 사회복지를 실천하는 것으로 설명하였다. 이 외에도 전문직업적 동기, 반사회적 동기, 공리주의적 동기, 인도주의적 동기 등이 있다.

여기에서는 Macarov의 분류에 따른 상호부조의 동기, 종교적 동기, 정치적 동기, 경제적 동기, 이데올로기적 동기와 기타 전문직업적 동기 및 측은지심의 동기로 나누어 살펴보고자 한다.[1]

1. 상호부조의 동기

상부상조의 동기라고도 하며, 주는 자와 받는 자가 쌍방향의 원조행위를 하는, 즉, 서로가 서로를 돕는다는 뜻을 강조한 가장 오래되고 보편적인 사회복지의 동기이다. 우리나라의 경우 삼국시대에 존재했던 두레 또는 계와 같은 조직은 상호부조의 목적을 가지고 있었다. 또한 서양의 길드(guilds), 노동조합(trade unions) 등도 상호부조의 기능을 담당하여 왔다.

인간이 야생동물과 자연의 위협으로부터 생명을 지키기 위해 서로 협력한 때부터 시작하여, 오늘날 일상에서 접하게 되는 가족, 노동조합, 이웃, 지역사회, 그리고 각종 사회복지제도 등도 상호부조의 동기 속에서 이루어지고 있다(박경일 외, 2010: 44). 인간은 살아가면서 질병, 실직, 사망 등 경제적·신체적·사회적 어려움에 직면하는 경우가 많은데 이러한 경우 사회구성원간에 서로 도와주는 기능을 상호부조의 기능이라 할 수 있으며, 이 기능을 수행하는 사회제도가 사회복지제도인 것이다(고명석 외, 2012: 46).

상호부조를 통해 경제적 지원뿐만 아니라 정서적 지지, 사회적 관계, 정보, 활동 등의 자원을 가족과 이웃 등이 공유할 수 있다. 상호부조의 기능은 기본적으로 가족을 통해서, 비공식부분에서는 동창회, 향우회, 문중, 계모임 등을 통해서, 그리고 공식부문에서 새마을운동단체, 자활공동체 등을 통해 수행될 수 있다.

상호부조의 동기는 사회의 개인주의화로 점차 약화될 수 있지만 사회복지제도를 통해 다시 회복될 수 있다(박경일 외, 2010: 44). 예를 들어 약화된 가족기능을 지원하기 위해 특정 사회복지 프로그램과 서비스를 통하여 가족을 지원할 수 있고 인간성회복을 위해 공동체의 중요성을 강화하는 프로그램이 진행될 수 있을 것이다.

---

1) 사회복지의 동기는 김상균 외(2007: 89-114)를 주로 참고하여 기술하였다.

2. 종교적 동기

종교는 특정 가치와 규범을 정당화하고 사회구성원들 사이에 공통의 집단의식을 형성시키고 사회질서의 유지와 통합이라는 사회적 기능을 수행하는 것으로 알려져 있다. 한국은 다종교 사회이지만 대부분의 종교가 교리로서 어려움에 처한 사람들에 대한 사회적 책임과 선행을 큰 덕목으로 여기고 사회복지에 기여하고 있다. 유교의 인(仁), 불교의 자비(慈悲), 기독교의 사랑 등은 종교가 자선, 인도주의(humanitarianism), 이타주의(altruism)적 교리를 포함하고 있음을 보여준다. 이러한 종교적 이상을 실현하고자 하는 동기의 구현은 민간 사회복지의 중요한 부분을 담당해 왔다(정무성 외, 2013: 45).

그러나 종교적 동기의 자선은 주는 자의 행동과 심적 태도, 종교적 의식에 대한 강조로 동정심에 기초(구원 또는 속죄, 신의 뜻을 이행 등)해 받는 자의 입장이나 환경은 중요시하지 않는 특성을 지닌다. 이는 도움을 받을 만한 사람과 그렇지 못한 사람을 구분해 온 측면을 제도화하기도 했다. 또한 종교의 특성상 사회복지활동을 통해 선교의 유혹과 타 종교에 대한 배타성이 작용하는 특징이 나타나기도 한다.

권리로서 사회복지개념이 부각되면서 종교적 동기는 많이 약화되었지만 자원봉사나 종교단체의 사회복지활동에 있어서 종교적 동기는 아직도 주요 동기이다. 인도주의적·전문직업적 동기에 의한 사회복지는 영적 면을 간과하고 종교적 사랑과 희생을 바탕으로 하지 않기에 욕구충족을 지원하는 데 한계가 있다. 따라서 종교적 동기에 기반한 사회복지활동은 사회복지의 목적을 달성하기 위하여 중요하다.

3. 정치적 동기

국가에 의한 정치적 배려 차원에서 사회복지제도가 발전되기도 한다(강용규 외, 2011: 34). 정치적 동기가 부각되기 시작한 계기는 국가 또는 정부가 사회복지에 관심을 표출하기 시작한 구빈법 시대까지 거슬러 올라간다. 특히 현대사회의 민주주의 정치체제에서 서민의 표심을 잡는데 사회복지공약이 효과적이기 때문에 사회복지정책이 정치적 목적으로 활용되는 경우가 많다.

그러나 정치적 동기에 의한 사회복지 활용의 특징은 표면적 목적과 이면적 목적 사이의 간극이 크다는 것이다. 정당이나 정치인들은 국민들의 어려운 상황을 주목하거나 국가 전체의 발전을 염두에 두고 사회복지정책을 공표하지만, 사실은 국민의 환심을 사서 표를 얻고자 하려는 동기를 숨기려고 한다는 것이다.

사회복지의 동기는 정치적 이유와 함께 경제적, 종교적, 이데올로기적, 인도주의적 명분 등이 복합적으로 작용할 수 있다. 정치적 동기는 첫째, '정치적 권력의 획득과 유지', 둘째, '사회적 소요, 반란, 불안의 회피', 셋째, '정치적 과정 자체의 부산물'이라는 세 가지 측면에서 살펴볼 수 있다(Macarov, 1995; 김상균 외, 2007: 103 재인용).

1) 정치적 권력의 획득과 유지

이는 표를 극대화시키기 위해 사회복지를 약속하고 실행하려는 것이다. 예로 미국은 1930년대 대공황으로 인한 실업과 사회경제적 혼란이 발생하자 정치적 권력을 유지하기 위한 방편으로 사회보장제도를 고안했다. 또 다른 예로는, 1996년의 복지개혁에서 빈곤층을 위한 소득보장 프로그램인 '부양 아동 가족원조'(Aid to Families with Dependent Children, AFDC)[2]를 폐지하고 재정에 훨씬 부담을 주는 노령연금은 그대로 존속시킨 경우를 들 수 있다. 이는 AFDC 수급자의 정치적 힘이 약한 반면 노령연금 수급자의 정치적 힘이 강하기 때문으로 노인들의 표를 의식한 정치적 선택으로 이해할 수 있다(김태성, 2000; 김상균 외, 2007: 104 재인용). 독일의 Bismarck가 사회보험을 주장한 야당의 정책이 노동자에게 매력적으로 보이지 않도록 먼저 사회보험제도를 세계 최초로 도입한 경우나, 우리나라의 박정희정부가 정통성의 약점을 만회하기 위하여 1960년대 초기에 사회복지의 대량입법을 실시한 경우[3]도 정치적 권력의 획득과 유지와 관련이 있다.

---

2) 미국의 공공부조 프로그램으로 부모의 사망, 무능력, 부재 등으로 발생하는 요보호 아동이 있는 가족에 대한 지원제도로 일반적으로 자녀를 둔 여성가장의 생계를 지원하는 데 초점을 둔다(윤철수 외, 2011: 37).

3) 1961년 12월 생활보호법, 아동복리법이 제정되었으나 생활보호법의 시행령은 1969년에야 마련되었고, 시행규칙은 1984년에 만들어져 제대로 시행하는 데 관심이 부족했음을 알 수 있고, 아동복리법은 정부의 재정투입이 없고 졸속으로 입법되었다는 이유 때문에 명분입법이라는 오명을 남겼다(김근조, 1994: 405; 김상균 외, 2007: 104 재인용).

민주주의 정치체제하에서 사회복지 동기는 점점 더 노골적으로 나타나고 있고, 이는 선거철 표심을 얻기 위해 제시되는 정치공약으로도 확인될 수 있다. 우리나라를 포함한 대부분의 국가에서 연금개혁의 필요성은 인정하지만 정치인들은 표를 잃는 가능성 때문에 이에 대해 소극적인 것도 이러한 이유로 볼 수 있다.

2) 사회적 소요, 반란, 불안의 회피

사회불안을 해소하여 사회질서를 유지하기 위해 사회복지를 활용한 예는 영국의 구빈법(poor laws)이다. 1601년에 제정된 이 법은 최초로 사회복지에 대한 국가의 책임을 명시하는 데 중요한 역할을 하였지만, 이 법의 동기 중 한 가지는 강도들로 변하는 부랑인의 위협을 줄이기 위한 것이었다. 다른 예로는 1960년대 미국의 시민권운동시 학생, 반전주의자, 게토(ghetto)의 거주자 등은 투표권에 큰 영향을 미치지는 않은 집단이었지만 이들의 활동이 사회안정을 위협할 수 있어 이들의 주장을 받아들여 인종과 종교로 인한 사회적 차별을 방지할 수 있는 제도들을 정비한 경우이다.

우리나라의 경우 국민계층간 사회불안을 줄이기 위한 목적이 의료보험법 제정에 영향을 미친 것으로 알려져 있고(손준규, 1983: 142-143; 김상균 외, 2007: 106), 노태우정부 시대인 1989년에 발표된 도시영세민 주거안정대책도 주거안정 목적의 이면에 정치위기의 극복이라는 정치적 목적이 있다고 본다.

3) 정치적 과정 자체의 부산물

사회복지 프로그램과 서비스는 의도적 의사결정에 의하기보다는 다른 정책의 부산물로서 개발되기도 한다. 미국의 1988년 가족지원법(Family Support Act)은 복지수급자들이 복지의존에서 벗어나도록 직업훈련을 받거나 취업하도록 규정하였는데, 이러한 규정의 부산물로서 보육프로그램이 확대되었으며, 직업훈련 지원 보조금 및 장학금 프로그램이 확립되었다.

우리나라에서 1997년 말 외환위기로 대량실업과 근로빈곤을 경험하면서 실업부조제도를 고려하게 되었는데 그 금액이 기존의 생활보호 수준보다 인상되는 상황이 발생하여 제도의 개혁이 불가피해짐에 따라 생활보호대상자의 처우개선의 일환으로 국민기초생활보장법을 제정하게 된 경우도 이에 해당된다고 볼 수 있다.

4. 경제적 동기

사회복지를 통한 사회문제의 예방은 사회적 비용을 줄일 수 있다. 정치적 동기와 경제적 동기는 불가분의 관계가 있다. 미국의 대공황시 나타난 사회복지정책은 권력의 유지라는 정치적 동기와 실업의 해소라는 경제적 동기가 함께 작용한 것이다. 사회복지제도를 발전시키는 경제적 동기는 3가지로 설명될 수 있다.

첫째, 사회문제에 드는 비용을 감소시키거나 효율성을 높이려는 동기가 작용한다. 예를 들면, 실업자에 대한 직업훈련으로 공공복지 의존비용 줄인다거나 갈등이 많은 가족에 대한 상담서비스를 통해 가족해체를 방지하는 등의 방법을 통하여 사회비용을 경감할 수 있다.

둘째, 사회문제가 경제에 미치는 부정적 결과를 감소하려는 동기가 있다. 사회문제의 존재는 국가의 경제에 부정적 결과를 초래할 수 있기 때문에 이를 감소하기 위해 사회복지제도 및 정책을 활용할 수 있다. 사회문제는 생산측면에 부정적이다. 사회문제로 노동을 하지 않거나 노동을 할 수 없다면 고용증진을 위한 목적으로 프로그램이 고안된다. 이 경우 사회복지는 투자이며 생산성의 향상으로 정당화된다. 또한 사회문제는 소비측면에서도 부정적이다. 생산물을 소비하거나 수출하지 못하면 고통을 받게 되고 사회는 구매력을 증진하기 위해 사회복지프로그램을 발전시킨다. 미국의 푸드 스탬프(Food Stamps)는 저소득층의 잉여 농산물 구매력을 증진시켜 농경제를 활성화하는 방안으로 도입되었다.

셋째, 경제적 과정의 부산물로서 사회복지제도가 발전할 수 있다. 예를 들어 실업자의 직업훈련에 투자하는 과정의 부산물로 보육프로그램이 확대되는 경우를 들 수 있다.

경제적 동기와 관련해서 기업의 사회공헌활동도 살펴볼 필요가 있다. 자신의 직원 및 가족을 위한 기업들의 복지정책은 궁극적으로 기업의 경제적 이윤을 극대화하기 위한 동기로도 해석될 수 있다. 한편 기업의 사회공헌활동은 기업의 사회적 책임 또는 기업시민정신과 관련되기 때문에 기업은 이윤추구 외에도 사회의 한 구성원으로서 사회의 기대나 요구에 부응해야 하는 사명을 가진다.

  사회공헌활동은 기업에 즉각적인 이익이 되지는 않더라도 기업이 발전할 수 있는 환경 조성, 기업의 이미지 개선, 사원들의 회사에 대한 사기 증진 및 자긍심 고취, 팀워크와 지도력 훈련의 기회 등을 제공할 수 있다. 또한 주주들의 투자에 대한 신뢰감 확보 및 신규투자 증대를 유도할 수 있으며 사회 전반의 발전에 기여할 수 있다.

  따라서 현재 우리나라의 많은 기업들은 기업의 특성을 반영한 다양한 사회봉사프로그램을 개발하거나 사회봉사활동을 위한 근무시간 면제, 휴가, 휴직제도 등을 도입하고, 사회봉사활동에 대한 인정과 경비지원, 신입사원 연수과정에서 봉사활동 체험교육 등을 시행함으로써 사회봉사활동의 기반을 조성해 나가고 있다.

5. 이데올로기적 동기

  이념 또는 이데올로기는 개인, 집단 및 문화의 특성을 규정짓는 사고방식이나 사고내용을 의미한다. 사회복지의 동기로서 가장 강력한 동기 중 한 가지는 타인을 도와야 한다는 신념, 느낌, 태도 혹은 이데올로기이다(박경일 외, 2010: 45).

  이데올로기의 상이성에 따라 최저생계비나 최저임금수준을 정하는 데 있어서 차이가 나타날 수 있으며, 빈곤의 원인을 개인적 결함에서 찾거나 사회구조적 결함에서 찾으려는 사람으로 나누어지기도 하고, 성장과 분배 중 무엇에 우선순위를 둘 것인가 등에 차이점을 보이는 등 이데올로기는 사회복지에 대한 가치나 선호하는 방향에 영향을 미치게 된다.

  이데올로기적 동기 중 대표적인 것은 외부로부터 어떠한 보상도 기대하지 않고 타인을 이롭게 하는 행동을 수행하는 이타주의로, 이는 기본적으로 개인에 초점을 둔 것이지만 이것이 사회 전반으로 확산되는 경우 인간중심주의가 된다(박경일 외, 2010: 45). 우리나라의 삼성복지재단, 아산사회복지재단, 미국의 카네기재단, 록펠러재단, 포드재단 등은 이데올로기가 제도화된 자발적 조직의 예로서 이윤추구를 목적으로 하는 영리조직이 이타주의나 인도주의의 이데올로기를 실천하는 이중성을 보여주는 것이다. 이는 경제적 동기에 의한 치밀한 계산인지 이데올로기적 목적인지 가늠하기 어렵다.

  개인주의보다는 협동을 중시하는 집합주의하에서 사회복지는 더욱 발전하게 된다. 이데올로기는 사회복지의 동기를 이념적으로 체계화하여 사회복지활동을 체계화하기도 하지만 재단 혹은 조직 자체의 보존에 치중하여 당초 목적에 소홀할 수도 있다.

6. 전문직업적 동기

사회복지 분야에 종사하는 사회복지사는 원조를 필요로 하는 사람들을 돕기 위하여 전문적 서비스를 제공한다는 의미로서 전문직업적 동기가 작용될 수 있다(정무성 외, 2013: 47). 다양한 조직 혹은 기관의 다수의 사람들이 일정한 교육을 이수하고 자격을 취득한 후 사회복지를 위해 헌신하고 있다. 이들이 사회복지와 관련된 전문적인 지식과 기술, 그리고 가치를 실현하기 위해 사회복지의 기본원리, 가치와 윤리에 입각해 전문지식과 기술을 발휘하고 활용하여 원조전문가로서의 소임을 다하는 것은 전문직업적 동기에서 사회복지를 수행하는 것으로 볼 수 있다.

7. 측은지심의 동기

맹자는 사람이 태어날 때 다른 사람을 딱하고 불쌍히 여기는 측은지심(惻隱之心)을 가지고 태어난다고 하였다. 사회복지의 동기로서 측은지심이나 동정심은 성금기탁자, 의연금 출연자, 기부자, 독지가, 자선사업가, 사회공헌가, 자원봉사자 등으로부터 쉽게 찾을 수 있다. 많은 사람들이 다양한 방식으로 타인을 돕기 위해, 돈, 재산, 기술, 시간, 노력 등을 제공하는데 이때 원조의 내용이나 액수는 중요치 않다.

측은지심은 주는 자의 일방적 행동에 가깝다. 타인의 고통이 안타깝다는 생각에서 원조가 이루어지고 주는 자의 대부분은 타인의 고통이나 슬픔에 몰입된 나머지 막상 자신도 타인으로부터 도움을 받게 될지 모른다는 사실을 망각하여, 주는 자는 우월감을, 받는 자는 수치심을 갖게 될 가능성이 높다(김상균 외, 2007: 93).

측은지심의 동기에 의해 행해지는 사회복지는 측은지심이 아닌 다른 동기에서 나올 수 있다는 비판이 제기되기도 한다. 사람들은 자원봉사를 사회적 지위를 얻거나, 사회적 인정을 받기 위해 수행할 수 있으며, 중·고등학생의 경우 상급학교 진학을 위한 수단으로 활용할 수도 있다. 일부 연구결과에 의하면 단순히 측은지심이나 이타적인 목적보다는 자기수양과 가치관 실천 등 이기적 목적을 가진 사람이 자원봉사를 더 길게 지속하는 것으로 나타났다.

한편, 개인차원의 비공식 자선행위는 집단적 차원의 공식적 원조행위로 발전시킬 수 있다. 예를 들어 지하철에서 걸인에게 돈을 주면 자선이지만 사회복지공동모금회 등 공식적인 기관을 통해 기부하면 보다 발전된 사회복지행위가 된다.

제2절 사회복지의 이념

1. 사회복지 이념의 개념과 구분

이념 혹은 이데올로기는 개인, 집단, 사회구성원들의 사고와 행동에 영향을 미치는 가치나 신념체계를 말한다. 사회복지활동의 구체적 모습을 결정하는 데에는 정치·경제·사회적 요소들이 개입되며, 사회복지의 이념은 복지에 대한 관점과 태도를 결정하여 정책이나 실천의 형태를 결정하는 데 영향을 미치게 된다(박경일 외, 2010: 32).

사회복지이념은 복지와 관련해 다음의 몇 가지 질문에 대한 관점과 태도를 제공한다(박경일 외, 2010: 32). 첫째, 사회·경제적인 문제에 대해 어떤 복지주체가 일차적 책임을 져야 하는가? 둘째, 사회복지는 어떤 형태로 이루어져야 하는가? 셋째, 바람직한 사회를 실현하기 위하여 필요한 방법과 절차는 무엇인가?

그동안 많은 학자들이 위의 질문에 응답하기 위하여 사회복지이념을 다양하게 분류하는 노력을 해 왔다. 이를 복지이념모형이라고 하는데 다음의 〈표 4-1〉은 사회복지의 여러 가지 규범적 논리를 유사성과 상이성에 따라 구분해 놓은 것으로 사회문제에 대한 상이한 접근이나 해결방식의 상이한 전략 또는 상이한 목적들을 구분해 놓은 것이다(고명석 외, 2012: 63). 이렇듯 사회복지에 대한 다양한 이념모형이 제시되고 있는 것은 이념을 분류하는 것이 쉽지 않음을 반증하는 것이라고 할 수 있다.

☞ 표 4-1 사회복지이념의 구분

연 도	학 자	이념적 연속성						
1958	Wilensky & Lebeaux	잔여적			제도적			
1965	Wedderburn	반 집합주의	시민권	전체주의	기능주의			
1971	Pinker	잔여적		제도적				
1972	Donison	이성적-경제지향성 우파		감성적-사회지향성 좌파				
1974	Titmuss	잔여적	산업성취수행	제도적 재분배				
1975	Parker	자유방임	자유주의	사회주의				
1975	Butterworth & Homan	잔여적		제도적				
1976	George & Wilding	반 집합주의	소극적 집합주의	페이비언 사회주의	마르크스주			
1977	Mishra	잔여적	제도적	규범적(혹은 사회주의				
1979	Furniss & Tilton	보수주의	적극적 국가	사회보장 국가	사회복지 국가	급진주		
1979	Room	시장자유주의	정치적 자유주의	민주적 사회주의	신마르크스주			
1979	Pinker	고전파 경제이론	신중상주의적 집합주의	마르크스주의적 사회주의				
1981	Taylor-Gooby & Dale	개인주의	개량주의	구조주의	마르크스주			
1983	Gilbert	사회진화론주의	고전자본주의	이익집단적 자유주의	페이비언 사회주의	조합주의적 사회주의	마르크스	
1987	Clake et al.	자유방임주의	페미니즘	페이비언주의	사회주의			
1989	Wiliams	반 집합주의	사회 개량주의	페이비언 사회주의	급진적 사회행정	복지의 정치경제학	여권 주의	반인종
1994	George & Wilding	신우파	중도노선	민주적 사회주의	마르크스주의	여권주의	녹색주	
1996	Alcock	신우익	중도노선	사회민주주의	마르크스주의	신급진주		

출처: George & Wilding(1999: 23); 김상균(1987: 113) 재구성: Gilbert(1993); Clarke, Cochrane, Carol Smart(1987): Alcock(1996); 박경일 외, 2010: 32 참고하여 재구성함

Wilensky와 Lebeaux의 사회복지 이념모형인 잔여적 개념과 제도적 개념은 앞서 사회복지 개념 부분에서 살펴보았으므로, 여기에서는 이념모형 중 비교적 최근에 널리 알려진 George와 Wilding의 6가지 모형에 대해 살펴보도록 하겠다.

2. George와 Wilding의 6가지 모형

서구 복지국가이념모형의 대표 연구자들인 George와 Wilding은 1976년 '이데올로기와 사회복지'(Ideology and Social Welfare)에서 사회복지 이념모형을 '반 집합주의', '소극적 집합주의', '페이비언 사회주의', '마르크스주의'로 분류한 후, 1994년 '복지와 이데올로기'(Welfare and Ideology)에서는 여권주의와 녹색주의(생태주의)를 추가하여 6가지로 구분하여 논의하고 있다.

여기에서는 우선 1976년에 제시된 4가지 모형을 도표를 통해 간략히 살펴본 후(<표4-2> 참조), 1994년의 6가지 모형에 대해 구체적으로 살펴보고자 한다. 전통적으로 주로 활용되는 분류체계인 4분법 모형인 극우, 중도우, 중도좌, 극좌로 통칭되는 이념의 연속성 상의 분류체계[4]는 1976년의 4가지 이념모형과 유사한 반면, 1994년의 6가지 모형에 추가된 여권주의와 녹색주의는 전통적인 이념의 연속성과는 무관하고 확고히 뿌리내린 이념은 아닐지라도 사회복지에 영향을 미치게 되었다.

☞ 표 4-2 George와 Wilding의 복지모형 (1976년)

반 집합주의	소극적 집합주의	페이비언 사회주의	마르크스주의
• 자유방임주의 입장 • 국가 개입 최소화 • 복지국가 반대 • 복지혜택은 최저생계비 이하 빈곤층에 대한 최소한 보장 • 1834년 신구빈법이 대표적임	• 수정자유주의 입장 • 과도한 불평등을 억제하기 위해 정부개입 조건부 • 시장실패 보충수단으로 복지국가 찬성 • 최저한의 보장과 소극적 평등을 주장함	• 사회민주주의 입장 • 자원분배 및 사회통합 추진 • 평등·자유·우애·민주주의·인도주의에 기초 • 정부개입 및 복지국가 적극 찬성 • 적극적 자유	• 사회주의 입장 • 복지국가 대안으로 사회주의 혁명 추구 • 정부개입 적극 인정 • 복지국가 적극 반대 • 경제적 평등과 적극적 자유 • 산업민주주의와 생산수단의 국유화

출처: 고명석 외, 2012: 69

---

4) 이념의 연속성상 극우로 갈수록 개인주의, 선별주의, 자유, 효율의 가치가 더 많이 반영되고, 극좌로 갈수록 집합주의, 보편주의, 평등의 가치가 다 많이 반영된다(남기민, 2011: 36).

이어서 1994년 George와 Wilding에 의해 제시된 6가지 모형인 신우파, 중도 노선, 민주적 사회주의, 마르크스주의, 여권주의, 녹색주의 순으로 사회복지의 이 념모형을 살펴보고자 한다(김상균 외, 2007: 177-188; 박경일 외, 2010: 33-34).

1) 신우파(The New Right)

신우파는 오일위기 이후 경제불황을 빌미로 하여 복지국가를 '반대'하면서 등 장하였다. 이는 1970년대 후반부터 국가개입활동에 대해 비판적인 입장인 고전 자유주의가 부활하면서 시작되었다.

신우파 입장에서 복지국가는 '자유시장의 걸림돌'로 복지영역에 국가의 역할 이 강화되는 것에 강한 적대감을 보인다. 복지국가는 높은 과세를 기업과 개인 에게 지우고 경쟁성과 혁신성을 감소시키는 등 경제적 비효율성을 증가시키므로 경제를 악화시키는 것으로 본다. 즉, 복지국가는 성장 가능성을 악화시켜 인간의 행복과 빈곤감소의 기회를 축소시키고 의존문화를 조장하여 사회적 해악이라는 입장이다.

신우파의 3대 가치는 자유·개인주의·불평등이다. 그 중 자유는 으뜸가치로 자 유를 소극적 개념, 즉 강제가 없는 상태로 여긴다. 개인주의는 자유와 상호보완 적 개념을 지닌 가치로, 국가개입에 대한 개인의 자율성을 강조한다. 개인은 자 신의 이익을 최대한 자유로이 추구해야 하고 그 책임을 져야 한다는 것이 개인 주의의 핵심사상이며 이는 보수주의의 입장과 연결된다.

신우파는 평등보다는 자유를 우선하므로 결과적으로 불평등을 옹호하는 입장 에 선다. 신우파는 정부의 개입을 반대하기 때문에 국가의 역할을 축소하고 시 장이 더 많은 역할을 수행해야 한다고 본다. 시장은 소비자의 선호를 발견하고 조정하며 경쟁을 통해 서비스 질도 향상시키고 개인의 책임과 이기심 같은 인간 본성에 적합하므로 민주적이라는 입장이다.

신우파에서 허용 가능한 정부의 개입은 첫째, 자유시장유지를 위한 규칙제정 과 심판의 기능, 둘째, 독점의 발생 등으로 시장 부분에서의 비용이 과다하거나 해결이 불가능한 경우, 셋째, 정신장애인 등 자신을 책임질 수 없는 사람들에 대한 보호가 필요할 경우에만 정부개입이 효율적일 수 있다고 본다.

2) 중도노선(The Middle Way)

중도노선은 복지국가를 제한적으로 지지하며 사회 안정과 질서의 유지를 위해서 소극적으로 수용하는 입장이다. 즉, 이들은 복지국가가 사회문제와 사회 안정을 위해 일정 역할을 수행할 수 있으며, 국가차원의 복지정책을 통해 자유시장체제의 모순을 완화할 필요가 있고, 이는 가능하다고 본다.

중도노선에서는 정부의 역할을 긍정적으로 보고 있지만 무제한적인 개입은 옳지 않다는 입장이다. 정부의 역할은 국가가 국민의 안녕에 관심을 가진다는 느낌을 주어 국가의 권위에 정당성을 부여하며, 정부의 경제정책은 완전고용과 경제성장을 이루는 데 필수적인 것으로 여긴다.

중도노선은 실용적 성격을 지니고 신우파와 유사하게 자유, 개인주의, 경쟁적사기업을 강조한다. 그러나 신우파와의 차이는 신뢰 정도가 절대적이지 않고 조건부로 신봉한다는 것이다. 즉, 자본주의의 효율적이고 공평한 운용을 위해서는 적절한 규제와 통제가 필요하다는 입장이다. 소득의 불평등은 완화되어야 하지만 노력에 대한 반대급부의 차이를 폐지해서는 안 된다고 본다. 이들의 입장에서는 공상적 평등의 추구보다 빈곤의 퇴치가 더 중요하다.

정부의 행동이 필연적이거나 효율적일 때에만 제한적으로 국가개입을 인정하며 근본적으로는 정부개입의 최소화가 바람직하다는 것이다. 사회정책은 사회병리를 개선하고 사회결속을 유지하는 경우에만 유용하다는 것이 중도노선의 입장이다.

3) 민주적 사회주의(Democratic Socialism)

민주적 사회주의는 사회민주주의라고도 하며 복지국가를 '사회조화', '평등한 사회실현'을 위해서 적극적·열광적으로 지지·수용하는 입장이다. 이들은 복지국가가 민주주의에 의해 제공된 정치적 권리와 시장의 힘만을 강조하는 자유시장의 한계를 조정하는 중요한 힘을 지니고 있다고 본다.

평등·자유·우애는 민주적 사회주의의 중심 가치이다. 평등은 과도한 불평등의 감소를 의미하며 국민최저선의 설정, 기회평등의 촉진, 취약자에 대한 적극적 차별의 시행 등을 통해 평등한 사회가 이루어질 수 있다고 본다. 자유시장체제는 욕구에 대응하는 것이 아니라 수요에 대응하므로 생산적 노력의 방향을 오도하여 자원의 낭비를 초래한다. 그 결과 사회적 이동이 둔화되며 국민능력을 사장시키므로 평등한 사회만이 개인의 잠재력을 실현시킬 수 있는 기회를 누릴 수 있다고 본다.

민주적 사회주의는 정치적·법적 권리 못지않게 사회적 권리를 강조하고, 이러한 사회권을 보장하지 않을 경우 자유를 침해하는 것으로 해석하면서 자유를 보다 적극적으로 정의내리고 있다(오정수 외, 2010: 29). 또한 우애는 이웃에 대한 애정, 자기이익과 이타주의의 추구, 공동의 선을 의미하며 탐욕사회를 예방하고 보편주의를 실현하는 데 기여를 하지만 과도할 경우에는 자유를 제한할 수 있다고 이해한다.

민주적 사회주의는 민주주의, 참여, 인도주의를 중시한다. 이들은 시장체계의 정의롭지 못한 분배를 시정하고 경제성장을 보장하기 위한 정부의 역할이 필요한데, 경제성장은 불평등을 야기하므로 불평등을 완화하기 위한 조치도 함께 취해야 한다고 주장한다. 또한 이 관점은 점진주의, 대중 참여, 능력고취, 소비자 선택 등을 강조하고, 시장사회주의(market socialism)를 강조하다. 시장사회주의는 자본주의를 철폐하는 것이 아니라 자본주의를 인간화하는 것이라고 주장한다.

4) 마르크스주의(Marxism)

마르크스주의는 복지국가를 '반대'하는 입장이다. 복지국가는 자본주의 체제를 강화 또는 유지하는 기제로 일종의 신화에 지나지 않는다고 본다. 이들은 복지국가는 복지자본주의(자본주의적 복지국가)로 자본주의를 유지하기 위해 노동력의 재생산과 자본축적의 기능을 수행하는 기제에 지나지 않는 것으로 본다.

마르크스주의 역시 민주적 사회주의자와 같이 자유, 평등, 우애를 중시한다. 자유는 광의적이며 적극적인 개념으로, 경제적 평등 없는 자유는 기만이다. 평등은 특권의 부재와 기회의 평등을 의미하고, 우애는 인간이 사회적 존재이며 상호 협동적이라는 점을 강조한다.

마르크스주의는 불평등을 해소하는 것이 사회발전을 위해 필요하며, 자유를 적극적인 의미로 해석하고, 이를 위해 경제적 평등이 필수적이지만 복지국가를 통해서 자유와 평등이 실현될 수 있는가에 대해서는 회의적이다(오정수 외, 2010:

30). 특히 자유시장체제는 사회통합과 경제적 평등이라는 사회적 목적달성에 도움이 되지 않는다고 본다. 복지국가는 자본주의를 방어하는 기제이며, 자본주의 경체제제 유지에 일차적인 관심을 갖고 있기 때문에 복지국가가 근본적으로 사회변화를 주도할 수 있는 수단으로 보지 않기 때문에 복지국가를 반대한다(오정수 외, 2010: 30).

마르크스주의 내에서도 다양한 입장이 있으나 대다수는 의회민주주의, 생산 및 분배수단의 사회화, 사적 대기업의 철폐, 기본적 욕구충족, 보편적·재분배적·참여적·예방적 사회복지 등을 강조한다.

5) 여권주의(Feminism)

여권주의, 즉 페미니즘 또는 성차별적 관점은 전통적 정치스펙트럼이 아닌 신사회운동으로, 20세기 후반에 등장한 탈 이데올로기적 관점이다. 복지국가에 대한 여권주의의 태도는 양면성을 가지고 있어 복지국가를 제한적으로 지지하는 입장이다.

여권주의의 시각은 여성들이 성차별적인 사회환경과 가부장적인 사회가치관으로 인해 가정과 노동시장에서 불평등한 대우를 받고 있다고 본다. 따라서 국가가 다양한 서비스를 통해 여성 특유의 욕구를 충족시켜 주고 여성권익과 경제활동에의 참여를 보장해야 한다고 주장한다.

여권주의의 복지국가관은 양가감정적(ambivalence)이다. 복지국가는 여성친화적이라는 호의적 반응과 성차별 체계의 현대적 양상에 지나지 않는다는 두 가지 측면이 있다. 복지국가가 남성의 기득권을 약화시키는 가족정책 혹은 양성평등 정책을 추구하는 한편, 남성들의 권력 및 특권을 유지하는 정책들도 동시에 채택하고 있다고 주장한다. 즉, 여권주의자들은 복지국가가 노동시장에서 여성의 평등한 지위를 보장받을 수 있도록 필요한 서비스를 제공한다는 측면은 지지하지만, 복지국가가 남성들이 정책입안자이고 여성들은 단지 정책수혜자로 머무는 남성지배적인 국가라는 점에서는 복지국가를 부정적으로 인식한다.

한편, '빈곤의 여성화'처럼 복지국가가 여성에게 적절한 소득을 제공하지 못했고, 돌봄 역할을 당연히 여성이 해야 하는 것으로 보며 개인적·사적 영역으로 간주하는 등 여성 특유의 욕구에 대한 배려를 하지 않았다는 측면에서 비판하기도 한다.

6) 녹색주의(Greenism)

녹색주의는 환경에 대한 중요성과 관심이 부각됨에 따라 등장하게 된 이념이다. 녹색주의는 복지국가가 경제성장에 동반되는 환경문제를 조장하기 때문에 복지국가를 '반대'하는 입장이다.

녹색주의는 경제성장이 개인적 풍요나 공공서비스 자원을 증가시킴으로써 복지를 강화하므로 경제성장이야말로 엄청난 비복지라고 주장한다. 경제성장은 환경을 파괴하고 범죄·질병·실업 등의 문제를 발생시키며, 제3세계의 빈곤이나 불평등 문제를 심각하게 야기하는데 복지국가가 이러한 경제성장에 의존하기 때문에 복지국가를 반대한다.

한편, 녹색주의 내에서도 경제성장에 대한 입장 차이를 볼 수 있다. 녹색주의 중 밝고(light) 약한(weak) 녹색주의는 높은 경제성장과 소비율의 지속성은 세계질서의 유지를 위해 어쩔 수 없는 부분임을 인정함으로써 환경친화적인 경제성장과 소비를 인정한다. 반면, 어둡고(dark) 강한(strong) 녹색주의는 과학기술로는 환경문제를 해결할 수 없고 오직 경제성장과 소비의 축소만이 유일한 해결책이라고 본다.

녹색주의자들이 주장하는 녹색주의 사회는 생태중심주의·생명중심주의 사회이다. 최근에는 사회지표운동에 한걸음 더 나아가 대기오염, 자원고갈, 지구온난화, 폐수, 오존층파괴, 산림파괴 등을 복지의 개념에 추가했으나 대중의 수용 여부와 정치적 실행 가능성 등의 문제에 직면하고 있다.

☞ 표 4-3 George와 Wilding의 복지이념 유형비교

구분	신우파	중도노선	민주적 사회주의	마르크스주의	여권주의	녹색주의
주요 가치	• 자유 (강제가 없는 상태) • 개인주의	• 자유 (기회제공) • 개인주의	• 자유 (권리보장) • 평등지향 • 우애	평등 (결과의 평등)	성 불평등 해소	평등 (인간과 자연)

자유 시장에 대한 태도	시장역할에 대한 국가개 입의 최소화	시장역할에 대한 조건부 국가개입	시장역할에 대한 적극적 인 국가개입	억압과 착취 기능, 자본주 의체제의 유지	시장에 대한 국가개입 (여 성평등 지위 보장)	시장체제는 환경파괴의 역할수행
복지 국가에 대한 태도	반대	소극적 지지	적극적 지지	반대	비판 및 소 극적 지지	반대

출처: 오정수 외, 2010: 33 참고하여 재구성함

제3절 우리나라의 사회복지 이념

　역사와 문화가 다른 우리에게 서구 복지국가 이념모형을 적용하는 데에는 한
계가 있다. 서구에서는 자유와 평등, 개인주의와 집합주의, 자본주의와 복지국가,
선별주의와 보편주의 등 열띤 이념논쟁이 있어 온 반면, 우리나라에서는 주로
사회복지의 책임이 가족, 민간, 국가 중 어디에 있는지, 경제성장을 우선할 것인
지 경제와 복지의 균형적 성장을 추구할 것인지, 복지제도를 통합적으로 운영할
것인지 아니면 분립적으로 운영할 것인지 등에 관심이 있었을 뿐 이념적 논쟁이
부재했다(김상균 외, 1999; 김상균 외, 2007: 188-189 재인용).

　그 이유를 김상균 외(2007: 189)는 다음과 같이 정리하고 있다. 첫째, 우리나
라는 정치·경제적 상황이 성숙되지 못해 비롯된 레드 컴플렉스(red complex)로
인해 사회주의나 공산주의 같은 급진적 좌파이념을 공개적으로 논의하거나 수용
하는데 저항감이 강했다. 둘째, 복지는 경제발전과 국방 등의 국가현안에 우선순
위가 밀려 이념논쟁이 성립하기 어려웠고, 복지의 확대가 경제성장을 해친다는
이른바 '복지병'에 대한 우려를 강조하는 경제성장론자의 이념공세가 광범위하
게 존재했다. 셋째, 우리나라의 특수한 복지형태 때문에 국가복지에 대한 논쟁의
필요성이 상대적으로 약했다. 한국의 복지는 가족 및 혈연, 학연, 지연 등에 기
반을 둔 공동체적 결속에 의해 유지되어 국가복지에 대한 필요성이 약했다. 이
러한 이유에서 가족주의를 강조하는 유교주의적 복지국가나 동아시아 복지국가에

대한 논의가 일부 제기되기도 하였다.

복지이념모형연구가 주로 서구의 사회환경과 사회복지환경을 분석대상으로 해서 진행되다보니 우리나라에 그대로 적용하기에는 적절하지 못하다는 지적이 있어 왔고 이러한 이유로 그동안 한국의 복지이념모형에 관한 연구는 소수만이 진행되었다. 여기에서는 우리나라의 상황을 고려하여 복지이념모형을 정립하고자 시도된 연구결과로 제시된 두 가지의 복지이념모형을 소개하고자 한다.

1. 3분법 모형(김상균 외, 1999)[5]

이 모형은 경제발전과 사회복지의 관계, 사회복지에 대한 국가의 책임인식 측면에서 '경제성장 우선모형'과 '국가복지확대모형'으로 양분하고, 국가복지확대모형을 복지제도 운영방식을 기준으로 '분립복지모형'과 '통합복지모형'으로 세분화한 3분법 모형이다.

'경제성장 우선모형'에서는 경제성장을 국가정책의 최우선으로 하고, 개인의 욕구는 1차적으로 가족과 시장차원에서 해결할 수 있고 해야 한다고 주장한다. 국가복지의 확대는 근로동기를 약화시키기 때문에 경제성장에 도움이 될 수 있는 순기능적인 복지만 허용한다는 입장이다. 이 모형은 앞서 살펴본 George와 Wilding의 '신우파모형'과 유사성이 높다고 할 수 있다.

반면, '국가복지확대모형'은 복지와 경제의 균형적 발전을 지지하고, 복지제공의 책임이 국가에 있음을 강조한다. 이 중 '통합복지모형'은 '분립복지모형'에 비해 사회정책을 통한 재분배를 더 중시하며 국가복지를 위한 예산확보도 더 적극적이다. 두 모형간 또 다른 차이는 사회보험의 행정 및 재정을 분립할 것인가 통합하여 운영할 것인가 등에 관한 것이다. 이 모형은 George와 Wilding의 '중도노선모형'과 '민주적 사회주의 모형'을 합한 것 같은 느낌이지만 사회주의적 색채가 없다. 즉, 친복지적이라 할지라도 좌파성향의 이념이라고 할 수 없다는 점이 큰 차이를 보인다. 그리고 '분립복지모형'과 '통합복지모형'의 차별성은 주로 복지제도의 운영방식과 관련된 것이어서 George와 Wilding의 중도노선과

---

5) 3분법 복지모형은 김상균 외(2007: 189-191)의 내용을 주로 요약·정리하였고, 남기민(2011: 38-39)의 내용을 일부 반영하였다.

민주적 사회주의 모형간의 차이를 우리의 분립과 통합모형간의 차이로 보기는 어렵다. 한편, 마르크스주의를 표방한 정치·사회세력이 존재하지 않음으로 인해서 마르크스주의모형은 존재하지 않는다(남기민, 2011: 38)

☞ 표 4-4 김상균의 3 분법 복지모형

경제성장 우선모형	국가복지 확대모형	
	분립복지모형	통합복지모형
• 국가정책의 최우선: 경제성장 • 개인의 욕구충족: 가족단위, 1차적으로 시장에서 해결 • 국가복지는 근로동기를 약화시키므로 극빈자에 한정 • 경제성장에 순기능적인 복지서비스만 허용 • 분배정책은 시기상조 • 사회보험의 정책결정권은 노·사가 행사	• 사회정책의 재분배 기능: 저평가 • 국가복지 예산확보: 소극적 • 사회보험에 비해 공공부조에 대한 관심 미약 • 사회보험 행정 및 재정: 통합반대, 조합분리운영 • 국가복지의 확대시행연기 • 자영자 소득파악 가능성: 부정	• 사회정책을 통한 재분배: 적극적 • 국가복지 예산확보: 적극적 • 총체적 사회안전망에 대한 관심 • 사회보험의 통합주장: 사회정의, 행정효율성증대 • 국가복지확대의 조기실시 • 자영자 소득파악 가능성: 인정

출처: 김상균 외, 2007: 190

우리나라는 과거 군사정권 시절에는 경제성장이 복지보다 우선하였으나 문민정부 이후 경제성장과 복지의 조화, 또는 복지가 경제성장의 필요조건임이 강조되면서 복지예산이 증가되었다. 또한 IMF 이후 사회안전망에 대한 관심이 급증하면서 사회보험제도가 확대되고, 국민기초생활보장법 시행으로 빈곤층의 최저생활이 보장되고, 국민건강보험법 제정과 의료보험통합을 이루어 나가는 과정을 볼 때 경제성장우선모형에서 국가복지확대모형으로, 분립복지모형에서 통합복지모형으로 변천해 가고 있는 것으로 분석된다(남기민, 2011: 38-39).

2. 4분법 모형(최균· 류진석, 2000)[6]

이 모형에서는 복지의식이 복지책임인식과 실천의지가 결합된 형태로 표출된다고 보고, 복지이념을 '국가주도 연대형', '민간주도 연대형', '국가의존 소극

---

6) 4분법 복지모형은 김상균 외(2007: 191-192) 내용을 요약·정리하였다.

책임형', '민간의존 소극책임형'이라는 4가지 유형으로 나눈 뒤 우리 국민의 복지의식의 경향과 특징을 규명하였다.

1) 국가주도 연대형

복지의 국가책임을 강조하고, 복지실천의지가 높은 유형이다. 집합주의적 가치관에 입각해 평등지향적이고 사회연대를 강조하며 복지비용부담의 수용도가 높다.

2) 민간주도 연대형

복지의 책임주체로 개인, 가족, 시장을 선호하고, 복지실천에 대한 개인적 책임을 강조하는 유형이다. 복지의 민간책임을 강조하고, 복지비용을 개인이 부담하려는 의지가 강하여 민간주도적 연대성을 강조하는 유형이다.

3) 국가의존 소극책임형

복지에 대한 국가의 주도적 역할을 강조하지만 복지실천의지는 낮아 복지의식의 양면성을 보여주는 유형이다. 즉, 생각으로는 평등을 지향하고 사회연대성 원리를 지지하지만 복지비용 부담에는 소극적인 태도를 보인다.

4) 민간의존 소극책임형

민간영역의 역할을 중시하여 국가복지비용을 부담할 의사는 약한 유형이다. 사회적 위험 및 욕구에 대한 집합적 책임보다는 개인책임에 입각하여 문제해결을 선호한다. 복지비용을 사회가 공동으로 부담하는 것을 반대하고 개별적 시장구매력에 입각한 복지서비스의 활용을 선호한다.

☞ 표 4-5 최균·류진석의 4분법 복지모형

		복지책임주체에 대한 인식	
		개인책임	국가책임
복지실천 의지	높음	민간주도 연대형	국가주도 연대형
	낮음	민간의존 소극책임형	국가의존 소극책임형

출처: 김상균 외, 2007: 191

우리나라 국민의 복지의식은 복지책임 면에서는 국가의 주도적 역할을 강조하지만 개인의 복지실천의지는 낮아서 복지의식의 이중성을 보이므로 '국가의존 소극책임형'으로 분류할 수 있다(김상균 외, 2007: 192). 복지권 인식이나 복지발전을 위한 실천의지는 높지만, 세금인상이나 보험료인상에 대한 의무이행의지는 낮은데 이는 우리나라 복지정책과 제도에 대한 국민의 불신의 결과라고 분석하기도 한다(김미혜·정진경, 2002: 33).

생각해 볼 문제 및 과제

1. 사회복지가 시작 및 발전하게 된 동기에는 어떤 것들이 있는지 설명해 보자.

2. George와 Wilding의 6가지 복지모형에 대해서 설명해 보자. 또한 이에 기초할 때 우리나라는 어떠한 복지모형에 가까운지를 논의해 보자.

3. 우리나라의 사회복지 모형을 분석해 보고, 어떠한 모형이 어떠한 이유에서 우리에게 해당되는지 논의해 보자.

참고문헌

강용규, 김종상, 염일열, 최정규, 임옥빈(2011). 사회복지개론(제2판). 공동체.

고명석, 송금희, 최성균, 최우진(2012). 사회복지개론(제4판). 대왕사.

김미혜, 정진경(2002). 한국인의 복지권에 대한 인식과 태도 연구. 한국사회복지학, 50, 33-58.

김상균, 주은선, 최유석, 이정호(1999). 우리나라 복지이념모형 구축을 위한 기초연구. 사회복지연구, 14, 43-70.

김상균, 최일섭, 최성재, 조흥식, 김혜란, 이봉주, 구인회, 강상경, 안상훈(2007). 사회복지개론(개정 2판). 나남출판.

남기민(2011). 사회복지학개론(제3판). 양서원.

박경일, 김경호, 서화정, 윤숙자, 이명현, 이상주, 이재모, 전광현, 조수경(2010). 사회복지학강의. 양서원.

오정수, 최해경, 정연택, 류진석, 유채영(2010). 사회복지학개론. 양서원.

윤철수, 노혁, 도종수, 김정진, 김미숙, 석말숙, 김혜경, 박창남, 성준모(2011). 사회복지개론. 학지사.

정무성, 나임순, 유용식(2013). 현대사회복지개론. 신정.

Macarov, D.(1978). The Design of Social Welfare. NY: Rinehart and Winston.

사회복지의 가치와 윤리

  사회복지는 가치를 기반으로 윤리적으로 실천하는 전문직이다. 사회복지활동은 가치를 기반으로 동기화되거나 실천되기 때문에 사회복지에 있어서 가치는 매우 중요하다. 윤리는 가치를 기반으로 하여 구현된 행동지침이므로 가치와 조화를 이루어야 한다. 사회복지의 가치가 사회복지가 나아가야 하는 방향을 제시한다면, 사회복지 윤리는 그 방향에 맞추어 실천현장에서 필요한 행동의 원칙과 지침을 제공한다(이순민, 2012: 14). 가치와 윤리는 사회복지 지식이나 기술을 통합하는 역할을 한다.

제1절 사회복지 가치

1. 사회복지 가치의 개념 및 중요성

  가치(value)란 개인 또는 집단이 바람직하다고 받아들이는 믿음 또는 신념으로 사람들의 행동과 사고방식을 결정하는 데 영향을 미친다. 사회복지학은 가치지향적(value-oriented profession)인 학문이고, 가치불개입(value-free)은 존재하지 않기 때문에 사회복지는 가치로부터 자유로울 수 없다.

  가치는 무엇이 선(good)하고 바람직(desirable)한가와 관련된다. 사회복지의 가치는 사회복지전문직이 갖는 신념으로 사회복지가 지향해야 할 목적이나 목표를 제시하고 사회복지의 유형과 방법을 결정하는 요인이다. 사회복지가 거시적 수준에서 이루어지든 미시적 수준에서 이루어지든 사회복지가 선호하고 추구하는 가치가 정립되어 있어야 한다(윤철수 외, 2011: 73). 즉, 사회복지의 가치는 사회복지정책 및 제도의 방향이나 내용, 실천방법 등 사회복지서비스의 모습과 유형을 결정하는 요인이다. 가치는 질적인 판단이며 경험적으로 증명되는 것은 아니다(한인영 외, 2011: 34).

  가치는 현실세계에 대한 인간의 실천과 경험을 통해 형성되는 의식적인 관계가 축적된 결과로 역사적 산물이라고 할 수 있고, 근원적 출발은 기독교 교리,

민주주의, 자유사상, 청교도윤리, 사회진화론 등 서구사회의 인간과 사회에 대한 시각에서 찾아볼 수 있다(한인영 외, 2011: 35).

Reamer(1995: 12-13)는 사회복지에서 가치가 첫째, 사회복지 사명의 본질, 둘째, 사회복지사와 클라이언트, 동료 및 사회구성원들과의 관계, 셋째, 사회복지사가 일하는 데 있어서 사용하는 개입방법, 넷째, 실천에 있어서 윤리적 딜레마의 해결이라는 네 가지 측면에 영향을 미치므로 중요하다고 하였다.

Pumphrey(1959)는 가치체계를 다음의 <표 5-1>에서 제시하는 바와 같이 궁극적 가치, 수단적 가치, 차등적 가치로 구분하였다.

☞ 표 5-1 Pumphrey(1959)의 세 가지 가치

궁극적 가치	다수에게 가장 쉽게 동의를 얻을 수 있는 자유, 인간의 존엄성, 정의, 평등과 같은 추상적인 목적을 가지는 가치
수단적 가치	궁극적 가치를 달성하기 위한 수단이 되는 가치 (예를 들어, 인간의 존엄성이라는 궁극적 가치를 달성하기 위한 도구로, 자기결정권, 비밀보장, 고지된 동의와 같은 구체적인 행위나 상황과 관련된 수단적 가치가 필요함)
차등적 가치	궁극적 가치와 수단적 가치의 중간에 위치한 가치로, 사회·문화·종교적 영향이나 개인적 경험에 따라 찬성 또는 반대를 할 수 있는 가치 (예를 들어, 낙태, 동성애, 사형제도, 유전자복제에 관련된 가치는 차등적 가치에 속함)

출처: 이순민, 2012: 13 재구성

또한 사회복지의 가치는 다음의 <표 5-2>와 같이 개인적 가치, 사회적 가치, 전문직 가치, 기관의 가치, 클라이언트의 가치로 분류되기도 한다.

☞ 표 5-2 가치의 구분

개인적 가치	• 가족, 문화, 사회의 가치에서 비롯됨 • 개인의 환경에 따라 다르게 형성 • 동일한 사회복지사라도 자신에게 주어진 상황이나 문제에 따라서 상반된 가치를 보여줄 수 있음

사회적 가치	• 개인적 가치에 영향을 미치며 시대의 변화에 따라 변하는 특성이 있음 • 사회의 일반화된 정서적 공감대를 반영하는 것으로 역사적으로 형성되었으며 경험에서 비롯됨
전문직 가치	• 실천가에서 목적과 의미, 방향을 설정해 주는 가치 • 인간에 대한 믿음, 목적, 목적을 달성하기 위한 방법, 삶의 조건들이 포함됨 • 전문직 가치는 사회복지사 개인의 가치와 종종 상충되어 윤리적 갈등을 초래할 수 있음 • 바람직한 사회복지실천을 위해 전문가의 풍부한 사회복지 지식과 균형 잡힌 사회복지 가치관이 원동력이 됨
기관의 가치	• 기관의 실천 활동에 영향을 받음 • 예, 종교 법인에서 운영하는 사회복지기관들은 낙태에 대해 반대의 입장을 가지는 등 종교적인 가치기준을 가지고 있음
클라이언트의 가치	• 가족의 가치, 종교적 가치, 문화 및 사회적 가치의 영향을 받음 • 사회복지사는 클라이언트의 가치에 대해 이해하도록 노력해야 함

출처: 정민숙, 2009: 37-38 재구성

2. 사회복지의 일반 가치

사회복지실천은 가치를 기반으로 이루어지며 사회복지의 가치는 사회복지전문가들이 지향해야 할 목적을 나타낸다. Friedlander(1977)는 사회복지의 기본적 가치로 인간존중의 원리, 자기결정의 원리, 기회균등의 원리, 사회연대의 원리 4가지를 제시하였다(장인협, 1986: 41 재인용)

첫째, 모든 인간은 인간으로서의 가치, 품위, 존엄성을 가진다는 인간존중의 원리이다.

둘째, 자신이 무엇을 요구하며 그것을 어떻게 충족할 것인지를 스스로 결정할 권리를 가진다는 자기결정의 원리이다. 자발성 존중의 원리라고도 한다.

셋째, 사회는 모든 인간에 대한 균등한 기회를 차별 없이 제공해야 한다는 기회균등의 원리이다.

넷째, 인간은 자기 자신, 가족 및 사회전체에 대해 책임을 진다는 사회연대의 원리이다. 상호부조의 원리라고도 한다.

이 장에서는 사회복지가 추구하는 일반적 가치로서 인간의 존엄성, 자유와 자기결정권, 평등과 기회균등, 그리고 사회적 연대에 대해 더욱 자세히 살펴보겠다.

1) 인간의 존엄성

인간의 존엄성(human dignity)이란 인간이 가지고 태어난 고유의 가치로서 인간이 가진 속성(인종, 민족, 국적, 피부색, 성별, 성적 지향, 성정체성 또는 성적 표현, 연령, 혼인관계, 정치적 신념, 종교, 이민신분, 정신적 또는 신체적 장애 등)으로 인해 차별대우를 받지 말아야 함을 의미한다. 인간의 존엄성은 "인간은 누구라도 인간이다"라는 인식에서 출발한다. 인간의 유사성과 상이성은 인정되어야 하며 잠재력을 개발하고 성장할 수 있는 기회가 주어져야 한다.

세계인권선언문에서는 인간의 존엄성에 대한 가치를 다음과 같이 반영하고 있다.

세계인권선언문

(제1조) 모든 사람은 태어나면서부터 자유로우며, 동등하게 존엄성과 권리를 보장받아야 합니다. 여러분은 인간이라는 이유만으로 지구상의 모든 사람들과 똑같은 권리를 가지고 있습니다. 이 권리는 양도될 수 없는 것으로, 누구도 빼앗을 수 없는 권리입니다. 모든 개인은 자신이 누구든지, 어디에 살든지 관계없이 존엄성을 보장받아야 합니다.

1948년 12월 10일

출처: 강용규 외, 2013: 31; 박경일 외, 2010: 35

모든 법의 기초가 되는 대한민국 헌법 제10조에도 다음과 같이 인간의 존엄성과 행복추구권에 대해 밝히고 있다.

대한민국 헌법(제10조)

모든 국민은 인간으로서 존엄과 가치를 가지며 행복을 추구할 권리를 가진다. 국가는 개인이 가지는 불가침의 인권을 확인하고 이를 보장할 의무를 진다.

또한 대한민국 헌법 제34조에도 다음과 같이 인간다운 생활을 보장할 권리를 명시하여 인간의 존엄과 가치에 대해 밝히고 있다.

> ### 대한민국 헌법(제34조 제1항)
> 모든 국민은 인간다운 생활을 할 권리를 가진다.

홍익인간의 이념, 불교의 자비사상, 화랑도의 살생유택, 동학의 인내천 사상, 기독교의 이웃사랑 등에는 인간의 존엄성에 대한 사상이 반영되어 있다. 사회복지를 실천하는 것은 인간의 기본적 권리를 보장하고, 인간의 존엄성이라는 가치를 실현해나가는 데 의의가 있다.

인간의 존엄성에 대한 가치는 사회복지사가 클라이언트를 대할 때 개별화, 수용, 자기결정 등으로 나타난다(남기민, 2011: 27).

2) 자유와 자기결정권

자유(freedom)란 다른 사람의 간섭이나 강요를 받지 아니하고 스스로 결정하고 선택할 수 있는 권리를 말한다. 자기결정권은 개개인의 능력과 판단에 따라 자신의 태도와 행동을 결정할 권리로 자신의 인생을 스스로 선택하고 결정할 권리를 말한다. 따라서 자기결정권이 보장되기 위해서는 자유와 책임이 전제되어야 한다. 자유의 중요성은 자기결정권의 존중에 반영되어 있다.

Spicker(1988: 44-45)는 자유를 개인이 억제나 구속에서 벗어나(소극적 자유), 무엇인가를 할 수 있는 것(적극적 자유)이며, 선택할 수 있는 것(심리적 자유)으로 정의하였다(박경일 외, 2010: 36 재인용).

소극적 자유(negative freedom)는 강요와 강압의 부재를 의미하므로 침해당할 수 있는 경우가 존재하는데, 예를 들면 사회복지사의 가정방문을 받게 된다거나, 아동이 학교에 다니지 않으면 안 되는 경우이다. 소극적 자유의 침해는 다른 사회복지의 가치를 통해 정당화되어야 한다(박경일 외, 2010: 36).

적극적 자유(positive freedom)는 자신이 선택하는 대로 행동할 수 있는 힘으로 강압의 부재가 아니라 행동할 수 있는 능력이다. 예를 들어 거동하기 힘들고 시각장애까지 가진 중증장애인이 보호시설에서 생활하면서 사회복지사의 도움으로 정해진 시간에 식사를 하고 옷도 갈아입고 있다. 소극적 자유의 관점에서 본다면 어떠한 강압을 당하지 않기에 자유로운 상황이지만, 적극적 자유의 관점에서 보면 선택의 여지가 없어 자유롭지 못한 것이다(박경일 외, 2010: 36).

반면 심리적 자유(psychological freedom)는 선택할 수 있는 능력을 의미하는데 위의 장애인의 경우 이러한 의미에서 자유롭지 못하므로 지속적 의사소통과 재활교육을 통해 자유를 획득할 수 있게 된다(박경일 외, 2010: 36). 또한 아동에게 부여된 의무교육은 바로 행동할 수 있는 힘(적극적 자유)과 선택능력(심리적 자유)을 갖도록 하기 위해 존재하는 것이다(박경일 외, 2010: 36).

국가가 실시하는 사회복지제도와 사회복지사의 개입활동이 자유를 침해하는 것으로 비칠 수 있지만 이는 개인이 선택할 수 있는 힘을 증가시키고 다른 가치 기반인 인간의 존중이나 평등의 실현 등에 근거하므로 정당화 될 수 있다(박경일 외, 2010: 36).

주요 사회복지대상인 아동, 노인, 장애인 등과 같은 사회적 약자들은 자유를 누릴 수 있는 선택의 능력이나 기회를 박탈당하기 쉽고 자기결정권을 침해당하기 쉽다. 따라서 사회복지사는 클라이언트가 제반자원을 활용할 수 있도록 도와주고 클라이언트의 결정을 존중하며, 클라이언트의 잠재력을 개발할 수 있도록 도와주어야 한다. 자기결정의 원리는 클라이언트의 능력과 법률, 도덕적 테두리 안에서 제한받을 수 있다.

☞ 표 5-3 소극적 자유, 적극적 자유, 심리적 자유

소극적 자유 (negative freedom)	사람들간의 상호작용 관계에서 다른 사람의 강제나 간섭 없이 자신의 의지대로 행할 수 있는 상태
적극적 자유 (positive freedom)	자기가 원하는 것을 할 수 있는 상태
심리적 자유 (psychological freedom)	스스로 선택할 수 있는 상태

3) 평등과 기회균등

평등(equality)은 사회적 자원의 재분배를 통하여 사회구성원들의 삶의 질을 향상시키고자 하는 사회복지의 주요가치이다(장인협 외, 2007: 30). 대한민국 헌법 제11조 제1항은 모든 국민은 법 앞에 평등하다고 명시하고 있다. 평등은 사회적

자원의 재분배를 통해 인간의 삶의 질을 골고루 향상시키고자 하는 것이고, 모든 인간이 충분하고 만족스러운 삶을 영위할 수 있는 권리를 똑같이 지니고 있다는 신념이다.

평등은 기회의 평등, 조건의 평등, 결과의 평등이라는 3가지 유형으로 구분할 수 있다(박호성, 1994: 57–59; 박경일 외, 2010: 37 재인용).

(1) 기회의 평등(equality of opportunity)

기회의 평등 또는 기회의 균등이라고도 불린다. 가장 소극적인 평등개념으로 자본주의 사회에서 널리 퍼져 있는 평등유형이다. 이는 최소한의 국가개입을 주장하는 보수주의자와 (신)자유주의자들이 선호하는 평등개념이다. 기회의 평등은 결과는 무시하고 과정상의 기회만 평등하게 제공해 주는 것이다.

즉, 각 개인은 소질과 능력을 자유롭게 계발할 평등한 권리와 기회를 가지고 동일한 업적에 대해서는 동일한 보상을 제공한다는 입장이다. 또한 사회적 제도에 대한 접근도 모든 사람에게 균등하게 열어 놓겠다는 입장이다. 그러나 기회의 평등은 과정상의 기회만 평등하다면 결과의 불평등은 상관없기 때문에 수많은 결과의 불평등을 합법화할 수 있게 만들기도 한다.

(2) 조건의 평등(equality of condition)

조건의 평등은 비례적 평등(proportional equality)이라고도 하고, 공평한 처우(fair treatment)와 형평성을 강조하며 개인의 능력부족을 사회적으로 보충해 주는 것이다. 즉, 개인의 욕구, 능력, 기여 정도에 따라 사회적 자원을 다르게 배분하는 것(same treatment of similar persons)이다.

결과의 평등과 다르게 상대적 불평등을 어느 정도 인정하고, 결과의 평등의 비현실성 때문에 조건의 평등은 자본주의 사회에서 널리 사용된다. 예를 들어, 사회보험의 보험료를 많이 낸 사람에게 보다 많은 급여가 돌아가는 것이나 공공부조의 급여수준을 낮게 책정하여 일하는 사람을 배려하는 열등처우의 원칙은 조건의 평등의 가치가 반영된 것이다(김기태 외, 2014: 57).

(3) 결과의 평등(equality of result or outcome)

결과의 평등은 수량적 평등(numerical equality) 또는 산술적 평등으로도 불리는 가장 적극적인 평등개념이다. 결과의 평등은 모든 사람에게 욕구나 능력의 차이에 관계없이 사회적 자원을 똑같이 분배하는 것(same treatment of everyone)을 의미한다. 결과의 평등은 복지국가 형성의 기초가 된 평등개념이나 실질적으로 이를 이루는 데 기여했는가라는 비판을 받고 있어 복지국가 개혁 이후에는 기회의 평등(효율성)과 조건의 평등(형평성)도 강조되고 있다.

결과의 완전한 평등은 어떠한 사회에도 존재할 수 없으므로(이념적으로 가능하나 현실적으로 한계) 사회복지에서는 부분적인 결과의 평등이나마 가치로 삼고 있다.

결과의 평등은 출발점이나 자연적 능력은 고려하지 않고 법적조치나 정치적 수단을 이용하여 마지막 결과의 평등만 추구한다. 즉 출발단계의 불평등을 마지막 단계의 사회적 평등으로 뒤바꾸어 놓으려고 한다. 따라서 자유로운 경쟁이나 개인의 역량발휘는 억제 혹은 무시될 수 있다. 예로는 국민기초생활보장 대상자에게 제공되는 공공부조제도로 소득재분배를 위해 가난한 사람에게 도움을 제공하는 것을 들 수 있다.

☞ 표 5-4 평등의 유형

유 형	개 념	반영 정책
기회의 평등 (기회의 균등)	결과는 무시한 채 과정상의 기회만을 똑같이 해주는 것으로 가장 소극적 평등 (예: 100m 달리기에서 모든 사람을 똑같이 세워놓고 단지 뛸 수 있는 기회를 제공하는 것)	의무교육
조건의 평등 (비례적 평등)	개인의 욕구, 노력, 능력, 기여도에 따라 사회적 자원을 다르게 분배하는 것 (예: 100m 달리기에서 신체장애인은 조금 앞에서 출발하도록 하는 것)	소득비례연금
결과의 평등 (수량적/ 산술적 평등)	모든 사람을 똑같이 취급하여 욕구나 능력의 차이에 관계없이 사회적 자원을 똑같이 분배하는 것으로 가장 적극적 평등 (예: 100m 달리기에서 모든 사람을 똑같이 골인시키는 것)	사회적 수당

출처: 엄기욱 외, 2013: 41; 박경일 외, 2010: 37 참고하여 재구성

사회복지에서 평등이라고 말할 때 주로 결과의 평등을 의미하지만 완전한 결과의 평등은 어떠한 사회에도 존재하지 않는다(김기태 외, 2000: 43). 자본주의 사회는 어느 정도 불평등을 인정하고 기회의 평등과 조건의 평등을 강조하고 사회주의사회에서는 결과의 평등을 강조한다(남기민, 2011: 28). 우리나라의 헌법 전문

에는 기회의 균등, 헌법 제11조에서는 법 앞에서의 평등, 헌법 제31조에서는 교육기회의 균등, 제36조에서는 혼인과 가정생활에 있어서 양성평등을 규정하고 있다(남기민, 2011: 28).

4) 사회연대성

연대(solidarity)는 두 사람 이상이 함께 일을 하거나 책임을 지는 것으로 인간의 사회성에 대한 신념을 내포하고 있다(박경일 외, 2010: 37). 사회학자 Durkheim은 사회적 관계의 설명을 위해 연대(solidarity)의 개념을 창안하고 이를 기계적 연대와 유기적 연대로 구분했다(김기태 외, 2009: 45-46).

☞ 표 5-5 기계적 연대와 유기적 연대

기계적 연대 (mechanical solidarity)	가족이나 부족사회에서 흔히 나타나는 연대로서 구성원들을 결속시킬 수 있는 공통의 대인관계나 가치 그리고 신념이 존재할 때 실현 가능성이 높아지는 연대
유기적 연대 (organic solidarity)	사회적 분화가 급격하게 발생하는 현대사회에서 질서유지를 위해서 사회 구성원들이 상이하게 평가되는 상이한 역할을 수행할 필요성을 갖게 되는데, 이러한 기능의 상이성에 근거한 연대

출처: 김성이·김상균, 1994: 107-108

연대란 사회구성원간의 합의와 상호의존성을 의미하며, 위험성을 공동 부담하는 것으로서 복지국가도 현대사회의 소외와 불평등문제를 해결하기 위한 새로운 형태의 연대를 창출하기 위한 시도라고 할 수 있다(김기태 외, 2009: 46).

인간은 일생에 걸쳐 다양한 문제를 경험하고 사회구성원으로서 공동의 관심사(퇴직, 연금, 건강, 교육, 정서적 지지 등)를 가지게 되고, 사회적 위험(빈곤, 질병, 노령, 산업재해 등)에 대한 공동의 협력과 책임을 위한 사회적 연대가 필요하게 된다(박경일 외, 2010: 38). 현대사회는 지나친 분업화와 개별화로 인간소외가 심화되는 경향이 있으므로 사회연대와 공동체의 회복이 더욱 강조될 필요가 있다.

제2절 사회복지 윤리

윤리는 추구하는 가치를 일관되게 행동하도록 지시하는 행동규범으로 가치로
부터 파생된다. 가치는 무엇이 좋고 바람직한가에 관심이 있고 윤리는 무엇이
옳고 바르냐(what is right and correct?)에 관심이 있다. 또한 윤리는 인간이 사회
에서 사람들과의 관계를 맺을 때 마땅히 따르고 지켜야 하는 도리와 규범을 의
미한다(이순민, 2012: 13).

윤리는 크게 일반 윤리(general ethics)와 전문가 윤리(professional ethics)로 구
분할 수 있다. 일반 윤리는 일상생활에서 행하고 지켜야 할 기본적 윤리이고,
전문가 윤리는 전문가로서 특별히 요구되는 의무를 성문화한 것으로서 전문가
협회나 조직이 채택한 윤리강령에 따른 의무이다. 전문가 윤리는 일반윤리에 위
배될 수 없으며 일반윤리의 하위개념이 된다.

☞ 표 5-6 일반 윤리와 전문가 윤리

	일반 윤리	전문가 윤리
개념	• 사람들이 사회생활에서 도덕적 행위가 필수라는 사실을 깨닫도록 하기 위해서 필요함 • 인간은 사회적 동물로, 마음대로 해도 좋은 것과 그렇지 않은 것이 있으며, 이에 대한 기준을 마련해 주는 것 • 성숙한 사회를 만들기 위해 필요함	• 일반윤리의 하위개념으로 일반 윤리와 밀접하게 관련 됨 • 어떤 전문가 윤리도 일반 윤리에 근본적으로 위반되지는 않으나 세부적인 측면에서는 다를 수 있음 • 전문직 수행과 관련된 윤리강령이 있음
원칙	• 평등의 원칙	• 평등의 원칙 • 클라이언트의 이익을 우선함

출처 : 엄기욱 외, 2013: 47-48 재구성

Reamer(1995)는 사회복지윤리의 필요성을 다음과 같이 제시하였다(김상균 외,
2007: 161-162 재인용).

첫째, 전문가 자신의 가치관과 다른 사람들(클라이언트, 지역주민, 동료전문가, 직장

상사 등)의 가치관 사이에 어떤 공통점과 차이점이 있는가를 체계적으로 확인하기 위해 필요하다. 이러한 필요성은 전문가의 사적 가치가 각종 전문적 판단과 평가 등에 지대한 영향을 미친다는 가정을 인정하는 것이다. 사회복지사는 사회적 공인으로서 필요한 경우에는 자신의 가치관을 공개할 수 있어야 한다.

둘째, 윤리적 딜레마의 실상을 이해하고 이에 대처할 수 있는 능력을 갖추기 위해 필요하다. 전문가는 딜레마 상황을 적절하게 타개할 수 있는 사람이어야 한다. 따라서 사회복지사와 관련된 윤리적 딜레마에 대한 사전대비를 해야 하는 것이다.

셋째, 다수의 상이한 가치들 사이의 관계정립 또는 위계 설정을 위해 필요하다. 윤리를 뒷받침하는 가치나 덕목은 여러 가지 종류가 존재할 뿐 아니라 경우에 따라서는 자유와 평등과 같이 2개 이상의 가치가 상충할 수도 있다. 더욱이 그것은 사회특성의 변화에 따라 끊임없이 달라질 수 있는 개연성을 지니고 있다. 따라서 일단의 가치군집 내에 질서를 수립할 필요가 생기는 것이다.

넷째, 사회복지사의 현행 주류가치가 얼마나 정당한가를 반성하고, 나아가서 시대적 조류에 맞는 가치를 정립하기 위해 필요하다. 이 말은 사회복지사의 핵심가치가 자리잡는 과정에서 어느 정도의 정치적 고려가 불가피하다는 사실을 뜻한다.

다섯째, 사회복지사의 실천방법을 개발하거나 사회복지사의 전문경력을 발전시키기 위해 필요하다. 사회복지사는 윤리와 관련한 전문지식과 기술을 지속적으로 개발해야 하며, 이를 꾸준히 습득하고 연마해야 한다. 윤리는 근본에 관한 학문이므로, 사회복지윤리를 알면 사회복지 지식과 기술이 보이게 되는 것이다.

사회복지사들은 윤리적 딜레마를 해결하는 데 있어서 드러나지 않을지라도 윤리적 상대주의(ethical relativism)나 윤리적 절대주의(ethical absolutism), 혹은 양자를 혼합하여 사용한다. 윤리적 상대주의는 도덕목적론(teleological theory)의 입장으로 상황에 수반되는 결과를 고려하여 판단한다. 반면 윤리적 절대주의는 도덕의무론(deontological theory)의 입장으로 자기결정권이나 비밀보장과 같은 사회복지 가치는 절대적이며 결정적이기 때문에 반드시 지켜야 한다는 입장이다.

☞ 표 5-7 윤리적 상대주의와 윤리적 절대주의

	윤리적 상대주의	윤리적 절대주의
개념	• 주관적으로 자신에게 유리하고 즐거운 것, 결과적으로 좋은 것이 윤리적임	• 보편적인 도덕법에 따라 행위의 옳고 그름을 판단
관련 이론	• 목적론적 윤리이론: 행위로 인해 나타날 수 있는 결과가 선 또는 악이 더 산출되는지에 따라 옳고 그름을 판단 　– 쾌락주의 　– 윤리적 이기주의 　– 공리주의	• 의무론적 윤리이론: 도덕적 규범에 근거하여, 의무를 다해야 함

　대부분의 사회복지사들은 의무론적 입장과 목적론적 입장이 혼합된 형태로 의사결정을 한다. 전문적 가치는 본질적으로 의무론적이기는 하지만 복잡한 윤리적 딜레마를 해결하기 위하여 종종 목적론적 입장을 취한다. 그리고 사회복지사들은 이러한 철학적 접근에만 의존하지 않고 실천적 지혜나 윤리강령 등을 참고하여 결정을 내린다(Congress, 1999: 30).

　지금까지 살펴본 가치와 윤리의 개념과 유형을 비교해 보면 다음의 〈표 5-8〉과 같다.

☞ 표 5-8 가치와 윤리의 개념 비교

	가 치	윤 리
개념	• 믿음 또는 신념 같은 것 • 실천의 방향제시 • 무엇이 좋고(good) 바람직한가(desirable)? • 일반적으로 선호하는 사회적 가치를 반영	• 옳고 그름에 대한 판단 • 전문가 실천행동의 원칙이나 지침 제공 • 무엇이 옳고(right) 바른가(correct)? • 가치와 조화(윤리가 가치에서 파생됨)
유형	• 궁극적 가치, 수단적 가치, 차등적 가치 • 개인적 가치, 사회적 가치, 전문직 가치, 기관의 가치, 클라이언트의 가치 등	• 일반윤리 • 전문가 윤리 등(사회복지윤리, 사회윤리, 의료윤리, 생명윤리, 정치윤리, 경제윤리, 경영윤리 등)

사회복지 전문직 실천의 가치와 윤리원칙

미국사회복지사협회(National Association of Social Workers: NASW)의 사회복지사 윤리강령에서는 사회복지전문직은 서비스, 사회정의, 인간의 존엄성과 가치, 인간관계의 중요성, 성실 그리고 능력이라는 핵심적인 가치에 기반하고 있다고 선언한다.

첫 번째 가치는 '서비스'(service)이고, 이에 따른 윤리원칙은 "사회복지사의 주요 목적은 욕구가 있는 사람을 도우며 사회적 문제를 다룬다"이다. 사회복지사는 개인의 이익을 초월하여 다른 사람들을 위해 서비스를 제공한다. 도움이 필요한 사람들을 돕고 사회문제를 해결하기 위하여 사회복지사는 자신의 지식, 가치 및 기술을 활용한다. 사회복지사는 금전적 소득을 기대하지 않으면서 때로는 자신의 전문적 기술을 자발적으로 제공하도록 권장된다.

두 번째 가치는 '사회정의'(social justice)이고, 이에 따른 윤리원칙은 "사회복지사는 사회적 부정의에 도전한다"이다. 사회복지사는 사회적 변화 특히, 취약하고 억압받는 개인 및 집단과 함께 그들을 위해 사회적 변화를 추구한다. 사회복지사가 추구하는 사회변화를 위한 노력은 빈곤, 실업, 차별 그리고 기타 유형의 사회적 부정의에 그 주된 초점을 맞춘다. 이러한 활동에서는 억압과 문화적 및 인종적 다양성에 관한 민감성과 지식을 증진시켜야 한다. 사회복지사는 필요한 정보 및 서비스 자원에 대한 접근, 기회의 균등 그리고 모든 사람들을 위한 의사결정 상에 의미 있는 참여를 보장하기 위해 노력해야 한다.

세 번째 가치는 '인간의 존엄성과 가치'(dignity and worth of the person)이고, 이에 따른 윤리원칙은 "사회복지사는 인간의 고유한 존엄성과 가치를 존중한다"이다. 사회복지사는 개인적인 차이와 문화적 및 인종적 다양성을 염두에 두고 이들을 보호하고 존중하는 마음으로 모든 사람을 대해야 한다. 사회복지사는 클라이언트가 사회적으로 책임감 있는 자기결정을 내리도록 도와야 한다. 사회복지사는 이들의 욕구를 변화시키고 해결하기 위하여 클라이언트의 역량과 기회를 강화시키고자 한다. 사회복지사는 클라이언트 및 사회에 대한 이중적 책임을 인식한다. 이들은 사회복지전문직의 가치, 윤리원칙 및 윤리기준에 부합하는 사회적 책임을 의식하면서, 클라이언트의 이익과 사회적 이익 사이의 갈등을 해결하기 위해 노력한다.

네 번째 가치는 '인간관계의 중요성'(important of human relationship)이고, 이에 따른 윤리원칙은 "사회복지사는 인간관계의 본질적인 중요성을 인정한다"이다. 사회복지사는 사람들 사이의 관계가 변화를 위한 중요한 수단임을 인식한다. 사회복지사는 클라이언트 원조과정에서 이들을 파트너로서 관여시킨다. 사회복지사는 개인, 가족, 사회집단, 조직 그리고 지역사회의 복지를 증진, 회복, 유지 및 향상시키기 위해 인간관계를 강화시키고자 노력한다.

다섯 번째 가치는 '성실'(integrity)이고, 이에 따른 윤리원칙은 "사회복지사는 신뢰성 있게 행동한다"이다. 사회복지사는 사회복지전문직의 사명, 가치, 윤리원칙 및 윤리기준을 항상 염두에 두며, 이러한 것에 부합되는 방식으로 실천에 임한다. 사회복지사는 정직하고 책임감 있게 행동하며, 자신이 속한 조직의 입장에서 윤리적 실천을 증진시킨다.

여섯 번째 가치는 '능력'(competence)이고, 이에 따른 윤리원칙은 "사회복지사는 자신의 능력범위 내에서 사회복지를 실천하며 자신의 전문성을 발전시킨다"이다. 사회복지사는 자신의 전문지식과 기술을 증진시키기 위해 끊임없이 노력하며, 이러한 지식과 기술을 실천에 적용하고자 노력해야 한다. 사회복지사는 사회복지전문직의 지식기반에 기여하고자 노력해야 한다.

☞ 표 5-9 미국사회복지사협회 사회복지사 윤리강령의 핵심가치와 윤리원칙

가 치	윤리적 원칙
서비스	사회복지사들의 주요 목적은 어려움에 처한 사람을 도우며 사회적 문제를 다룬다.
사회정의	사회복지사는 사회적 부정의에 도전한다.
인간의 존엄성과 가치	사회복지사는 인간의 고유한 존엄성과 가치를 존중한다.
인간관계의 중요성	사회복지사는 인간관계의 본질적인 중요성을 인정한다.
성실(신뢰성)	사회복지사는 신뢰성 있게 행동한다.
능력(역량)	사회복지사는 자신의 능력범위 내에서 사회복지를 실천하며 자신의 전문성을 발전시킨다.

출처: Congress, 1999: 19

| 제4절 | 사회복지 윤리적 딜레마와 의사결정모델 |

1. 윤리적 딜레마

윤리적 딜레마, 즉 갈등상황이란 사회복지사가 전문가로서 지켜야 하는 윤리적 의무 또는 책무가 서로 충돌하고 있어서 어떠한 실천행동을 선택하는 것이 윤리적으로 올바른 것인지 판단하기 힘든 상태를 말한다(고명석 외, 2012: 53). 윤리적 딜레마는 다음의 상황에서 발생할 수 있다.

☞ 표 5-10 윤리적 딜레마 발생상황

상충된 가치 (competing values)	사회복지사는 두 개 또는 그 이상의 경쟁적인 가치와 직면했을 때 윤리적 딜레마에 빠진다.
상충된 의무 (competing loyalties)	기관에 대한 의무와 클라이언트에 대한 의무가 상충된 상황 등에서 사회복지사는 갈등을 경험한다. 예를 들면 사회복지사의 소속 기관의 정책과 목표가 클라이언트의 이익과 갈등 관계에 있으면 사회복지사는 윤리적 딜레마에 빠진다.
다수의 클라이언트 체계 (multiple client system)	하나 이상의 복잡성을 가진 클라이언트 체계와 일할 때 발생하는 윤리적인 딜레마를 의미한다.
결과의 모호성 (ambiguity)	윤리적 결정의 장기적인 효과성이 모호할 때 사회복지사는 선택의 딜레마에 직면한다.
힘의 불균형 (power imbalance)	사회복지사와 클라이언트 관계에서 힘의 불균형이 일어나는 것은 사실이며 이러한 상황이 윤리적 딜레마를 가져온다. 클라이언트가 도움을 요청하는 위치에 있기 때문에 전문가에 의존하는 상하관계가 형성되기 쉽다. 사회복지사들이 클라이언트의 자기결정권, 이익 최우선, 의사결정에서의 참여에 높은 가치를 두지만 사회복지실천 과정에서 이를 충분히 반영하지 못할 경우가 있다. 특히 클라이언트의 기능이 손상된 경우 중요한 결정과 선택을 전문가에게 의존함으로써 클라이언트는 그들의 자유와 알 권리를 포기하는 경우가 생긴다.

출처: Dolgoff, Lowenberg & Harrington, 2005, 정민숙 외, 2009: 47-48 재인용을 참고하여 재구성함

2. 윤리적 의사결정모델

윤리적 의사결정과정은 윤리적 실천의 핵심과정이라 할 수 있다. 윤리적 의사
결정모델은 사회복지사가 직면하는 윤리적 딜레마 상황시 유용한 지침이 될 수 있
다. 여러 학자들에 의해 윤리적 의사결정모델이 제시되었는데 여기에서는 Lowenberg
와 Dolgoff 그리고 Congress가 제시한 내용을 간략히 살펴보고자 한다.

1) Lowenberg와 Dolgoff의 일반결정 모델

Lowenberg와 Dolgoff(1996)는 윤리적 의사결정과정과 그 과정에서 구체적으
로 고려해야 하는 윤리규칙심사(Ethical Rules Screen: ERS)와 윤리원칙심사(Ethical
Principles Screen: EPS)라는 윤리적 지침을 제시하였다. 윤리적 규칙심사가 우선
적용되지만 판단이 어려울 경우 윤리원칙심사가 적용된다. 윤리원칙심사 중 윤
리원칙 1이 가장 상위의 원칙이고 7이 가장 하위의 원칙에 해당되어 원칙이 충
돌하는 경우 상위의 원칙이 우선 적용된다.

☞ 표 5-11 Lowenberg와 Dolgoff의 윤리원칙 심사표

윤리원칙 1	생명보호의 원칙 (Principle of the protection of life)	인간의 생명보호가 다른 모든 것에 우선한다
윤리원칙 2	평등 및 불평등의 원칙 (Principle of equality and inequality)	능력이나 권력이 같은 사람은 '똑같이 취급 받을 권리'가 있고, 능력이나 권력이 다른 사람은 '다르게 취급받을 권리'가 있다
윤리원칙 3	자율과 자유의 원칙 (Principle of autonomy and freedom)	클라이언트의 자율성과 독립성, 자유는 중 시되어야 하지만 무제한적인 것은 아니며, 자신이나 타인의 생명을 위협하거나 학대할 권리 등은 없다
윤리원칙 4	최소 해악(불이익/손실)의 원칙 (Principle of least harm)	선택 가능한 대안이 모두 유해할 때 가장 최소한으로 유해한 것을 선택해야 한다
윤리원칙 5	삶의 질의 원칙 (Principle of quality of life)	지역사회는 물론이고 개인과 모든 사람의 삶의 질을 증진시킬 수 있는 것을 선택해야 한다
윤리원칙 6	사생활 보호와 비밀보장의 원칙 (Principle of privacy and confidentiality)	사회복지사는 클라이언트에 대해 알게 된 사실을 다른 사람에게 공개해서는 안 된다.

| 윤리원칙 7 | 진실성(성실)과 완전(정보)개방(공개)의 원칙 (Principle of truthfulness and full disclosure) | 클라이언트와 여타의 관련된 당사자에게 오직 진실만을 이야기하며 모든 관련 정보를 완전히 공개해야 한다. |

2) Congress의 ETHIC 의사결정모델

Congress(1999: 29-38)는 사회복지의 가치, 윤리강령, 그리고 사회복지맥락을 고려하여 신속하고 효과적으로 적용 가능한 ETHIC 의사결정모델(ETHIC Decision-Making Model)을 제시하였다. 영어 ETHIC의 첫 글자를 활용하여 의사결정과정에 있어서 고려할 사항을 제시하고 있다.

☞ 표 5-12 Congress의 ETHIC 의사결정모델

E (Examine/검토하기)	관련된 개인의, 사회의, 기관의, 클라이언트의, 그리고 전문적 가치를 검토한다. (Examine relevant personal, societal, agency, client and professional values)
T (Think/생각하기)	미국사회복지사협회(NASW) 윤리강령의 어떤 윤리적 기준이 관련 법률, 사례결정뿐만 아니라 특정 상황에 적합한지를 생각한다. (Think about what ethical standard of the NASW Code of Ethics applies to the situation, as well as about relevant laws and case decisions)
H (Hypothesize/가정하기)	다르게 결정할 때 수반되는 결과에 대해서도 가정해 본다. (Hypothesize about possible consequences of different decisions)
I (Identify/확인하기)	가장 상처받기 쉬운 사람에게 헌신한다는 관점에서 누구에게 이익이 되고 누가 해를 입을지를 확인한다. (Identify who will benefit and who will be harmed in view of social work's commitment to the most vulnerable)
C (Consult/자문받기)	가장 윤리적인 선택을 위하여 슈퍼바이저나 동료의 자문을 구한다. (Consult with supervisor and colleagues about the most ethical choice)

출처: Congress, 1999: 31-33

제5절 사회복지사 윤리강령

윤리강령은 전문직의 신념 및 전통이 반영되어 있어 전문가가 지켜야 할 행동기준과 원칙을 기술한 것이다. 윤리강령은 전문직의 전문성을 인정받기 위해 필요하고, 전문가들이 올바르고 책임 있는 행위를 안내하는 역할을 한다.

Lowenberg와 Dolgoff(1996: 35)는 윤리강령의 기능을 다음의 5가지로 제시하였다.

첫째, 윤리강령은 실천가에게 윤리적 이슈를 포함한 실천상의 딜레마에 직면할 때 지침을 제공한다.

둘째, 윤리강령은 정직하지 않고 무능력한 실천가로부터 일반대중을 보호한다.

셋째, 윤리강령은 정부의 통제로부터 전문직을 보호한다. 전문직의 자기규제는 정부규제보다 우선된다.

넷째, 윤리강령은 전문직의 내부갈등으로부터 초래되는 자기파멸을 예방함으로써 전문가가 서로 조화롭게 살도록 돕는다.

다섯째, 윤리강령은 소송으로부터 전문가를 보호한다. 윤리강령을 따르는 실천가가 실천오류로 인해 소송을 제기당했다면 일정한 보호를 제공받는다.

여기에서는 한국사회복지사협회의 윤리강령과 미국사회복지사협회의 윤리강령의 발달과정과 구성 및 내용에 대해 개괄적으로 살펴보도록 하겠다.

1. 한국사회복지사협회의 윤리강령

우리나라에서는 1970년대부터 사회복지사 윤리강령 제정의 필요성이 논의되어 오다가 한국사회복지사협회에 의해 초안제정 결의(1973년 2월), 제정 공포(1988년 3월), 제1차 개정(1992년 10월), 제2차 개정(2001년 12월)을 거쳐 현재의 윤리강령을 갖게 되었다.

1992년 개정 당시의 윤리강령은 전문과 1개 조의 단순한 기준만을 제시하는데 그쳤다. 2001년 12월 대의원총회에서는 실천성을 더욱 강화한 새로운 윤리강령을 채택해 지금까지 사용하고 있다. 현 2001년 윤리강령은 전문, 5개의 윤리기준(사회복지사의 기본적 윤리기준, 사회복지사의 클라이언트에 대한 윤리기준, 사회복지사

의 동료에 대한 윤리기준, 사회복지사의 사회에 대한 윤리기준, 사회복지사의 기관에 대한 윤리
기준), 사회복지 윤리위원회의 구성과 운영, 그리고 사회복지사 선서문으로 구성
되었다(<그림 5-1> 참조).

우리나라 윤리강령은 사회복지사가 실천과정에서 직면한 윤리적 결정을 내려야
할 때 적용할 수 있는 구체적 지침을 제공하고 있지는 않지만 모든 사회복지사가
윤리적 선택을 해야 하는 광의의 테두리를 제공하고 있다(정민숙 외, 2009: 52).

그림 5-1 한국사회복지사협회 사회복지사 윤리강령의 구성

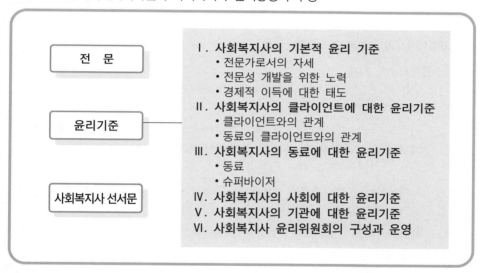

한국사회복지사협회

한국사회복지사 윤리강령

전 문

사회복지사는 인본주의·평등주의 사상에 기초하여, 모든 인간의 존엄성과 가치를
존중하고 천부의 자유권과 생존권의 보장활동에 헌신한다. 특히 사회적·경제적 약
자들의 편에 서서 사회정의와 평등·자유와 민주주의 가치를 실현하는데 앞장선다.

또한 도움을 필요로 하는 사람들의 사회적 지위와 기능을 향상시키기 위해 저들과 함께 일하며, 사회제도 개선과 관련된 제반 활동에 주도적으로 참여한다. 사회복지사는 개인의 주체성과 자기결정권을 보장하는 데 최선을 다하고, 어떠한 여건에서도 개인이 부당하게 희생되는 일이 없도록 한다. 이러한 사명을 실천하기 위하여 전문적 지식과 기술을 개발하고, 사회적 가치를 실현하는 전문가로서의 능력과 품위를 유지하기 위해 노력한다. 이에 우리는 클라이언트·동료·기관 그리고, 지역사회 및 전체사회와 관련된 사회복지사의 행위와 활동을 판단·평가하며 인도하는 윤리기준을 다음과 같이 선언하고 이를 준수할 것을 다짐한다.

윤리기준

I. 사회복지사의 기본적 윤리기준

1. 전문가로서의 자세
   1) 사회복지사는 전문가로서의 품위와 자질을 유지하고, 자신이 맡고 있는 업무에 대해 책임을 진다.
   2) 사회복지사는 클라이언트의 종교·인종·성·연령·국적·결혼상태·성 취향·경제적 지위·정치적 신념·정신, 신체적 장애·기타 개인적 선호, 특징, 조건, 지위를 이유로 차별 대우를 하지 않는다.
   3) 사회복지사는 전문가로서 성실하고 공정하게 업무를 수행하며, 이 과정에서 어떠한 부당한 압력에도 타협하지 않는다.
   4) 사회복지사는 사회정의 실현과 클라이언트의 복지 증진에 헌신하며, 이를 위한 환경 조성을 국가와 사회에 요구해야 한다.
   5) 사회복지사는 전문적 가치와 판단에 따라 업무를 수행함에 있어, 기관 내외로부터 부당한 간섭이나 압력을 받지 않는다.
   6) 사회복지사는 자신의 이익을 위해 사회복지 전문직의 가치와 권위를 훼손해서는 안 된다.
   7) 사회복지사는 한국사회복지사협회 등 전문가단체 활동에 적극 참여하여, 사회정의 실현과 사회복지사의 권익옹호를 위해 노력해야 한다.

2. 전문성 개발을 위한 노력
   1) 사회복지사는 클라이언트에게 최상의 서비스를 제공하기 위해, 지식과 기술을 개발하는 데 최선을 다하며 이를 활용하고 전파할 책임이 있다.
   2) 클라이언트를 대상으로 연구하는 사회복지사는 저들의 권리를 보장하

기 위해, 자발적이고 고지된 동의를 얻어야 한다.

3) 연구과정에서 얻은 정보는 비밀보장의 원칙에서 다루어져야 하고, 이 과정에서 클라이언트는 신체적, 정신적 불편이나 위험·위해 등으로부터 보호되어야 한다.

4) 사회복지사는 전문성을 개발하기 위해 노력하되, 이를 이유로 서비스의 제공을 소홀히 해서는 안 된다.

5) 사회복지사는 한국사회복지사협회 등이 실시하는 제반교육에 적극 참여하여야 한다.

3. 경제적 이득에 대한 태도

1) 사회복지사는 클라이언트의 지불능력에 상관없이 서비스를 제공해야 하며, 이를 이유로 차별대우를 해서는 안 된다.

2) 사회복지사는 필요한 경우에 제공된 서비스에 대해, 공정하고 합리적으로 이용료를 책정해야 한다.

3) 사회복지사는 업무와 관련하여 정당하지 않은 방법으로 경제적 이득을 취하여서는 안 된다.

II. 사회복지사의 클라이언트에 대한 윤리기준

1. 클라이언트와의 관계

1) 사회복지사는 클라이언트의 권익옹호를 최우선의 가치로 삼고 행동한다.

2) 사회복지사는 클라이언트에 대하여 인간으로서의 존엄성을 존중해야 하며, 전문적 기술과 능력을 최대한 발휘한다.

3) 사회복지사는 클라이언트가 자기결정권을 최대한 행사할 수 있도록 도와야 하며, 저들의 이익을 최대한 대변해야 한다.

4) 사회복지사는 클라이언트의 사생활을 존중하고 보호하며, 직무 수행과정에서 얻은 정보에 대해 철저하게 비밀을 유지해야 한다.

5) 사회복지사는 클라이언트가 받는 서비스의 범위와 내용에 대해, 정확하고 충분한 정보를 제공함으로써 알 권리를 인정하고 존중해야 한다.

6) 사회복지사는 문서·사진·컴퓨터 파일 등의 형태로 된 클라이언트의 정보에 대해 비밀보장의 한계·정보를 얻어야 하는 목적 및 활용에 대해 구체적으로 알려야 하며, 정보 공개 시에는 동의를 얻어야 한다.

7) 사회복지사는 개인적 이익을 위해 클라이언트와의 전문적 관계를 이용하여

서는 안 된다.

8) 사회복지사는 어떠한 상황에서도 클라이언트와 부적절한 성적관계를 가져서는 안 된다.

9) 사회복지사는 사회복지 증진을 위한 환경조성에 클라이언트를 동반자로 인정하고 함께 일해야 한다.

2. 동료의 클라이언트와의 관계

1) 사회복지사는 적법하고도 적절한 논의 없이 동료 혹은, 다른 기관의 클라이언트와 전문적 관계를 맺어서는 안 된다.

2) 사회복지사는 긴급한 사정으로 인해 동료의 클라이언트를 맡게 된 경우, 자신의 의뢰인처럼 관심을 갖고 서비스를 제공한다.

III. 사회복지사의 동료에 대한 윤리기준

1. 동 료

1) 사회복지사는 존중과 신뢰로서 동료를 대하며, 전문가로서의 지위와 인격을 훼손하는 언행을 하지 않는다.

2) 사회복지사는 사회복지 전문직의 이익과 권익을 증진시키기 위해 동료와 협력해야 한다.

3) 사회복지사는 동료의 윤리적이고 전문적인 행위를 촉진시켜야 하며, 이에 반하는 경우에는 제반 법률규정이나 윤리기준에 따라 대처해야 한다.

4) 사회복지사가 전문적인 판단과 실천이 미흡하여 문제를 야기 시켰을 때에는, 적절한 조치를 취하여 클라이언트의 이익을 보호해야 한다.

5) 사회복지사는 전문직 내 다른 구성원이 행한 비윤리적 행위에 대해, 제반 법률규정이나 윤리기준에 따라 조치를 취해야 한다.

6) 사회복지사는 동료 및 타 전문직 동료의 직무 가치와 내용을 인정·이해하며, 상호간에 민주적인 직무관계를 이루도록 노력해야 한다.

2. 수퍼바이저

1) 수퍼바이저는 개인적인 이익의 추구를 위해 자신의 지위를 이용해서는 안 된다.

2) 수퍼바이저는 전문적 기준에 의해 공정하게 책임을 수행하며, 사회복지사·수련생 및 실습생에 대한 평가는 저들과 공유해야 한다.

3) 사회복지사는 수퍼바이저의 전문적 지도와 조언을 존중해야 하며, 수퍼바이저는 사회복지사의 전문적 업무수행을 도와야 한다.

   4) 수퍼바이저는 사회복지사수련생 및 실습생에 대해 인격적·성적으로 수치심
      을 주는 행위를 해서는 안 된다.

Ⅳ. 사회복지사의 사회에 대한 윤리기준

   1) 사회복지사는 인권존중과 인간평등을 위해 헌신해야 하며, 사회적 약자를
      옹호하고 대변하는 일을 주도해야 한다.

   2) 사회복지사는 필요한 사회서비스를 개발하기 위한 사회정책의 수립·발전·입
      법·집행에 적극적으로 참여하고 지원해야 한다.

   3) 사회복지사는 사회환경을 개선하고 사회정의를 증진시키기 위한 사회정책
      의 수립·발전·입법·집행을 요구하고 옹호해야 한다.

   4) 사회복지사는 자신이 일하는 지역사회의 문제를 이해하고, 그것을 해결하
      는 일에 적극적으로 참여해야 한다.

Ⅴ. 사회복지사의 기관에 대한 윤리기준

   1) 사회복지사는 기관의 정책과 사업 목표의 달성·서비스의 효율성과 효과성
      의 증진을 위해 노력함으로써, 클라이언트에게 이익이 되도록 해야 한다.

   2) 사회복지사는 기관의 부당한 정책이나 요구에 대하여, 전문직의 가치와 지
      식을 근거로 이에 대응하고 즉시 사회복지윤리위원회에 보고해야 한다.

   3) 사회복지사는 소속기관 활동에 적극 참여함으로써, 기관의 성장발전을 위해
      노력해야 한다.

Ⅵ. 사회복지윤리위원회의 구성과 운영

   1) 한국사회복지사협회는 사회복지윤리위원회를 구성하여, 사회복지윤리실천의
      질적인 향상을 도모하여야 한다.

   2) 사회복지윤리위원회는 윤리강령을 위배하거나 침해하는 행위를 접수받아,
      공식적인 절차를 통해 대처하여야 한다.

   3) 사회복지사는 한국사회복사협회의 윤리적 권고와 결정을 존중하여야 한다.

사회복지사 선서문

나는 모든 사람들이 인간다운 삶을 누릴 수 있도록,

인간존엄성과 사회정의의 신념을 바탕으로,

> 개인·가족·집단·조직·지역사회·전체사회와 함께 한다.
>
> 나는 언제나 소외되고 고통 받는 사람들의 편에 서서,
>
> 저들의 인권과 권익을 지키며,
>
> 사회의 불의와 부정을 거부하고, 개인이익보다 공공이익을 앞세운다.
>
> 나는 사회복지사 윤리강령을 준수함으로써, 도덕성과 책임성을 갖춘 사회복지사로 헌신한다.
>
> 나는 나의 자유의지에 따라 명예를 걸고 이를 엄숙하게 선서합니다.

출처: 한국사회복지사협회(http://www.welfare.net)

2. 미국사회복지사협회의 윤리강령

미국사회복지사협회(NASW)는 전문직을 구성하는 요인 중 한 가지이며 사회복지사의 전문적 행동을 안내하는 윤리강령(code of ethics)의 필요성을 느껴오다가 1960년 공식적인 사회복지사 윤리강령을 채택하게 되었고 이는 전문직으로서 사회복지발달의 중요한 계기가 되었다. 이후 윤리강령은 1967년, 1979년, 1990년, 1993년, 1996년, 2008년에 일부 개정되어 오늘에 이르고 있다.

현재 미국사회복지사협회의 윤리강령은 1996년 8월 개정되고, 1997년 1월부터 시행된 내용을 근간으로 하고, 2008년에 문화적 다양성과 관련된 일부 표현을 수정한 강령이 사용되고 있다. 즉, 2008년 개정은 성정체감 및 성적 표현(gender identity or expression)과 법적지위(immigration status) 용어가 추가되어 문화적·사회적 다양성을 반영하였다.

현 윤리강령은 전문, 윤리강령의 목적, 윤리원칙, 윤리기준의 4개 부분으로 구성되어 있다. 윤리강령은 6가지 구체적 목적을 제시하고 사회복지의 6가지 핵심가치(서비스, 사회정의, 인간의 존엄성과 가치, 인간관계의 중요성, 성실, 능력)에 따른 윤리적 원칙을 제시하였다. 사회복지사가 준수해야 할 윤리기준은 6가지 주요범주와 52가지 하위범주로 구성되었다. 즉, 클라이언트에 대한 사회복지사의 윤리적 책임(16개), 동료에 대한 사회복지사의 윤리적 책임(11개), 실천현장에서의 사회복지사의 윤리적 책임(10개), 전문가로서 사회복지사의 윤리적 책임(8개), 사회복지전문직에

대한 사회복지사의 윤리적 책임(2개), 사회 전반에 대한 사회복지사의 윤리적 책임(4개)으로 구성되어 155개의 구체적 실천윤리를 제시하고 있다.

현 윤리강령은 전 윤리강령에 비해 포괄적이고 현대적 진술을 반영하였고, 자세하고 구체적으로 실천현장에서 일어날 수 있는 다양한 윤리적 이슈를 소개하고 이를 대처하는 데 도움이 될 수 있는 기준을 제시하고 있으며, 윤리강령이 갖는 제한점 또한 설명하고 있다.

미국사회복지사협회 사회복지윤리강령의 구성

전문
NASW 윤리강령의 목적
윤리 원칙
윤리 기준
1. 클라이언트에 대한 사회복지사의 윤리적 책임
   1.01. 클라이언트에 대한 헌신 (Commitment to Clients)
   1.02. 자기결정 (Self-Determination)
   1.03. 고지된 동의 (Informed Consent)
   1.04. 능력 (Competence)
   1.05. 문화적 역량과 사회적 다양성 (Culture Competence and Social Diversity)
   1.06. 이익의 갈등 (Conflicts of Interest)
   1.07. 사생활과 비밀보장 (Privacy and Confidentiality)
   1.08. 기록에 대한 접근 (Access to Records)
   1.09. 성적 관계 (Sexual Relationships)
   1.10. 신체적 접촉 (Physical Contact)
   1.11. 성희롱 (Sexual Harassment)
   1.12. 경멸적 언어 (Derogatory Language)
   1.13. 서비스 비용의 지불 (Payment for Services)
   1.14. 의사결정능력이 부족한 클라이언트 (Clients Who Lack Decision-making Capacity)
   1.15. 서비스의 중단 (Interruption of Services)
   1.16. 서비스의 종결 (Termination of Services)
2. 동료에 대한 사회복지사의 윤리적 책임

2.01. 존경 (Respect)

2.02. 비밀보장 (Confidentiality)

2.03. 다학문적 협력 (Interdisciplinary Collaboration)

2.04. 동료가 관련된 분쟁 (Disputes Involving Colleagues)

2.05. 자문 (Consultation)

2.06. 서비스의 의뢰 (Referral for Services)

2.07. 성적 관계 (Sexual Relationships)

2.08. 성희롱 (Sexual Harassment)

2.09. 동료의 결함 (Impairment of Colleagues)

2.10. 동료의 무능 (Incompetence of Colleagues)

2.11. 동료의 비윤리적 행위 (Unethical Conduct of Colleagues)

3. 실천현장에서의 사회복지사의 윤리적 책임

3.01. 수퍼비전과 자문 (Supervision and Consultation)

3.02. 교육과 훈련 (Education and Training)

3.03. 직무 평가 (Performance Evaluation)

3.04. 클라이언트의 기록 (Client Records)

3.05. 청구서 작성 (Billing)

3.06. 클라이언트의 이전 (Client Transfer)

3.07. 행정 (Administration)

3.08. 계속교육과 직원의 능력개발 (Continuing Education and Staff Development)

3.09. 고용주에 대한 헌신 (Commitments to Employers)

3.10. 노사 분쟁 (Labor-Management Disputes)

4. 전문가로서 사회복지사의 윤리적 책임

4.01. 능력 (Competence)

4.02. 차별 (Discrimination)

4.03. 사적인 행동 (Private Conduct)

4.04. 부정직, 사기, 기만 (Dishonesty, Fraud, and Deception)

4.05. 결함 (Impairment)

4.06. 잘못된 설명 (Misrepresentation)

4.07. 권유 (Solicitations)

4.08. 공적의 인정 (Acknowledging Credit)

5. 사회복지전문직에 대한 사회복지사의 윤리적 책임

5.01. 전문직의 성실성 (Integrity of the Profession)
5.02. 평가와 조사 (Evaluation and Research)
6. 사회전반에 대한 사회복지사의 윤리적 책임
6.01. 사회복지 (Social Welfare)
6.02. 대중의 참여 (Public Participation)
6.03. 공공의 긴급사태 (Public Emergencies)
6.04. 사회적·정치적 행동 (Social and Political Action)

출처: 미국사회복지사협회 윤리강령(http://www.naswdc.org)

생각해 볼 문제 및 과제

1. 사회복지의 가치에는 어떠한 유형들이 있는지 설명해 보자.

2. 가치와 윤리의 차이에 대해서 설명해 보자.

3. 윤리적 딜레마는 어떠한 상황에서 발생하며, 윤리적 의사결정에 도움이 되는 윤리원칙들은 무엇인지 생각해 보자.

4. 미국과 우리나라 윤리강령을 비교해 보자. 그리고 미국과 비교해볼 때 우리나라 사회복지사 윤리강령의 장단점은 무엇이고, 향후 보완되어야 할 내용이 있는지 논의해 보자.

참고문헌

강용규, 김종상, 염일열, 최정규, 임옥빈(2011). 사회복지개론. 공동체.

고명석, 송금희, 최성균, 최우진(2012). 사회복지개론(제4판). 대왕사.

김기태, 박병현, 최송식(2009). 사회복지개론. 박영사.

김상균, 최일섭, 최성재, 조흥식, 김혜란(2007). 사회복지개론. 나남출판.

김성이, 김상균(1994). 사회과학과 사회복지. 나남출판.

남기민(2011). 사회복지학개론. 양서원

박경일, 김경호, 서화정, 윤숙자, 이명현, 이상주, 이재모, 전광현, 조수경(2010). 사회복지
학강의. 양서원.

엄기욱, 김순규, 배진희, 오세영(2013). 사회복지개론. 학지사.

이순민(2012). 사회복지 윤리와 철학. 학지사.

장인협(1986). 사회복지학개론. 서울대학교출판부.

장인협, 이혜경, 오정수(2007). 사회복지학. 서울대학교출판부.

정민숙, 양정남, 이형하, 박일연, 김혜선(2009). 사회복지개론. 공동체.

최성균, 고명석, 송금희, 최우진(2007). 사회복지개론. 대왕사.

한인영, 권금주, 김경미, 김수정, 김지혜, 김희성, 석재은, 어윤경, 이홍직, 정익중, 조상미,
최명민, 현진희(2011). 사회복지개론. 학지사.

Congress, E. P.(1999). Social Work Values and Ethics: Identifying and Resolving
Professional Dilemmas. Chicago: IL, Nelson Hall, Inc.

Friedlander, W. A.(1977). Concepts and Methods of Social Work. NJ: Prentice-Hall
Inc.

Lowenberg, F. M., & Dolgoff, R.(1996). Ethical Decisions for Social Work
Practice(5th ed.). Itasca, IL: F. E. Peacock Publisher, Inc.

Reamer, F. G. (1995). Social Work Values and Ethics. NY: Columbia University
Press.

미국사회복지사협회, www.naswdc.org.

한국사회복지사협회, www.welfare.net.

제 **6** 장 사회복지의 구성요소와
전달체계

사회복지의 주체

사회복지의 주체는 "누가 사회복지를 주관하여 실천하는가?"와 관련된다. 가족이나 시장이 사회복지의 역할을 담당해 오던 과거와는 다르게 오늘날에는 다양한 형태의 주체가 전문적 지식과 기술을 가지고 사회복지를 실천하는 것이 기대되고 있다. 사회복지의 주체는 사회복지를 실천하는 행위자 혹은 행위체계이다. 이를 이해하는 것은 곧 사회복지서비스의 제공 과정에서 서비스 제공자와 받는 자 간의 상호작용의 맥락을 파악하는 일이기 때문에 매우 중요하다(이용교, 2011: 34).

사회복지 발달 과정에서 사회복지의 주체는 민간 중심에서 국가 중심으로 변화하다가 다시 민간 중심으로 분화되어 오는 경향을 보이고 있다. 영국의 사회복지 역사에서 1601년 Elizabeth 구빈법 이전에는 민간, 특히 교회를 주축으로 사회복지가 이루어졌으나, 구빈법 제정 이후 사회복지의 주체가 정부로 변화되고 공공부문의 역할이 강화되면서 1960년대 복지국가의 전성기를 맞이하였다. 그러다가 1975년 이후 복지국가 위기, 복지다원주의가 등장하면서 공공부문의 복지가 민영화되는 과정에서 주요주체가 공공부문과 민간부분으로 분화되어졌다. 이렇듯 사회복지 주체는 늘 고정되어 있지 않고 시대적·사회적·문화적·환경적 배경에 따라 변화되어 오고 있다.

1. 사회복지 실시주체

사회복지에 대한 1차적 책임은 국가에 있지만 사회복지가 구체적으로 실시되는 과정을 보면 정책주체, 운영주체, 실천주체로 나누어 볼 수 있다.

1) 정책주체

정책주체는 사회복지를 계획하고 실천하는 주체로 중앙정부(국가) 및 특별시, 광역시·도, 시·군·구 등 지방정부(지방자치단체)가 있다. 정책주체들은 사회 전반의 보편적인 문제를 파악하고 해결방법을 계획하고 실천하기 위해 노력한다. 특히 지방자치단체의 경우 중앙정부의 위탁을 받거나 지역의 욕구에 부응하는 정책을 독자적으로 시행하며 이러한 경향은 지방화 추세와 더불어 더욱 확대되고 있다.

2) 운영주체

운영주체는 사회복지를 경영하고 운영하는 주체로서 사업을 실천하는 각종 시설, 단체 및 기관 등으로 공공주체와 민간주체로 구분될 수 있다. 공공주체는 국가나 지방자치단체를 의미하며 직접 시설을 설치운영하거나 민간단체에 위탁하기도 한다. 민간주체는 사회복지법인, 재단법인, 종교단체, 기업, 의료단체, 자원봉사단체, 개인 등을 말한다. 민간주체는 직접 시설을 설치하여 운영하거나 공공주체 등으로부터 위탁을 받아 운영하기도 한다. 최근 사회복지분야의 전통적 주체인 비영리 부문뿐만 아니라 노인복지분야 등 영리 부분도 사회복지의 운영주체로서의 역할이 증대되고 있다.

3) 실천주체

실천주체는 사회복지를 직접적으로 대상자(클라이언트)에게 전달하여 실천하는 주체로 사회복지사를 포함해 각종 사회복지시설종사자, 사회복지전담공무원, 의료 및 정신보건사회복지사, 학교사회복지사, 군사회복지사, 건강가정사, 요양보호사, 자원봉사자 등 관련서비스 종사자를 말한다.

그림 6-1   사회복지 실천주체

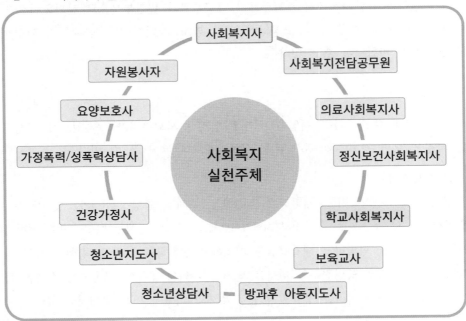

출처: 교육과학기술부, 2011: 23

2. 사회복지 공급주체

전통적으로 사회복지의 주체는 크게 공공부문과 민간부문으로 나뉘었으나, 최근 사회복지의 급속한 발전은 기존의 한정된 서비스에서 탈피한 다양한 공급주체에 의해서 서비스가 제공되고 있다(이건모 외, 2013: 21).

1) 공공부문(public sector)

공공부문은 중앙정부(국가)와 지방정부(지방자치단체)를 중심으로 하는 공급체계이다. 비공식적 부문으로는 충분히 대응할 수 없게 된 복지적 욕구를 공공부문에서 대처하게 되었고 공공부문은 근대적인 사회복지의 발달에 중요한 역할을 담당하였다(배기효 외, 2013: 150).

공공부문 사회복지의 특성은 사회복지 공급자가 전체 사회구성원을 대표하며 사회복지의 재원이 공공성을 가지고 있다는 것이다(박지영 외, 2013: 170). 공공부문의 사회복지 대상에게는 서비스가 보편적으로 제공되는 경향이 있어서 사회구성원 전체의 공통된 욕구 충족을 목표로 국민들이 납부한 조세를 재원으로 하여 법률에 따라 사회복지 급여를 제공하게 된다(박지영 외, 2013: 170). 따라서 공공부문은 국민의 최저생활보장과 생활향상에 책임을 지며 지방정부는 중앙정부와 협력하며 지역사회의 복지욕구에 반응하고자 노력한다.

그러나 중앙정부의 경우 경직성으로 인해 지역간 또는 시간에 따라 발생하는 문제를 효율적으로 해결하기 힘든 면이 있으며, 지방정부의 경우 지역간 재정적 불균형으로 인해 사회복지급여에 있어서 지역간 불평등이 초래될 수 있다(김기태 외, 2014: 21-22)

2) 민간부문(private sector)

(1) 비공식부문(informal sector)

비공식부문은 가족을 중심으로 하여 집단, 친지, 친구, 이웃 같은 근린집단, 지역사회 등을 말한다. 전통적인 사회에서는 인간의 대부분의 욕구가 가족과 친척과 같은 일차적 집단 안에서 충족되어졌기 때문에(배기효 외, 2013: 150) 비공식부문은 사회복지의 중요한 주체였다(박지영 외, 2014: 169).

산업화 과정에서 가족의 기능이 분화되면서 가족의 많은 기능이 사회화되어 비공식부문에 의한 복지영역은 축소되어져 왔다(배기효 외, 2013: 150). 그럼에도 불구하고 아직도 아동양육이나 노인수발 등의 많은 부문들은 가족이 담당하고 있다(배기효 외, 2013: 150).

비공식부문 공급자는 친밀한 관계와 인간적 유대에 기반한 자연스러운 서비스를 제공할 수 있다는 장점을 가지고 있다(박지영 외, 2013: 170). 이에 따라 직접적인 대인관계가 필요한 대인서비스(personal social services)에 있어서는 비공식부문의 역할이 강조된다(김기태 외, 2014: 23). 그러나 국가책임의 축소를 지향하는 개혁에 있어서는 비공식부문이 부당하게 이용되어 강조되어질 소지도 있다(김기태 외, 2014: 23).

(2) 민간비영리부문(voluntary sector or non-profit organization)

비공식부문에 의한 서비스가 혈연이나 지연에 주로 기초하여 공급되는 것에 비하여, 민간비영리부문은 사람들의 자발성에 의한 조직에 기초해서 공급이 이루어진다는 점에서 차이가 있다(김기태 외, 2014: 23-24).

민간비영리부문은 민간이 운영한다는 점에서는 공공부문과 다르지만 이윤을 추구하지 않는다는 면에서는 차이가 없다. 이 영역은 우리나라의 사회복지사업의 발전과정에 있어 중요한 역할을 담당하여 왔다(배기효 외, 2013: 150).

공공복지가 강조되던 복지국가전성기에는 민간비영리부문의 역할이 축소되었으나, 최근에는 공공사회복지의 한계를 보완 및 보충하고 사회복지 재정압박 문제를 해결하기 위한 일환으로 민간비영리부문의 중요성이 강조되고 있다(김기태 외, 2014: 24).

비영리부문의 사회복지 재원은 주로 지역사회의 개인, 가족, 사회단체 및 기업의 자발적 기부금으로 조달하기 때문에 재원이 불안정하고, 다수를 대상으로 하는 보편적인 프로그램을 실시하기 어려운 한계가 있다(박지영 외, 2014: 171). 그러나 공공부문의 사회복지가 대처하지 못하는 세분화된 서비스를 신속하게 제공할 수 있다는 장점이 있어 공공부문과 적절하게 역할을 분담하고 상호 협조하는 것이 중요하다(박지영 외, 2014: 171).

(3) 민간영리부문(business or commercial sector)

민간영리부문은 사회복지 활동을 통해 이윤을 추구하는 공급자로서, 시장부문 혹은 제2부문(second sector)으로 불린다(박지영 외, 2014: 171). 복지가 시장 기구를 통해 공급되는 것으로 전통적인 사회복지의 개념에서는 배제되었던 부분이다. 그러나 최근 사회복지 대상의 확대, 복지국가의 재정적 위기 속에서 공공부문에 의한 공급이 한계에 도달했다는 인식 등을 배경으로 민간영리부문의 사회복지 참여가 증가되고 있다(김기태 외, 2014: 25; 배기효 외, 2013: 150). 특히 수익자 부담 원칙의 다양한 서비스의 공급은 노인관련 산업의 확대와 함께 점차 증가하게 될 전망이다(배기효 외, 2013: 150).

그러나 다양한 복지욕구 충족이라는 측면에서 민간영리부문을 사회복지 공급자로 설정하는 것이 타당하다는 주장과 타당하지 않다는 주장이 엇갈리고 있으며, 민간영리부문의 발달이 사회복지 서비스의 질을 향상시키는가에 대한 이견이 존재한다(박지영 외, 2014: 172). 특히 사회복지에 대한 욕구가 크면서도 서비스 구매가 어려운 저소득계층은 민간영리부문 서비스에 접근하기 어렵기 때문에 사회복지서비스가 지향하는 평등성을 저해할 수 있다는 점이 문제로 지적된다(박지영 외, 2014: 172).

☞ 표 6-1 공공사회복지와 민간사회복지의 비교

	공공사회복지	민간사회복지
재정	조세가 재원이 되어 재정적으로 안정	재원확보 불확실성으로 지속적 서비스 제공이 어려움
욕구에의 대응	법제적, 재정적 취약으로 욕구에 신속한 대응이 어려움	독립성, 신속성, 유동성, 전문성 등에 따라 욕구에 신속한 대응가능
운영	관료에 의한 획일적 운영으로 탄력성, 융통성 결여 가능성 있음	경영자의 자의에 의해 좌우될 수 있음
자주성	법규규칙으로 자주성 결여	비교적 자주성 강함
제공되는 서비스 종류	최저수준을 보장할 수 있는 보편적, 계속적 서비스 제공가능	선별적, 보충적 서비스 제공에 그칠 가능성 있음
서비스의 일관성	직원의 배치, 이동으로 일관된 서비스 제공 어려움	장기근속자가 많으면 일관된 서비스 제공 가능

외부의 간섭	정치의 영향을 받을 가능성	관공서의 간섭을 받을 가능성
창의성	창의성 발휘가 어려움	창의성 발휘가 가능함
사명감	비교적 약함	비교적 강함

출처: 김기태 외, 2014: 25 내용을 재구성

제2절 사회복지의 대상

사회복지의 대상은 "누구를 위해 제공되는 사회복지인가?"와 관련되며 사회복지의 객체라고도 한다. 사회복지의 대상 혹은 객체는 인간의 생애 과정에서 나타나는 욕구나 문제, 혹은 그러한 욕구나 문제를 가진 사람이다.

과거에는 빈곤자, 고아, 장애인 등 사회적 보호가 필요한 요보호대상자가 사회복지의 주요대상이었으나 오늘날에는 보편적 복지개념의 확대와 더불어 특정한 사람으로 국한되기보다는 모든 국민을 복지의 대상으로 본다. 그러므로 개인뿐만 아니라 가족, 집단, 지역사회 모두 사회복지의 실천 대상으로 볼 수 있다.

1. 사회복지대상으로서 개인, 가족, 집단, 그리고 지역사회

1) 개 인

개인은 사회복지 서비스가 이루어지는 가장 기본적인 대상으로, 가장 오랜 기간 동안 사회복지 서비스의 실천 대상이었다. 사회복지는 주로 개인의 심리사회적 문제해결을 돕는 역할을 하며, 개인의 정서적 어려움이나 인간관계문제를 완화하거나 해결하는 역할을 한다(교육과학기술부, 2011: 21).

개인 대상 서비스는 개별적으로 직접적인 서비스를 제공하는데, 개별 실천은 대개 클라이언트 개인뿐만 아니라 문제해결을 위해서 클라이언트의 문제에 직간접적으로 영향을 미치고 있는 주변 체계들에도 개입하여 그들의 변화를 시도한다(김성천 외, 2013: 136).

개인 대상 사회복지 실천

- 생활보호업무
- 독거노인 상담
- 입양상담
- 재가복지업무
- 미혼모 상담
- 학교 부적응 학생 상담
- 아동을 위한 위탁가정 사업 관련 조사 및 상담
- 환자들을 의료비 문제 및 퇴원 후 생활에 대한 상담
- 지역사회 정신건강증진 센터 내 정신장애인 상담
- 저소득층 자활보호 대상의 자활과 관계된 업무
- 실직자를 위한 구직활동 또는 직업훈련 원조 활동
- 학대피해 아동 보호 및 가정 개입 활동

출처: 김성천 외, 2013: 136

---

2) 가 족

가족은 개인의 인성 발달과 환경에 영향을 미치는 공동체이며, 사회를 구성하는 기본단위이다. 개인의 문제 또는 욕구는 가족의 영향을 받기도 하며 가족에게 영향을 미치기도 한다. 따라서 개인이 겪는 어려움은 개인에게만 국한된 것이 아니라 가족과 함께 고려되어야 한다. 즉, 개인의 문제를 해결하기 위해서는 가족 구성원의 협조와 노력이 필요하며 가족 환경의 변화가 요구된다(교육과학기술부, 2011: 21).

가족 단위의 문제로는 경제적인 문제를 포함하여 가족 구성원 개인이 나타낼 수 있는 행동·정서·심리상태의 문제, 가족 구성원들간 관계상의 갈등이나 대화 결핍 또는 단절 등이 있을 수 있다(김성천 외, 2013: 137).

3) 집 단

집단은 여러 사람들이 모여 이루어진 모임이다. 집단을 대상으로 한 실천은 비슷한 문제를 경험하고 있는 개인들로 집단을 구성하여, 유사한 목표나 문제를 가진 집단구성원이 함께 문제를 해결하고 변화되는 것을 목표로 한다. 이 과정에서 집단 구성원간의 상호교류를 촉진하는 것이 중요하고, 집단을 둘러싼 환경과 집단 내 역동성을 활용함으로써 집단 구성원들의 개별목표와 공동목표를 성

취할 수 있다(교육과학기술부, 2011: 21; 김성천 외, 2013: 136).

4) 지역사회

지역사회를 대상으로 하는 실천은 지역에 속한 주민이 상호 협력하여 지역사회의 문제를 스스로 해결할 수 있도록 돕는 것이다(김성천 외, 2013: 138). 사회복지는 지역 주민들이 사회적 기능 향상을 위해 환경 개선, 지역사회 조직화, 의식 개혁 등을 자발적·주체적·협력적으로 해나갈 수 있도록 도와야 한다. 이를 위해서는 지역주민의 특성과 문화, 지역문제 및 욕구파악, 지역자원의 확인 및 발굴, 지역주민 및 자원의 조직화 등이 필요하다(교육과학기술부, 2011: 22). 현재 종합사회복지관을 중심으로 이루어지고 있는 지역사회실천에는 지역사회 보호활동과 지역사회 조직활동이 혼합되어 있다고 볼 수 있다(김성천 외, 2013: 138).

2. 사회복지의 대상으로서 욕구, 문제, 사회적 위험

사회복지는 인간의 욕구에 대한 서비스이고 사회문제에 대한 대책이다. 사회복지의 대상 또는 객체는 사람일 수도 있지만 사람이 느끼는 욕구일 수도 있고, 해결이 필요한 사회문제일 수도 있으며, 공통적으로 직면할 수 있는 사회적 위험일 수도 있다.

제1장에서 살펴본 Maslow의 생리적 욕구, 안전의 욕구, 소속과 사랑의 욕구, 존경의 욕구, 자아실현의 욕구나 Bradshaw의 규범적 욕구, 인지적 욕구, 표현적 욕구, 비교적 욕구 등은 인간의 다양한 개인적 혹은 사회적 욕구유형을 반영하는 것이고 이는 사회복지의 대상이 된다. 또한 사회문제나 사회적 위험도 사회복지의 대상으로 이해할 수 있을 것이다.

그리고 빈곤, 비행, 범죄, 장애, 보건, 교육, 영양, 고용 등에 있어 나타나는 사회문제가 사회복지의 대상이 될 수 있다. 또한 다수의 사람에게 동질의 사고가 발생할 수 있는 위험인 사회적 위험이 사회복지의 대상이 될 수 있다. 사회보장기본법 제3조에서는 질병, 장애, 노령, 실업, 사망 등의 사회적 위험으로부터 모든 국민을 보호하고 빈곤을 해소하며 국민생활의 질을 향상시키기 위하여 제공되는 사회보험, 공공부조, 사회(복지)서비스, 평생사회안전망을 사회보장제도라고 하여 사회적 위험을 제시하고 있고 이는 사회복지의 대상이 된다(박경일, 2010: 67-68).

3. 선별주의와 보편주의의 관점에서 본 사회복지의 대상

사회복지의 대상을 이해할 때 선별주의와 보편주의는 매우 유용한 관점이다. 급여나 서비스의 수급 시 자산조사(means test)나 욕구조사(need test)를 받는 선별주의(selectivism)와 자산이나 욕구에 관계없이 특정한 범주에 해당하는 모든 사람들이 급여나 서비스를 받는 보편주의(universalism)로 사회복지의 대상은 크게 나눌 수 있다.

선별주의는 사회복지 대상자들을 사회적·신체적·교육적 기준에 따라 구분한 다음 서비스를 제공한다. 자산 조사를 통해 원조의 필요가 있다고 인정된 사람들, 즉 결손가정, 장애인, 무능력자, 노인, 빈민 등을 서비스의 대상으로 한다. 선별주의의 장점으로는 서비스를 도움이 필요한 사람에게 집중시킬 수 있고, 자원의 낭비가 없으며, 비용이 적게 든다. 반면, 자산 조사 과정과 일반 시민들과의 사회적 관계에서 낙인을 피할 수 없다(원석조, 2010: 27).

보편주의는 전 국민을 사회복지의 대상자로 보는 것을 말하는데, 시민권(citizenship)에 입각해 하나의 권리로 복지서비스를 제공하고, 복지 수혜 자격과 기준을 균등화한다. 보편주의의 장점으로는 최저소득을 보장함으로써 빈곤을 예방할 수 있고, 수혜자에게 심리적·사회적 낙인을 가하지 않으며, 행정 절차가 용이하고, 시혜의 균일성을 유지할 수 있으며, 모든 시민의 구매력을 일정수준에서 유지함으로써 경제적 안정과 성장에 기여한다. 반면, 단점으로는 한정된 자원을 꼭 필요한 부분에 효과적으로 사용하는 데 한계가 있다(원석조, 2010: 27).

☞ 표 6-2 선별주의와 보편주의 비교

구 분	선별주의	보편주의
범위	특수문제 집단에 한정	전 주민에 확대
자격	제한강화	제한완화
급여수준	최저수준으로 인하	적절한 보상율로 인상
급여기간	단축	연장
자기부담	강화	경감

장점	유효성, 효율성이 높음, 경비가 적게 듦	공평성, 접근성, 편익성이 높음	
단점	낙인	경비가 많이 듦, 낭비가 많음	

출처: 박경일, 2010: 63

제3절 사회복지의 현장

사회복지현장은 사회복지가 이루어지는 공간 혹은 장소를 의미한다. 사회복지 대상자의 욕구와 문제가 다양하고 제공되는 서비스도 다양하기 때문에 서비스가 실제 이루어지는 현장도 다양하다. 사회복지 현장은 사회복지사업법에서 규정한 사회복지서비스가 시행되고 있는 영역이라고 할 수 있다(김윤나, 2013: 148).

사회복지사업법 제2조에서는 사회복지시설을 사회복지 사업을 할 목적으로 설치된 시설로 정의하고 있다. 여기서 정의한 사회복지사업이란 아동복지법, 노인복지법, 한부모가족지원법 등에 제시된 25개의 법률(본서 제2장의 법적개념 중 사회복지사업법 관련 내용 참조)에 따라 보호·선도, 사회복지상담, 각종 복지시설의 운영 또는 지원을 목적으로 하는 사업을 의미한다. 따라서 사회복지시설은 다양한 대상에 맞는 사회복지사업과 서비스를 제공하는 공간으로 중요한 사회복지 현장이 된다.

사회복지현장은 대상자의 인적 구분에 따라 영유아복지·아동복지·청소년복지·노인복지·장애인복지·여성복지 현장 등으로 나누기도 하며, 지역구분에 따라 농촌사회복지·도시사회복지·국제사회복지 현장 등으로 나눌 수도 있다. 또한 경영주체에 따라 공공사회복지·민간사회복지 현장 등으로 구분되기도 하고, 대상기관이나 단체의 기능에 따라 이용시설·생활시설 현장 등으로 구분할 수도 있다. 여기에서는 사회복지사들이 주로 진출해 있거나 앞으로 더욱 많은 진출이 기대되는 사회복지현장을 공공기관, 사회복지단체, 사회복지기관(이용 및 생활시설), 기타로 구분하여 살펴보고자 한다.

1. 공공기관

중앙정부부처, 시·도, 시·군·구 및 읍·면·동 등의 사회복지 담당부서에서 사회복지사 자격증을 가진 전담인력을 두도록 한 규정에 근거해 임용된 사회복지전담공무원 또는 일반 공무원에 의해 노인, 장애인, 일반지역주민 등을 대상으로 사회복지활동이 수행되고 있다.

사회복지 담당부서의 핵심인력인 사회복지전담공무원은 다양한 수준의 공공기관에서 국민기초생활보장법에 의한 수급권자의 기초생활보장(교육과학기술부, 2011: 23), 의료급여, 사회서비스 이용권(바우처), 기초노령, 한부모 가족, 장애인복지, 영유아보육료, 초·중·고 교육비 등과 관련된 업무를 주로 담당하고 있다(중앙일보, 2013. 4.13).

2. 사회복지단체

사회복지단체는 다양한 사회복지 관련 활동이 수행될 수 있도록 돕는 조직체 혹은 단체를 말한다. 다양한 유형의 성격과 기능을 가진 사회복지시설이나 기관의 협의체인 사회복지단체는 그 시설이나 기관의 이익을 대변하면서 사회복지에 관한 정책제안, 주민복지운동, 교육 등의 업무를 수행하고 있다(나직균 외, 2011: 371).

사회복지단체의 예로는 한국사회복지협의회, 한국사회복지사협회, 사회복지공동모금회, 그리고 각종 직능별 협회나 단체(시각·청각·지체·정신장애인협회 등), 한국사회복지관협회, 한국재가노인복지협회, 한국노인복지관협회, 한국장애인재활협회, 한국아동복지협회, 자원봉사센터, 각종 시민사회단체(예를 들면 경제정의실천시민연합, 참여연대, 환경운동연합, 녹색연합, 한국여성민우회, 한국여성단체연합, 장애우권익문제연구소, 아름다운재단, YMCA, YWCA 등) 등을 들 수 있다.

위의 단체들은 전국협의체 및 각 시·도별 지부를 이미 두고 있거나 확장해 나가고 있으며, 사회복지분야가 늘어나고 관심영역이 다양해짐에 따라 이러한 사회복지 관련단체들도 더욱 세분화되어 가고 있는 추세여서 앞으로 많은 사회복지사들이 일하게 될 사회복지현장으로 부각될 전망이다.

3. 사회복지기관

사회복지 실천현장에서는 대개 사회복지시설과 사회복지기관이라는 용어를 혼용하여 사용되고 있는데, 대개 시설 및 기관을 통틀어 사회복지기관이라고 사용하고 있다(김윤나, 2013: 151). 사회복지기관은 기능에 따라 이용시설과 생활시설로 구별되는데 일반적으로 이용시설을 '기관'으로, 입소 또는 생활시설을 '시설'로 구별하여 부르고 있다(김윤나, 2013: 151).

사회복지사업법에서는 의무채용이 제외되는 일부 시설을 제외하고는 "사회복지법인 및 사회복지시설을 설치·운영하는 자는 대통령령으로 정하는 바에 따라 사회복지사를 그 종사자로 채용하여야 한다"고 규정하고 있다. 따라서 사회복지 이용시설과 생활시설은 다수의 사회복지사들이 근무하는 주요 사회복지 실천현장이다.

1) 사회복지 이용시설

사회복지 이용시설은 지역 주민들이 지역사회 내에서 이용할 수 있는 사회복지 관련 서비스를 제공하는 시설을 말한다(교육과학기술부, 2011: 23-24). 대표적인 사회복지 이용시설로는 종합사회복지관 및 아동, 노인, 장애인 등을 주요 대상으로 하는 단종사회복지관이 있으며, 재가노인복지센터, 지역아동센터, 노숙인종합지원센터, 건강가정지원센터, 다문화가족지원센터, 의료 및 정신보건 관련기관(병원, 정신병원, 지역사회정신건강증진센터 등), 아동학대예방센터, 노인보호전문기관 등 이용시설들이 있고 이곳에서도 다수의 사회복지사들이 일하고 있다.

특히 사회복지사들의 주요 업무 현장 중 한 곳이라 할 수 있는 종합사회복지관은 지역사회의 각종 사회문제와 주민의 다양한 복지욕구에 대응하기 위해 종합적인 사회복지사업을 계획하고 수행한다. 종합사회복지관은 지역사회기반의 사회복지 이용시설로서 지역사회주민 전체의 복지증진을 위한 시설이고 어린이집을 부설기관으로 운영하기도 하는 주요 사회복지현장이다.

☞ 표 6-3 보건복지부 소관 사회복지 이용시설의 종류

대상자별	이용시설 종류		
노인	○ 재가	• 재가노인복지시설(방문요양, 주·야간주간보호, 단기보호, 방문목욕)	
	○ 여가	• 노인복지관	
		• 경로당, 노인교실	
	○ 노인보호전문기관		
	○ 노인일자리지원기관		
아동	○ 아동상담소, 아동전용시설		
	○ 지역아동센터		
장애인	○ 지역사회 재활시설	• 장애인복지관	
		• 장애인주간보호시설	
		• 장애인체육시설, 장애인수련시설, 장애인심부름센터	
		• 수화통역센터, 점자도서관, 점서 및 녹음서 출판시설	
	○ 장애인의료재활시설		
	○ 직업재활 시설	• 장애인보호작업장	
		• 장애인근로사업장	
	○ 장애인생산품판매시설		
영유아	○ 어린이집	국공립, 법인, 직장, 가정, 부모협동, 민간	
정신질환자	○ 정신질환자 사회복귀시설 － 정신질환자 지역사회재활시설(주간재활시설, 심신수련시설, 공동생활가정) － 정신질환자 직업재활시설, 생산품판매시설, 종합재활시설		
노숙인 등	○ 노숙인종지원센터		
	○ 노숙인일시보호시설		
	○ 노숙인급식시설		
	○ 노숙인진료시설		
	○ 쪽방상담소		
지역주민 및 기타시설	○ 사회복지관		
	○ 상담소	• 성폭력피해상담소	
		• 가정폭력피해상담소	
		• 한부모가족복지상담소	
	○ 지역자활센터		
	○ 다문화가족지원센터		

출처: 보건복지부, 2014: 6 참조하여 재구성

2) 사회복지 생활시설

사회복지 생활시설은 아동, 장애인, 노인, 한부모 가족 등 보호가 필요한 대상자가 보호 목적에 따라 관련 서비스를 제공받는 시설을 말한다(교육과학기술부, 2011: 24). 사회복지 생활시설로는 노인주거 및 의료시설, 아동양육 및 일시보호시설, 장애인 생활시설, 정신요양시설 및 사회복귀시설, 노숙인 관련시설, 한부모 가족 지원시설 등을 들 수 있다.

☞ 표 6-4 보건복지부 소관 사회복지 생활시설의 종류

대상자별		생활시설 종류
노인	○ 주거	• 양로시설, 노인 공동생활가정 • 노인복지주택
	○ 의료	• 노인요양시설 • 노인요양공동생활가정
아동		○ 아동양육시설, 공동생활가정
		○ 아동일시보호시설
		○ 아동보호치료시설
		○ 자립지원시설
장애인	○ 생활시설	• 장애유형별 거주시설 • 중증장애인 거주시설 • 장애영유아 거주시설 • 장애인단기 거주시설 • 장애인공동생활가정
		○ 장애인유료복지시설
정신질환자		○ 정신요양시설
		○ 정신질환자 사회복귀시설 – 입소생활시설 · 주거제공시설 · 중독자재활시설 · 정신질환자 종합시설
노숙인 등		○ 노숙인자활시설
		○ 노숙인재활시설
		○ 노숙인요양시설
한부모가족		○ 모자 · 부자 · 미혼모자 가족복지시설, 일시지원시설
기타시설	○ 피해자 보호시설	• 성매매: 일반지원시설, 청소년지원시설, 외국인여성지원시설 • 성폭력: 성폭력피해자보호시설 • 가정폭력: 가정폭력피해자보호시설

출처: 보건복지부, 2014: 6 참조하여 재구성

4. 기 타

사회가 전문화되면서 사회복지 전문가에 대한 수요도 점차 다변화되고 있다. 아직 제도적으로 정착되지는 않았지만 학교, 교정시설, 군대 등도 사회복지 서비스가 필요한 현장으로 부각되고 있다(교육과학기술부, 2011: 25). 예를 들어, 학교에서는 학생의 제반 문제를 예방·치료하는 복지서비스, 교정시설에서는 범죄자의 재활과 범죄 예방에 관련된 서비스, 군대에서는 사병의 군대생활 적응에 필요한 서비스가 일부 제공되고 있고, 앞으로 수요가 늘어날 것으로 예측된다. 이밖에도 기업체의 산업 현장에서 근로자의 복지 개선을 위한 다양한 서비스 제공의 필요성이 증대되고 있다(교육과학기술부, 2011: 25).

각종 수준에서 다양한 기능을 수행하는 병원과 기타 정신의료관련시설도 주요 사회복지 현장이 된다. 의료법 시행령에서는 "종합병원에는 사회복지사업법 규정에 의한 사회복지사업종사자 자격을 가진 자 중에서 환자의 갱생, 재활과 사회복귀를 위한 상담 및 지도업무를 담당하는 요원을 1인 이상 둔다"는 규정이 있어서 사회복지사를 의무적으로 채용하고 있다. 또한 정신보건법에서도 정신보건 전문요원의 일원으로 정신보건사회복지사를 채용하도록 규정하고 있다. 정신보건사회복지사는 정신질환자의 발견, 상담, 진료, 사회복귀훈련 및 사례관리와 지역사회정신건강증진사업을 담당하는 전문 인력(유수현 외, 2014: 107)으로 다양한 정신보건 관련기관(병원, 정신병원, 지역사회정신건강증진센터, 자살예방센터, 치매상담센터, 중독관련기관, 정신요양시설과 사회복귀시설 등[1])에서 일하고 있다. 서비스를 필요로 하는 대상자가 늘어나는 사회적 추세에 따라 점차 이 분야에 있어서 사회복지사의 활동영역과 수요도 늘어날 것으로 전망된다.

그리고 장애인재활전문가, 개업실천사회복지사, 가족치료전문가, 환경사회복지사, 고용상담원, 자원봉사활동 관리전문가, 외국인 및 중국동포 상담전문가, 탈북자 자활전문가, 공동모금 프로그램 전문가, AIDS환자 및 약물중독상담전문가, 학대피해 노인 및 아동 상담전문가, 동성애자 상담전문가, 사회보험 전문가 등이

---

1) 병원, 정신병원, 지역사회정신건강증진센터는 사회복지 이용시설로, 정신요양시설, 사회복귀시설은 사회복지 생활시설로 이미 분류해 간략하게 기술한 바 있지만 논의의 전개를 위해 기타 사회복지 현장으로 다시 기술하였음.

관련 현장에서 사회복지업무를 수행하고 있고, 향후 확대될 가능성이 있는 사회복지 현장이다(김욱 외, 2004: 21).

더욱이 사회복지에 대한 책임성과 효과성 및 효율성에 대한 관심이 점차 증가되고 사회복지사업의 평가의 중요성이 부각되면서 사회복지 관련 연구나 조사영역에 대한 관심도 커지게 되었다. 이에 사회복지정책과 실천을 계획하고 집행 및 평가하는 데 도움이 되는 사회복지 관련 연구업무를 담당하는 연구 관련기관(예를 들면 한국보건사회연구원, 한국보건복지인력개발원, 한국청소년개발원, 한국여성개발원 등) 및 지방자체단체의 정책연구기관, 그리고 지역기반의 복지재단(예를 들면 서울시복지재단, 경기복지재단 등) 등도 사회복지사가 활동하는 현장으로 부각되고 있다.

그리고 기업의 사회적 책임에 대한 요구와 사회공헌활동에 대한 관심이 증가함에 따라 각종 기업체의 복지재단(예를 들면 아산사회복지재단, 삼성복지재단, LG복지재단, SK복지재단, 롯데복지재단, 애경복지재단, 이랜드복지재단, CJ복지재단, KT&G복지재단 등)이 늘어나고 있어 이러한 기관들도 사회복지사들의 활동이 기대되는 현장으로 발전할 수 있을 것이다. 또한 4대 사회보험인 연금보험, 건강보험 또는 질병보험, 고용보험, 산업재해보상보험의 업무를 관장하는 국민연금공단, 국민건강보험공단, 근로복지공단 등 관련기관에서도 다수의 사회복지사들이 행정 및 연구업무를 담당하고 있다.

또한 세계화와 다문화 사회를 살아가면서 국제사회복지 또는 다문화 사회복지에 대한 관심이 증가되고 있어 유엔(United Nations), 월드비전, 유니세프, 굿네이버스, 한국국제협력단(KOICA), 각종 다문화 관련기관 등도 향후 더욱 많은 사회복지사들이 일할 수 있는 현장으로 기대되는 영역이다.

이와 같이 사회복지환경이 변화되고 사회구성원들의 사회복지욕구가 증가되면서 사회복지현장도 점차 다양해지고, 따라서 사회복지사의 활동영역도 넓어지고 수요도 늘어날 것으로 전망된다.

제4절 사회복지의 전달체계

사회복지 전달체계란 사회복지정책을 실천으로 전환하는 과정에서 공급자인 사회복지조직과 대상자인 클라이언트를 연결해 주는 조직적인 장치를 말한다(엄기욱 외, 2013: 99). 즉, 정책으로 만들어진 사회복지 서비스가 대상자에게 전달되는 서비스 전달망이라고 할 수 있다(교육과학기술부, 2011: 50). 사회복지 전달체계가 어떻게 구축되는지에 따라 서비스의 양과 질이 달라지며, 전달체계는 사회복지 급여와 서비스를 적절하고 효율적으로 전달하는 데 결정적인 역할을 하기 때문에 매우 중요하다(엄기욱 외, 2013: 99).

자원과 욕구의 관점에서 볼 때 사회복지의 주된 활동은 클라이언트의 욕구를 파악하고, 이를 충족시키거나 해결할 자원을 찾아내고 동원하여 사회복지 전달체계를 통해 자원을 효율적으로 전달하는 것이다(박지영 외, 2014: 172). 따라서 사회복지가 원활하게 작동한다는 것은 욕구와 자원을 연결하는 전달체계가 효율적으로 잘 작동한다는 의미이다(박지영 외, 2014: 172). 특히 최근 클라이언트는 다양하고 복잡한 욕구를 가지고 있기 때문에 이러한 욕구를 충족하기 위해서는 다양한 사회복지 전달체계가 필요하다(박지영 외, 2014: 172).

1. 사회복지 전달체계 구축의 조건

사회복지서비스는 무형성, 동시성, 소멸성, 변동성 등의 다양한 특성으로 인해 전달체계를 구축하는 것이 매우 복잡하고 고려해야 할 사항이 많다(김윤나, 2013: 152). 따라서 사회복지서비스 전달체계의 구축을 위해서 고려해야 할 원칙에 관한 학자들의 의견도 매우 다양하다(김윤나, 2013: 152). 효과적인 전달체계가 되기 위해서 행정 구조적 측면과 서비스 제공자의 측면에서 갖추어야 할 조건은 다음과 같다.

1) 행정구조적 측면

행정구조적 측면이란 사회복지기관들이 최선의 행정적 지원이 갖추어진 상황에서 다양한 기능들의 효과성과 효율성을 극대화시켜 서비스를 받는 대상자의 욕구를 해결하도록 한다는 것이다(나직균 외, 2011: 137; 윤철수 외, 2011: 106). 이를 위해서 체계적인 기능 분담, 전문성에 따른 업무분담, 책임성, 접근성, 통합·조정, 지역사회에의 참여, 조사와 연구 등의 원칙이 갖추어져야 효율적인 사회복지 실천이 가능하다고 본다.

☞ 표 6-5 사회복지 전달체계의 행정구조적 측면의 원칙

원 칙	내 용
체계적인 기능 분담	정부, 민간 등 각 주체별 기능 분담이 체계적으로 이루어져야 함
전문성에 따른 업무분담	전문성이 요구되는 업무와 덜 요구되는 업무를 구분하여 담당
책임성 (accountability)	서비스 제공 활동과 결정에 책임감을 가져야 함
접근성 (accessibility)	서비스를 이용자가 쉽게 이용할 수 있어야 함
통합·조정 (coordination)	분산된 서비스를 통합하고 조정함으로 자원의 낭비를 막아야 함
지역사회에의 참여 (community participation)	공적서비스만으로 욕구 충족이 어려워짐에 따라 지역사회의 다양한 자원을 활용해야 함
조사와 연구	욕구조사, 서비스 및 프로그램 평가 등의 과학적 방법에 근거하여 서비스를 전달해야 함

출처: 교육과학기술부, 2011: 50; 윤철수 외, 2011: 106-108 내용을 참조하여 재구성

2) 서비스제공자 측면

서비스제공자 측면은 대상자에게 서비스를 제공하는 전문가들이 지켜야 할 원칙들을 최대한 실천할 수 있는 여건을 만들도록 하는 것이다(윤철수 외, 2011: 106). 이를 위해서 평등성, 자립지원, 적절성, 포괄성, 지속성, 가족중심 등의 원칙이 갖추어져야 효율적인 사회복지실천이 가능하다고 본다.

☞ 표 6-6 사회복지 전달체계의 서비스제공자적 측면의 원칙

원 칙	내 용
평등성 (equality)	서비스대상자는 성, 연령, 지역, 종교 등에 의해 차별되어서는 안 됨
자립지원 (self-support)	대상자가 서비스 혹은 지원을 받지 않아도 되도록 지원하여 대상 자 스스로 자립하고 정상적으로 사회에 복귀하도록 노력해야 함
적절성 (appropriateness)	대상자의 욕구를 충족시키고 서비스 목표를 달성할 수 있을 만 큼의 적절한 서비스의 양과 기간을 판단하여야 함
포괄성 (comprehensiveness)	다양한 욕구와 문제를 포괄할 수 있는 다양한 서비스가 제공되 어야 함
지속성 (continuity)	서비스가 단절되지 않고 꾸준히 제공되어야 함 (적절성의 원칙, 포괄성의 원칙과 밀접한 관련이 있음)
가족 중심 (family-centered)	개인의 문제를 해결하기 위한 서비스가 가족 단위로 개입되어 야 함

출처: 김윤나, 2013: 152-154; 윤철수 외, 2011: 109-110 내용을 참조하여 재구성

2. 우리나라의 복지전달체계

1) 전달체계 구조

사회복지 전달체계의 구조는 일반적으로 공공 또는 민간부문의 공급주체들이 사회복지 대상들에게 사회복지 현장을 통해 서비스를 전달하는 구조를 말한다. 공공부문이 운영주체로 서비스를 전달하는 과정과 관련한 체계를 공적 전달체계라고 하고, 이는 주로 공공부조 관련 서비스를 담당하게 된다. 반면, 민간비영리부문과 민간영리부문이 운영주체로 서비스를 전달하는 과정과 관련된 체계를 사적 전달체계라고 하고, 이는 사회복지서비스 부문에 집중되어 있는 편이다.

2) 우리나라 공적 복지전달체계 변화[2)]

우리나라는 국민연금·건강보험 등 5대 보험과 기초생활보장제도 등 공공부조 제도, 다양한 복지서비스 등 복지제도의 도입과 확대를 통해 비교적 단기간 내에 선진국 수준의 사회안전망 틀을 마련하였다. 이와 더불어 복지지출도 빠른

---

2) 우리나라 공적 복지전달체계 변화와 관련된 내용은 보건복지부 '2013 보건복지백서' (152-153)의 내용을 그대로 인용하였음.

속도로 증가하여 복지지출규모가 2005년 50.8조원에서 2011년 86.4조원, 2013년 97.4조원으로 확대, 중앙정부 총지출의 28.5%에 이르렀다.

그림 6-2　사회복지 전달체계

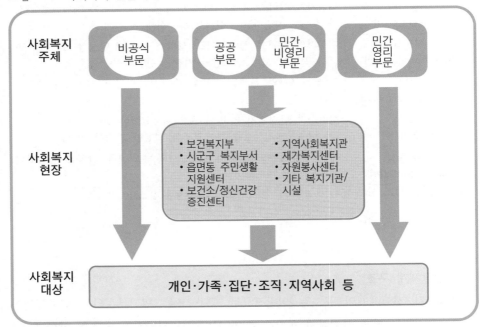

출처: 박지영 외, 2014: 174 참고하여 재구성

　반면, 국민의 복지혜택에 대한 체감도는 낮은 것으로 평가되고 있었으며, 이는 복지 사각지대 상존 및 전달체계의 비효율성 등에 기인한 것으로 보인다. 특히 17개 부처 292개 복지사업의 핵심적 역할을 담당하고 있는 자체의 복지깔때기 현상 심화로 복지급여 신청·접수 외 종합상담 및 정보제공, 찾아가는 서비스 등 복지민원에 대한 능동적 대응이 미흡하였다.

　복지전달체계 개편 논의는 보건복지사무소 시범사업(1995년 7월-1999년 12월), 사회복지 사무소 시범사업(2004년 7월-2006년 6월)을 거치면서 진행되었고, 2006년 7월부터 복지·보건·고용·주거·교육·문화·체육·관광 등 8대 서비스를 포함한 주민생활지원서비스 행정 체계가 전국적으로 도입·시행되었으며, 2012년 4월에 지역단위 맞춤형 복지행정을 구축하고자 시군구에 통합사례관리 담당조직인 희망복지지원단을 구성하게 되었다.

그러나 복지 급여 및 서비스 전달체계의 비효율성이 근본적으로 해결되지 않아 전달체계 개편의 필요성이 지속적으로 제기되어 왔다. 특히, 복지사업과 복지예산의 증가에도 불구하고 국민의 복지 체감도는 여전히 낮은 수준에 머물러 복합적이고 다양화된 국민의 복지욕구에 조응하여 국민의 삶의 질을 증진시킬 수 있는 현장 밀착형 사례관리 등은 한계가 있었다.

복지전달체계의 개편 과정

- 1987년
  - 사회복지전담공무원제 도입, 전문적 사회복지서비스 제공 추진
- 1995년 7월 ~ 1999년 12월
  - 보건복지사무소 시범운영, 보건과 복지의 연계 시도
- 2004년 7월 ~ 2006년 6월
  - 사회복지사무소 시범운영, 복지전담기구에 복지인력 집중화를 통해 복지영역간 연계, 복지기획능력 제고 시도
  - 지역주민의 접근성 부족, 통합서비스 및 사례관리를 위한 인력부족(인력증원 없이 재배치), 민관 협력체계 미흡 등의 한계
- 2006년 7월 ~ 2007년 7월
  - 행자부 주관으로 전국 시군구를 주민생활지원서비스 전달체계로 개편
  - 보건복지뿐만 아니라 고용·교육·문화 등 8대서비스 연계 및 민관협력 강화 추진
- 2009년 6월
  - 관계부처 합동 "사회복지 전달체계 개선 종합대책" 수립·추진
  - 급증하는 복지수요에 대응하고자 지자체 조직과 기능을 조정, 일선공무원의 과중한 업무부담을 완화하기 위한 인력 보강 추진
- 2009년 10월
  - "시군구 복지전달체계 개선 대책" 시행, 복지 대상자 조사, 급여관리 업무를 시군구로 일원화, 읍면동을 통한 대상자의 신속한 발굴, 찾아가는 서비스 지원체계*

구축
* "행복e음" 구축·운영('10.1.4)에 따른 전달체계 부분과 연계
• 2010년 1월
  - 사회복지통합관리망(행복e음) 개통
  - 복지지원대상자 정보를 전국적으로 통합·관리하게 됨으로써, 부정·중복 급여 방지 및 지원대상자 누락 방지 등 찾아가는 복지서비스의 기반 구축
• 2012년 4월
  - "희망복지지원단" 조직 구성
  - 지역단위 수요자 중심의 복지서비스전달체계 개편
• 2013년 9월
  - 동 주민센터 복지기능보강 지침 시행
  - 사무·기능 조정, 조직·인력 개편, 업무효율화 등을 통한 동(洞) 주민센터 복지기능 보강 추진

출처: 보건복지부, 2013: 153

이러한 문제점을 해결하기 위해서 9개 부처 참여 관계부처 합동 TF를 구성(2013년 3월 29일)하여 부처간 충분한 협의를 거쳐 제4차 사회보장위원회(2013년 9월 10일)에서 '국민중심의 맞춤형 복지전달체계 구축 방안'을 확정하고 지자체 업무의 효율화 및 업무조정 등을 통한 복지깔때기 해소, 희망복지지원단의 역할 강화로 찾아가는 상담, 보건·복지 연계 등 현장 밀착형복지서비스 지원 등 수요자 중심의 맞춤형 복지전달체계 개편을 추진하게 되었다.

생각해 볼 문제 및 과제

1. 사회복지의 주체는 어떻게 구분될 수 있는지에 대해 설명해 보자.

2. 사회복지의 대상은 어떻게 구분될 수 있는지, 그리고 그 대상의 구분에 따라 어떠한 사회복지실천과 정책이 이루어질 수 있는지 논의해 보자.

3. 보편주의와 선별주의를 비교해 보자.

4. 사회복지의 주요현장은 어떠한 곳이 있으며, 어떠한 곳이 향후 발전할 수 있을 것
   인지 논의해 보자.

5. 사회복지전달체계의 원칙과 구조에 대해 살펴보자.

6. 개인 혹은 그룹별로 관심 있는 사회복지 현장을 선택하여 관련 기관을 방문하고
   방문기를 작성해 보자.

참고문헌

교육과학기술부(2011). 고등학교 기초복지서비스. 두산동아.
권중돈, 조학래, 윤경아, 이윤화, 이영미, 손의성(2013). 사회복지개론(제2판). 학지사.
김기태, 박병현, 최송식(2014). 사회복지의 이해(제6판). 박영사.
김기태, 박병현, 최송식(2009). 사회복지의 이해. 박영사.
김성천, 강욱모, 김영란, 김혜성, 박경숙, 박능후, 박수경, 송미영, 안치민, 엄명용, 윤혜미,
　　　이성기, 최경구, 최현숙, 한동우(2013). 사회복지학개론: 원리와 실제(제2판). 학
　　　지사.
김욱 외 30인(2004). 사회복지사 이야기: 사회복지 현장실무자 31인의 일과 사랑. 학지사.
김윤나(2013). e-사회복지개론. 신정.
나직균, 임정문, 임동빈, 현영렬(2011). 사회복지개론. 동문사.
도광조(2008). 사회복지개론. 양서원.
박지영, 배화숙, 엄태완, 이인숙, 최희경(2013). 함께하는 사회복지의 이해(제2판). 학지사.
배기효, 박영국, 송정애, 오현숙 이남순, 이은영, 이채식, 이형렬, 전영록(2013). 사회복지
　　　학개론. 창지사.
보건복지부(2012). 2012년도 사회복지시설 관리안내.
보건복지부(2013). 2013 보건복지백서.
보건복지부(2014). 2014년도 사회복지시설 관리안내.
엄기욱, 김순규, 배진희, 오세영(2013). 사회복지개론. 학지사.
원석조(2010). 사회복지학개론(제3판). 양서원.
유수현, 서규동, 유명이, 이봉재, 이종하(2014). 정신보건사회복지 총론. 신정.
윤철수, 노혁, 도종수, 김정진, 김미숙, 석말숙, 김혜경, 박창남, 성준모(2011). 사회복지개
　　　론(제2판). 학지사.
이건모, 윤경원, 박옥신, 조현호(2013). 사회복지개론. 신정.
이규연. 나는 왜 불친절 사회복지공무원 됐나. 중앙일보(2013.4.13). 14-15.
이용교(2011). 디지털 사회복지개론(제3판). 인간과 복지.
한국사회복지사협회(2012). 한국사회복지사 기초통계연감. 한국사회복지사협회.

제 **7** 장

사회복지의 역사

| 제1절 | 사회복지 역사연구의 중요성 |

 사회복지의 역사는 자연재해, 빈곤, 질병, 사회해체와 위험을 해결하기 위한 노력의 역사라 할 수 있다. 특히 19세기 이전까지는 가족, 교회 등 전통적 사회제도가 그 기능을 충분히 발휘하여 위험에 대처했으나 산업화와 함께 새로이 대두되는 다양한 사회문제를 전통적 제도로 다루기에는 역부족이어서 보다 공식적인 사회제도로서 사회복지가 필요하게 되었다(김욱, 2003: 34).

 사회복지발달은 산업화의 영향을 받았지만 그 사회의 정치적 상황이나 고유한 문화, 또는 이념의 영향을 받기도 하고 다른 나라의 제도모방 등 여러 요인들의 영향을 받으며 발전하였으므로 국가마다 발달과정이 상이하여 발달과정을 하나의 경로로 추적하기는 어렵다(박병현, 2010: 13). 역사에 대한 이해와 실제 나타난 도움방식은 삶의 지혜이며 문제해결의 실마리를 제공할 수 있으므로, 다양한 특성을 지닌 각 나라의 사회복지역사를 모색해 보는 것은 우리나라 사회복지 역사발전에 시사점을 제공할 수 있을 것이다.

 사회복지역사를 연구하는 이유를 감정기 외(2004)는 다음과 같이 제시하고 있다(김성천 외, 2013: 80 재인용).

 첫째, 현재 시행되고 있는 사회복지 프로그램의 생성 및 발달과정, 그리고 역사적 특성 등을 이해할 수 있다. 사회복지의 본격적 등장과 발전은 자본주의의 발전과정과 역사를 함께 했으며 오늘날 많은 국가들이 시행하는 복지제도들은 자본주의 발전과정에서 야기된 사회적 위험요인으로 등장한 문제와 사람들의 욕구에 대한 대응이라고 할 수 있다. 자본주의사회 이전에도 자선이나 공적 구휼제도가 있었으나 국민의 기본권과 국가의 의무차원에서 제공되는 사회복지제도는 자본주의 변화와 함께 이해되어야 하고 이는 사회복지제도의 역사성을 밝히는 작업이다.

 둘째, 과거의 사회문제, 사회적 욕구, 그리고 그에 대응했던 사회복지제도의 등장과 변천 과정의 성공 및 실패원인, 조건, 배경 등은 현재의 사회복지정책과 제도의 개발에 활용될 수 있다. 우리 사회의 자본주의 발전은 서구선진국가들에

비하여 200년 가량 늦었으나 발전과정은 압축적이고 빨랐기 때문에 사회복지제도도 비슷한 양상을 보인다. 과거 선진국의 경험과 사회복지역사를 검토하는 것은 현재의 문제는 물론 향후 일어날 수 있는 문제를 효과적으로 대처할 수 있게 해 준다.

제2절 사회복지의 발달에 영향을 미치는 요인

Axinn과 Levin(1992: 5-7)은 사회복지 발달에 영향을 미치는 요인으로 4가지를 제시하였다(김기태 외, 2014: 75-77 재인용).

1. 경제수준

경제수준은 한 나라의 정책결정과정에 있어서 선택의 폭에 영향을 미친다. 경제가 발전하게 되면 선택의 폭이 넓어진다. 국민소득이 증가하면 불평등의 정도가 심해지는 경향이 있으며, 부가 형성되면 심리적으로 소득재분배의 필요성을 느끼게 된다.

2. 사회자체에 대한 관점, 즉 사회가 효율적으로 운영되는가에 대한 관점

사회가 효율적으로 운영되고 있다고 믿으면 사람들은 빈곤을 개인적인 성격의 결함으로 여기고 잔여적이며 치료적인 방법을 동원하여 빈곤문제를 해결하고자 하고, 서비스 자격요건, 제공범위, 전달방법 등이 엄격해진다. 반면, 사회가 효율적으로 운영되고 있지 않다고 믿으면 사람들은 제도의 변화를 요구하게 된다. 예로 경기침체나 혼란기에는 빈곤의 원인을 사회구조적 결함에서 찾게 되어 사회복지가 발전할 수 있는 계기가 된다.

3. 인간본성에 대한 관점

인간이 게으르고 성취의욕이 없고, 악한 존재라고 믿는다면 사회복지제도는 발전하지 못한다. 19세기 자유주의사상과 다윈이즘(Darwinism)을 배경으로 했던 자선조직협회는 빈곤의 원인을 개인의 성격적 결함에서 찾으며 성격개조를 위한 프로그램을 발전시켰다. 1980년대의 신보수주의도 인간을 게으른 존재로 보았기 때문에 근로연계복지(workfare)를 강조하였다. 반면, 인간이 부지런하고 선한존재라고 보게 되면 빈곤의 원인을 사회구조나 경제구조에서 찾게 되므로 사회복지제도는 발전하게 된다.

4. 역사적 유산

사람들이 살아가는 방법, 기본적 태도, 가치, 전통, 종교, 관습 등은 그 사회 구성원들의 인간 자체에 대한 개념, 국가나 정부의 역할 및 범위 등에 영향을 미친다. 또한 특정사회를 지배해 왔던 신념이나 가치는 자원개발, 권리분배 등의 과정에 영향을 미칠 수 있다. 개인주의, 자기이윤 추구, 경쟁을 강조하는 사회는 구조화된 불평등을 자연스럽게 여겨 보존하려는 경향이 있다. 반면, 집단적 가치와 협력을 강조하는 사회는 구성원들의 평등을 보장하기 위한 사회복지제도의 발달을 추구하게 된다.

사회복지발달에 영향을 미치는 요인

- 경제수준
- 사회 자체에 대한 관점, 즉 사회가 효율적으로 운영되는가에 대한 관점
- 인간본성에 대한 관점
- 역사적 유산

제3절 영국 사회복지의 역사

산업화와 함께 자본주의를 일찍 경험한 영국은 빈곤에 대한 대응방안으로서 구빈법을 제정 하는 등 다른 나라에 비해 사회복지제도를 비교적 일찍 정비하였

다. 이후 영국은 지속적인 변천과정을 거쳐 왔지만 큰 역사적·사회적 변동이 없는 가운데 꾸준히 발전해 오면서 다른 나라의 사회복지발전에 많은 영향을 미쳤다.

영국의 사회복지 발전과정은 구빈법 이전단계, 구빈법 단계, 민간사회복지활동단계, 사회보장제도단계, 복지국가의 위기와 신자유주의단계, 사회보장개혁의 단계 등으로 구분하여 살펴볼 수 있다.

1. 구빈법 이전단계: 초기 자선사업

중세의 영국은 교회의 교구를 중심으로 수도원에서 다양한 공식적인 자선활동을 실시하였다(김윤나, 2013: 71). 공식적으로 이루어졌던 사회복지 서비스 활동은 8,000개 이상으로, 각 교구마다 지역 내 가난한 사람들에게 구제활동이 실시되었다(고명석 외, 2012: 79). 과부, 빈곤아동 및 고아, 노인, 장애인, 빈곤층에 대한 구제, 보호, 의료, 숙박 등을 지원하였고 빈민을 돌보기 위해 교구민들로부터 헌금 모금도 이루어졌다(김윤나, 2013: 71; 강용규 외, 2011: 49). 또한 민간 자선단체에 의하여 구빈원 등 임시보호시설이 설치되어 가난한 이주자에게 무료숙식을 제공하거나 응급구호서비스 등을 실시하였다(김승용 외, 2010: 35).

그러나 1315년에 시작된 홍수와 기근, 1347년에 시작된 흑사병으로 노동인구가 급속하게 감소함으로써 임금상승을 가져왔고, 이를 계기로 농노의 자유와 노동력을 통제하기 위한 관련 제도들이 만들어지게 되었다(김승용 외, 2010: 35). 이러한 상황에서 14세기부터 중반부터 17세기 초반 Elizabeth 구빈법이 제정되기까지 걸인과 빈민을 관리하고 통제하기 위해 다양한 빈민 관련법이 제정되었고, 이를 연차별로 정리하면 다음의 <표 7-1>과 같다.

☞ 표 7-1 14세기 중반부터 Elizabeth 구빈법 이전까지의 영국의 빈민 관련법

연 도	관련법	내 용
1349	노동자칙령	• 노동능력이 있는 걸인에게 개인적 자선을 하지 못하도록 함 • 자신의 교구를 이탈하는 사람에게 F(fugitive) 낙인을 찍어 처벌함
1388	케임브리지법	• 모든 노동자와 걸인의 이동을 금지 함, 노동능력 없는 빈민 구제는 지방이 책임지도록 규정

1531	헨리VIII세법	• 빈민을 등록시켜 구걸허가증을 발급하여 관리함
1536	건강한 부랑인과 걸인처벌법	• 구빈사업을 위한 사적인 기부를 장려함 • 부랑 걸인이 잡히면 매질 → 귀를 자름 → 사형에 처함
1547	걸인처벌과 빈민·무능력자의 구제에 관한 법	• 노동능력이 있는 부랑인이 3일 이상 노동을 거부하면 가슴에 V(vagabond) 낙인을 찍어 노예로 삼고, 다시 도망치면 이마에 S(slave) 낙인을 찍어 평생 노예가 되도록 함
1564	합법정주법	• 교구의 관리에게 부랑 걸인의 거주지를 지정해 줄 수 있는 권한을 부여함 • 노동능력이 없는 빈민을 위한 시설 설치, 작업장으로 발전함
1598	빈민구제법	• 모든 교구에 빈민감독관을 두고 이들에게 실업자를 위한 구직활동과 자활능력이 없는 이들을 위한 보호시설 설치의 책임을 부과함

출처: 엄기욱 외, 2013: 144.

2. 구빈법 단계

1) Elizabeth 구빈법(The Poor Law of 1601)

사회복지의 역사를 이해할 때 빼놓을 수 없는 역사적 법제는 Elizabeth여왕의 구빈법이다. 1601년에 제정된 Elizabeth 구빈법은 14세기부터 나타난 빈민을 관리하고 통제하기 위해 마련된 다양한 빈민 관련 제반 법령을 집대성하고 체계화시킨 것이다. 이 법은 현재 영국의 사회보장제도의 모태로 볼 수 있고, 1948년 국민부조법이 제정되면서 구빈법이 공식적으로 폐지되어 효력을 상실하기 전까지 347년간 지속되며 영국의 사회복지제도에 영향을 미쳤다(김기태 외, 2014: 96).

이 법에 의해 구빈사업을 교구단위의 자선행위로부터 국가의 구빈세에 의한 재정과 행정지원으로 시행하게 되는 계기가 되어 교구행정에서 국가행정으로의 구빈행정체계가 확립되었다(고명석 외, 2012: 80; 김윤나, 2013: 73). 그리고 모든 교구에 덕망 있는 자로 무급의 구빈감독관을 배치하여 치안판사의 동의를 얻어 교구 내의 부자에게 적당한 금액의 구빈세를 부과하여 징수할 수 있도록 하였고, 교구 내에 있는 빈민들을 위해 구제를 제공할 만한 재정이 부족한 경우 다른 교구에 지원을 요청할 수 있도록 제도화하였다(고명석 외, 2012: 80).

이 법은 빈민을 노동능력의 유무에 따라 근로능력이 있는 빈민, 근로능력이 없는 빈민, 요보호부양아동의 세 범주로 나누고 차별적으로 처우했다는 특징이 있다.

(1) 근로능력이 있는 빈민(undeserving poor)

근로능력이 있는 빈민은 신체가 건강한 자들로 교정원 또는 작업장(workhouse) 같은 시설에서 강제노동을 시켰고, 노동을 거절하였을 때는 감옥에 가두어 징벌하였다(고명석 외, 2012: 80). 이들에게는 노동을 조건으로 한 구호가 제공되었고, 구걸행위가 금지되었으며, 이주가 제한되었다(김윤나, 2013: 73). 또한 이들에 대한 시민들의 자선이 금지되었다(고명석 외, 2012: 80).

(2) 근로능력이 없는 빈민(deserving poor)

근로능력이 없는 빈민은 노인, 만성질환자, 정신질환자, 장애인, 어린아이를 돌보는 어머니 등으로, 이들은 구빈원(poor house)이나 의료원(almshouse)에 수용하여 보호하였다. 또한 거처할 곳이 있고 그곳에서 보호비용이 적게 들 것으로 판단될 경우 구빈원 밖에서 생활하는 원외거주가 허용되었고, 의복, 음식, 연료 등 현물이 원외구제 형태로 제공되었다(고명석 외, 2012: 80). 단 보호할 가족이 있으면 구제대상에서 제외하였다(엄기욱 외, 2013: 145).

(3) 요보호부양아동(poor children)

요보호부양아동은 고아나 기아 또는 부모나 조부모가 있어도 너무 가난하여 그들의 부양을 받을 수 없는 아동이다. 원칙적으로 이들에 대한 부양책임은 친족에게 강조되었고, 부양책임자가 없는 경우에는 위탁보호, 고아원 수용, 도제수습의 기회를 제공하여 보호하였다(엄기욱 외, 2013: 145). 8세 이상의 아동들은 24세까지 도제생활을 하였고(김윤나, 2013: 73), 소년의 경우 24세까지 상거래활동을 배웠다. 소녀의 경우는 21세 또는 결혼 전까지 집안일을 돌보는 하녀로 도제생활을 하게 하였다(강용규, 2011: 52).

☞ 표 7-2 Elizabeth 구빈법의 3가지 원칙

구 분	내 용
근로능력 있는 빈민 (undeserving poor)	• 작업장에서 강제노동을 조건으로 구호제공 • 노동거절시 중노동의 형벌

근로능력 없는 빈민 (deserving poor)	• 노인, 만성질환자, 정신질환자, 장애인, 어린아이를 돌보는 어머니 등을 구빈원, 의료원에 수용보호 • 원외구호가 효율적인 경우 의복, 음식, 연료 등 현물급여 제공
요보호부양아동 (poor children)	• 부모나 조부모의 도움을 받을 수 없는 아동 • 도제수습의 기회제공, 고아원에 수용보호 • 소년은 24세까지, 소녀는 21세 또는 결혼 전까지 도제생활

Elizabeth 구빈법은 중세의 교회 중심의 자선과는 달리 구빈을 국가의 책임으로 인식하고 체계화하였지만, 실제로는 노동자와 빈민을 통제하는 사회방위적 제도였다고 볼 수 있다(김승용 외, 2010: 36). 즉, 빈민 구제가 주요 목적이라기보다는 빈민을 사회불안의 요인으로 인식하고, 사회질서의 유지를 위해 그들을 억압하고 통제하려는 의도가 더 컸던 것이다(엄기욱 외, 2013: 143). 이에 빈곤원인을 도덕적 결함으로 치부함으로써 개인에게 전가시키고, 빈곤 그 자체를 죄악시하였으며, 정부의 구빈활동은 소극적 수준에 머물러 있었다(최성균 외, 2005: 75; 김승용 외, 2010: 36 재인용). 그러나 구빈법은 공적 구호의 기본 형태를 정착시키고 빈민에 대한 국가의 책임을 최초로 인정했다는 점에서 서양 사회복지의 시발점이라고도 할 수 있다(김성천 외, 2013: 83).

Elizabeth 구빈법은 사회적·경제적 변화와 함께 증가하는 구빈 비용과 빈민의 작업장 이탈 등을 보완하기 위하여 이후 몇 차례의 빈민 관련 법제를 제정하는 등의 변천과정을 겪게 되었다.

Elizabeth 구빈법

• 중앙집권적 구빈체계를 마련함(교구단위 자선행위에서 빈민관리를 국가책임으로 인정함)
• 빈민구제의 재정과 행정을 담당하는 행정적 기관(빈민감독원)을 설치하고 빈민구호를 위해 세금을 걷을 수 있도록 법을 제정함
• 빈민을 노동력 유무에 따라 분류하여 차별적인 처우를 함

출처: 엄기욱 외, 2013: 144

2) 정주법(The Settlement Act of 1662)

정주법은 주소법, 거주지(제한)법, 이주금지법으로도 불린다. 교구 단위로 구빈법이 시행되면서 교구의 재정능력 등에 따라 구빈 수준이 달라지는 현상이 나타나게 되었다. 이에 따라 빈민들의 교구이동이 증가하게 되자, 빈민의 이동을 금지하고 농촌에 정착시키며 구빈세의 증가를 억제시키기 위해 1662년에 정주법이 제정되었다(김성천 외, 2013: 83; 김승용 외, 2010: 37).

정주법은 구빈법의 거주에 관한 규정을 독립법으로 분리·강화한 것으로 교구의 구빈관할지역에 새로운 빈민들이 들어 올 경우 특별한 사유가 없는 한 이전의 거주지로 송환할 수 있도록 한 법이다(고명석 외, 2012: 81). 교구에서의 정주자격은 출생, 결혼, 도제, 일정기간 거주, 일정기간 취업에 의해서만 인정되었다(김윤나, 2013: 74). 정주법은 빈민에게 거주이전의 자유를 통제하는 법이 되었고, 임금노동자를 필요로 하는 상공업 신흥자본가에게 노동력의 확보를 어렵게 하였으며, 일할 수 있는 노동자들에게 실업의 원인이 되는 결과를 낳기도 하였다(김승용 외, 2010: 37). 경제가 확대되는 사회에서 많은 노동력이 필요했기 때문에 정주법이 실제로 엄격하게 적용되지는 않았지만, 지방정부의 책임을 강조하고 복지혜택을 받기 위해 거주조건을 충족해야 하는 원칙은 오늘날에도 일부 지속되고 있다(고명석 외, 2012: 81).

정 주 법

- 사회질서 유지를 위해 거주 이동을 보다 엄격히 제한함
- 보다 나은 구제를 찾아서 이동하는 것을 막아 노동력을 안정적으로 확보하기 위해 구빈 대상자를 출생교구로 추방할 수 있도록 함

출처: 엄기욱 외, 2013: 144.

3) 작업장 테스트법(The Workhouse Test Act of 1722년)

작업장 테스트법은 강제노역장법으로도 불리는데, 여러 교구들이 하나의 연합체를 구성하여 공동작업장을 만들고 노동능력이 있는 빈민에게 일자리를 제공할 목적으로 제정되었다(김승용 외, 2010: 37).

작업장 테스트법 이전인 1696년 작업장법(Workhouse Act)이 제정되어 몇몇 도시에 작업장이 만들어져 운영되었었다. 그러나 작업장에 고용된 빈민들의 생산 기술이 낮아 숙련된 노동자와 경쟁이 되지 않았고 기술을 터득하고 일을 잘 할 수 있게 되면 높은 임금을 주는 일자리를 찾아 도시로 떠나는 등의 문제점이 발생하면서 1722년 작업장 테스트법이라는 새로운 법이 제정되었다(김기태 외, 2014: 98-99).

이 법은 부랑빈민의 노동 의지를 확인하여 취로를 거부하는 자에 대해 구제를 중지하고 민간이 작업장을 운영할 수 있는 근간을 마련하였으나, 특히 민간인들이 운영하는 작업장 안의 생활이 비위생적이고 열악하여 많은 빈민들은 작업장에 들어가기보다는 차라리 빈민으로 남기를 원했다(김기태 외, 2014: 99). 작업장은 빈민을 수용하여 강제적으로 노동을 시키기 위한 시설이 되었으며. 노동능력이 있는 빈민을 위한 시설이 아니라 국가의 원조를 받는 모든 사람을 수용하는 시설로 변화됨으로써 구빈법이 가진 비인간적 요소의 상징이 되었다(김승용 외, 2010: 37).

작업장 테스트법은 노동 가능한 빈민들에게 기술을 가르쳐 수입을 가져다 줄 기회를 마련했다는 측면에서는 오늘날 직업보조 프로그램의 효시라고 볼 수 있다(김윤나 외, 2013: 75). 그러나 노동의 질이 저하되고, 노동력을 착취하고 빈민을 혹사시킨다는 비난과 교구민의 조세부담이 증가하는 문제가 드러났다(장승옥 외, 2011: 74). 이후 이러한 비위생적이고 열악한 작업장 시설을 개선하려는 인도주의적 관심에 의해 새로운 법안이 마련되었다.

작업장 테스트법

- 노동이 가능한 빈민을 고용하여 국가의 부를 증진하기 위해 공동작업장을 설치해 일자리를 제공함
- 작업장 내 가혹한 처벌과 노동력 혹사가 무성하고, 사기업에 비해 경쟁력이 떨어짐

출처: 엄기욱 외, 2013: 144.

4) 길버트 법(Gilbert Act of 1782)

길버트 법은 작업장 빈민의 비참한 생활과 착취를 개선하고(김윤나 외, 2013: 75), 각 주(county) 단위로 빈민구제를 조직화할 목적으로 1782년에 제정되었다. 이 법에 의해 작업장은 노인, 질환자, 신체허약자 등만을 구제의 대상으로 삼았고 노동능력이 있는 빈민들은 가정 근처의 지주, 농업경영자, 기타고용주 등에게 임금 보조수당을 지원하여 고용하게 하는 등 시설 외 구제(원외구호, 재가처우, 거택구제) 방식을 적극 활용하였다(엄기욱 외, 2013: 145). 이는 작업장의 비참한 생활과 착취현상에 대한 개선을 주장한 하원의원 Thomas Gilbert를 중심으로 시설 외 구제(outdoor relief)를 확대하는 계기가 된 의미 있는 법이다.

길버트 법은 노동능력이 있는 빈민에 대한 시설 외 구호의 적용과 저임금을 보충해 주는 임금보조제도의 법적 기초가 되었고, 작업장 중심의 공적 원조체제로부터 시설 외 구호계획으로 전환되는 시발점이 되었다(김기태 외, 2014: 100). 이 법은 구빈행정의 억압적 성격이 완화하고 인도주의적 성격으로 변화의 계기를 마련한 법이다.

5) 스핀햄랜드제도(Speenhamland System of 1795)

스핀햄랜드제도는 1795년에 제정된 일종의 임금보조제도이다(장승옥 외, 2011: 74). 가족 수에 따라 최저생계비보다 적게 버는 노동자들의 임금을 보충해 주는 제도로(강용규 외, 2011: 52-53), 식량가격을 기준으로 최저생계비를 책정하고 임금소득이 최저생계비에 미달되면 부족액을 구빈세로 보충해 주도록 한 제도이다(장승옥 외, 2011: 74-75). 이 제도는 Berkshire주의 Speenhamland의 치안판사회의의 결정사항으로 시행되었는데, "빈민 개개인의 소득에 관계없이 최저소득이 보장되어야 한다"는 슬로건 아래 임금보조금의 액수를 빵의 가격과 가족의 크기에 연동해 지원하였으므로 일명 '버크셔 빵 법'(Birkshore Bread Act)이라고 불리기도 한다.

그러나 원래의 취지와는 다르게 구빈세 부담증가, 임금저하, 빈민의 근로의욕 감소 및 보조금에 의존하는 성향의 증가로 빈민사업의 재정을 파탄시켜 사회적 파국을 더욱 촉진시킴으로써 자유방임주의자들의 비판을 받게 되었다. 스핀햄랜드제도를 사회복지 급여수급의 권리를 의미하는 사회권 개념을 처음으로 도입한 제도라고 평가하기도 한다(박병현, 2009; 엄기욱 외, 2013: 145-146 재인용).

6) 신구빈법(The New Poor Law/The Poor Law Reform Act of 1834)

산업혁명으로 인한 도시노동자 계급의 등장, 자본주의의 발전은 도시로의 인구집중뿐만 아니라 노동자들의 열악한 생활환경, 주기적 만성적인 실업, 열악한 위생, 저임금 등의 사회문제를 발생시켰다(강용규 외, 2011: 53; 장승옥 외, 2011: 75). 이러한 사회문제를 대처하기 위해 Chadwick을 중심으로 왕립위원회가 구성되어 (강용규 외, 2011: 53), 기존 구빈법을 개정한 신구빈법을 제정하였고(장승옥 외, 2011: 75), 다음의 6가지의 기본 원칙을 권고하였다.

신구빈법 6가지 원칙

- 스핀햄랜드제도의 임금보조제도를 철폐한다.
- 노동이 가능한 자는 작업장에 배치한다.
- 병자, 노인, 허약자, 아동을 거느린 과부에게만 원외구호를 준다.
- 교구단위의 구빈행정을 빈민통제연맹으로 통합한다.
- 구빈 수혜자의 생활조건은 자활하는 최하급 노동자의 생활조건보다 높지 않아야 한다(열등처우의 원칙).
- 왕명에 의하여 중앙통제위원회를 설립한다.

출처: 엄기욱 외, 2013: 146-147

신구빈법은 자유방임주의 사상의 영향을 받아 자조와 절약을 강조하고 구빈비용을 최소화하는 데 목적을 두었다(김윤나, 2013: 76). 이 법에 의하여 확립된 구빈원칙은 20세기 사회보장제도가 성립될 때까지 영국 공공부조의 기본원리가 되었고, 열등처우의 원칙, 작업장 제도의 원칙, 전국적 통일의 원칙이라는 3대 원칙이 강조되었다(김윤나, 2013: 76).

(1) 열등처우의 원칙/처우제한의 원칙(the principle of less eligibility)

구빈법으로 구제받는 빈민의 생활수준은 구제받지 않는 최하층의 노동자보다 낮게 책정해야 한다. 이는 복지서비스의 이용자에 대한 처우는 엄격하게 제한하는 것이 당연하며, 그렇지 않을 때 그들의 의존심과 도덕적 해이를 조장할 수 있다고 본 것이다. 공적부조선호를 억제하기 위한 원칙으로 오늘날 생활보호수준을 정하는 원칙으로 발전하였다.

(2) 작업장 제도의 원칙(the principle of workhouse system)

노동능력이 있는 빈민에 대한 재가구조(거택구호)를 폐지하고 구제를 작업장 내의 구제로 제한한다는 원칙이다(김윤나, 2013: 77). 작업장 제도는 비위생적인 면과 비효율성으로 길버트 법에 의해 축소되었으나 신구빈법하에서 구빈행정의 핵심 수단으로 다시 등장하게 되었다(김기태 외, 2014: 103). 이는 수용시설보호 위주 원칙의 재등장으로 볼 수 있다.

(3) 전국적 통일의 원칙/균일처우의 원칙(the principle of national uniformity)

빈민의 유형이나 거주지에 관계없이 균일한 빈민 행정서비스를 받을 수 있도록 구빈행정을 전국적으로 통일한다는 것이다(김윤나, 2013: 77). 즉, 전국적으로 어느 교구에서나 동등한 조건 아래 처우를 받는 것을 의미한다(김기태 외, 2014: 103). 이는 중앙정부 중심의 사회복지행정의 근간이 되었다고 볼 수 있다.

☞ 표 7-3 신빈민법 구빈행정체계 3가지 원칙

구 분	내 용
열등처우의 원칙/처우제한의 원칙 (the principle of less eligibility)	• 구빈법으로 구제받는 빈민의 생활수준은 구제받지 않는 최하층의 노동자보다 낮게 책정함 • 생활보호수준을 정하는 원칙으로 발전
작업장 제도의 원칙 (the principle of workhouse system)	• 노동능력이 있는 빈민들은 작업장 내에서 구제함 • 수용시설보호위주의 원칙에 기여
전국적 통일의 원칙/균일처우원칙 (the principle of national uniformity)	• 각 교구의 상이한 구빈행정을 전국적으로 통일하고 균일한 급여 제공 • 중앙정부중심의 사회복지행정의 근간

신구빈법은 구빈을 위한 행정체계의 원칙을 만드는 계기가 되었으나 빈민의 사회적 지위의 처우가 극도로 열악해져 결과적으로 오히려 빈곤을 발생시키게 된다는 비난을 받기도 하였다(김승용 외, 2010: 38). 또한 신구빈법은 빈민구제의 성격보다는 구빈비용의 감소가 주된 목적이었기 때문에 반인권적 성격이 강하고, 19세기 노동계급을 중심으로 한 대중들의 권리가 성장하고 비참한 빈민들의

실태에 대한 인도주의적 관심이 증대되면서 한계가 드러나게 되었다(엄기욱 외, 2013: 147).

3. 민간사회복지활동 단계

19세기 후반 영국에서는 개인이나 종교·민간·사회단체 등이 박애·봉사정신에 입각해 자선단체를 조직해 빈민구제활동을 전개하였다. 그러나 개인에게 구호를 제공하는 데에만 관심을 두고 민간자선단체간의 정보교환이나 구호사업에 대한 조정은 제대로 이루어지지 않아 편중과 중복이 발생하고 자원의 비효율적 사용 등의 문제점이 발생하게 되었다.

이를 극복하고자 일어난 주목할 만한 민간부분의 활동으로는 자선조직협회와 인보관운동의 활동을 들 수 있다. 이 두 가지 활동은 자선과 박애정신을 기반으로 민간차원에서 이루어졌다는 공통점이 있지만 기본가치 및 활동내용에 있어서는 차이가 있다.

1) 자선조직협회(Charity Organization Society)

19세기 말 자선단체의 활동이 활성화되면서 자선의 낭비와 중복으로 인한 필요성이 인식되어 1869년 4월 23일에 '자선구제의 조직화와 구걸억제를 위한 협회'(The Society for Organizing Charitable Relief and Repressing Mendicity)가 결성되었고, 이후 자선조직협회(Charity Organization Society: C.O.S.)로 개칭되었다(김기태 외, 2014: 105).

자선조직협회는 자원봉사자인 우애방문원이 가정방문과 면접을 통해 빈민의 생활실태를 조사하였고, 구호신청자를 협회에 등록하도록 하여 구제의 중복을 방지하고 빈민의 생활조건을 향상시키고자 하였다(김승용 외, 2010: 39). 또한 환경조사를 통한 적절한 원조의 제공으로 빈민 스스로 빈곤을 벗어나도록 하는 데 중점을 두었다(김승용 외, 2010: 39). 이러한 자선조직협회의 활동은 개별사회사업과 지역사회복지의 발전에 기초를 마련하였으며(김윤나, 2013: 78), 자선활동과 우애방문원의 양성은 현대적 의미의 전문적 사회사업과 사회복지사로 승화되는 데 크게 기여하였다. 그러나 빈곤에 대한 사회적 책임을 일부만 강조하고 빈곤이 개인의 노력에 의해 제거되며 민간의 노력으로 해결가능하다는 인식, 즉 빈곤이 발생하는 사회적 기반을 경시한 점이 한계로 지적될 수 있다.

2) 인보관운동(Settlement House Movement)

인보관운동은 Barnett 목사가 런던 동부의 빈민지역에 설립한 세계 최초의 사회복지관이라고 할 수 있는 Toynbee Hall이 1884년에 문을 열면서 시작되었다. 도움을 필요로 하는 사람들과 함께 살면서 도움을 제공한다는 인도주의적 관점을 모토로 하여 영국의 목사였던 Barnett이 초대 관장을 담당하고 옥스퍼드와 캠브리지 지역의 대학생 및 지식층이 중심이 되어 19세기 말부터 20세기 초에 걸쳐 인보관은 계속 확대되었다. 19세기 말에는 도시빈민가에 약 30여 개가 설립되었으며, 1911년에는 46개에 이르렀다.

인보관운동은 도시빈민을 위한 조직적 자선사업의 하나로서 도시빈곤지역에서 빈민과 함께 거주하면서 지역의 문제를 실제로 조사하여 도시빈민의 생활실태를 자세히 파악하고, 교육과 계몽 그리고 집단활동을 통하여 지역사회의 환경을 개선하고 빈민의 자활능력을 향상시켜 빈곤의 문제를 해결하려는 사회개량운동이었다(김승용 외, 2010: 39). 인보관운동은 집단사회사업, 지역사회복지, 사회행동의 기원으로 평가되고 있다(김윤나, 2013: 79; 오정수 외, 2010: 74).

엘리트계층이 위주가 되었던 인보관운동은 사회개혁에 지대한 영향을 주었으며, 이후 Toynbee Hall은 Booth의 빈곤조사, Beveridge의 실업자조사 등 사회조사활동에 참여하고 관리와 학자의 현장경험 장소로 활용되기도 하였다. 한 예로 베버리지도 부관장으로 1903년부터 1907년까지 재임한 바 있다.

☞ 표 7-4 자선조직협회와 인보관운동의 비교

구 분	자선조직협회	인보관 운동
공통의 목적	빈민구제	빈민구제
주도인물	로취, 옥타비아 힐	바네트, 토인비
주된 활동층	신흥자본가, 사회중산층	엘리트 청년
빈곤관	개인책임	사회구조적 책임
활동방향	개인의 변화	사회의 개혁

목적	• 중복구제방지를 위한 자선활동의 조정 • 환경조사(사례조사)와 적절한 원조 제공	• 빈민의 교육과 문화발전 • 빈민의 생활환경에 관한 정보와 사회적 욕구 파악 • 건강문제 및 사회입법에 대한 일반국민의 관심 촉구
사회복지분야 발전에 미친 영향	전문사회복지, 개별사회사업, 지역사회조직	임파워먼트, 집단사회사업, 지역사회복지, 사회보장제도

출처: 박병현, 2010: 93 내용에 인보관운동이 사회복지분야 발전에 미친 영향 부분에 지역사회복지를 추가하였음

3) 사회조사활동

인보관운동과 동시에 이루어진 빈곤에 대한 사회조사활동은 빈곤의 재발견을 위한 노력의 일환이었다. 이는 빈곤의 개인책임론과 사회책임론의 논쟁 속에서 빈곤의 실상을 파악하여 해결방안을 모색하려는 노력으로 볼 수 있다.

Charles Booth는 1889년부터 시작된 빈곤조사를 통해 1902년 까지 '런던시민의 생활과 노동'(Life and Labour of the People in London)이라는 보고서를 시리즈로 발간하면서 런던인구의 약 30% 이상은 빈곤층에 속하며, 65세 이상 노인의 8/9은 노령 때문에 빈곤하다고 보고하였다. 보수주의적인 사업가였던 Booth는 좌익성향의 사회민주연맹이 1883년 발표한 빈곤실태조사결과가 과장되었음을 증명하고자 실시한 빈곤조사과정에서 빈곤이 개인의 책임이 아니라 사회조직의 실패라는 것을 확신하게 되었고, 자본주의사회에서 소외된 사람들을 위한 복지제도의 필요성을 주장하였다. 한편 Seebohm Rowntree는 1899년 실시된 York시의 빈곤조사를 통해 1901년 '빈곤: 지방도시생활연구'(Poverty: A Study of Town Life)라는 보고서를 통하여 도시 노동인구 중 28%가 빈곤상태에 있으며, 빈곤의 원인 중 52%가 저임금 때문에 빈곤하다고 주장하며 Booth와 유사한 결론에 도달했다(박경일 외, 2010:97; 엄기욱, 2013: 147-148).

이러한 노력은 기존의 도덕적 빈곤관을 타파하고, 빈곤은 개인의 결함 때문이 아니라 사회적 차원의 문제임을 인식하게 하였고, 따라서 빈곤은 인도주의적 차원에서만 해결될 성질의 것이 아니라 적극적인 국가개입이 필요함을 주장하는 근거가 되어 이후 사회보험 도입에 영향을 주었다.

4. 사회보장제도 단계

영국은 산업노동자의 안정적인 노동을 보호하고 지원하기 위하여 독일의 사회보험제도를 도입하였다. 1897년의 근로자보상법이 1906년에 모든 근로자들에게 확대 적용되었고, 1906년에 빈곤아동에게 급식을 제공하는 아동급식교육법, 1908년에 70세 이상 노인을 대상으로 무갹출 노령연금법, 1911년에 의료보험과 실업보험을 내용으로 하는 국민보험법, 1921년에는 실업보험법이 제정되었다(김윤나, 2013: 80).

2차 세계대전 이후 붕괴된 사회복구에 필요한 조치가 요구되었고(김승용 외, 2010: 40), 1942년 11월에 William Beveridge 위원장을 중심으로 '사회보험 및 관련 서비스에 관한 보고서'(Report on Social Insurance and Allied Service: Beveridge Report)가 발간되었다(김형태 외, 2013: 76; 엄기욱 외, 2013: 152).

Beveridge 보고서의 주요 내용은 국민생활의 불안요인이 되고 있는 궁핍(want, 빈곤), 질병(disease, 건강), 무지(ignorance, 교육), 불결(squalor, 주거), 나태(idleness, 실업)를 5대 사회악으로 규정하고(엄기욱 외, 2013: 152) 그 가운데에서도 빈곤을 최우선으로 제거해야 할 사회악으로 간주하고 빈곤한 국민을 경제적 빈곤에서 벗어날 수 있도록 소득을 보장하는 사회보장제도의 기준을 제시하였다(김승용 외, 2010: 40-41). 이러한 기본적 욕구에 대한 사회적 대응으로 강제적 사회보험을 주축으로 하고 사회보험을 통해 해결되지 않을 경우 국가부조와 임의보험을 통해 보충해야 한다고 하였으며, 사회보험제도 확립을 위해서는 아동수당, 건강과 재활을 위한 포괄적 서비스, 완전 고용이 전제되어야 한다고 하였다(엄기욱 외, 2013: 152).

Beveridge(1942: 6-7)는 보고서에서 사회보장계획의 3가지 원칙을 제시하였다. 첫째, 미래를 위한 어떠한 제안도 이해관계자집단에 의하여 제약받아서는 안된다. 둘째, 사회보험은 결핍에 대한 공약일 뿐, 소위 5대악의 나머지인 질병, 무지, 불결, 나태까지 해결할 수 있는 것은 아니기 때문에 사회보험의 조직은 사회진보를 위한 포괄적인 정책의 한 부분으로 간주되어야 한다. 셋째, 사회보장은 정부와 민간의 협력에 의해 이루어져야 한다(김기태 외, 2014: 110 재인용).

☞ 표 7-5 Beveridge 보고서의 사회보장계획 3가지 원칙

원칙 1	미래계획에서 이해관계자 집단으로부터의 자유
원칙 2	사회보험조직은 사회진보를 위한 정책의 한 부분으로서 수용되어야 함
원칙 3	사회보장은 정부와 민간의 협력으로 이루어져야 함

또한 Beveridge는 보고서에서 첫째, 균일급여의 원칙, 둘째, 균일갹출의 원칙, 셋째, 행정책임의 통일화 원칙, 넷째, 적정급여의 원칙, 다섯째, 포괄성의 원칙, 여섯째, 피보험자의 계층분류 원칙의 6가지 기본원칙을 제시하였다(〈표 7-6〉 참조).

☞ 표 7-6 Beveridge 보고서의 6가지 기본원칙

구 분		내 용
원칙 1	균일급여 (flat-rate benefit)	실업, 질병, 퇴직으로 인한 보험급여를 받는 사람의 급여는 이전의 근로소득의 크기와는 관계없이 모든 사람에게 똑같이 제공되어야 한다(정액급여 제공).
원칙 2	균일갹출 (flat-rate contribution)	소득의 높고 낮음에 관계없이 누구나 동일한 갹출금(보험료)을 내야 한다.
원칙 3	행정책임의 통일화 (unification of administrative responsibility)	기존에 분산되어 있던 사회보험 관련 사업을 하나로 통합하기 위해 사회보장청을 신설하여 운영한다.
원칙4	적정급여 (adequate benefit)	급여수준과 급여지급기간은 충분한 정도로 제공되어야 한다.
원칙5	포괄성 (comprehensiveness)	사회보험은 일반적인 모든 사회적 위험을 모두 포괄해야 한다.
원칙6	피보험자의 계층분류 (classification)	사회보험은 재산에 관계없이 모든 국민을 대상으로 하지만 그 적용에 있어서는 전체 인구를 몇 개의 계층(피고용인, 고용주 및 독립노동자, 가정주부와 같은 무보수서비스 종사자, 비취업자, 15세 미만 취업연령 미달자, 취업연령을 초과한 퇴직자 등)으로 분류할 필요가 있다.

출처: 박병현, 2010: 119-120의 내용을 정리하였음

이후 Beveridge 보고서를 근거로 1944년 사회보장청이 설치되고, 1945년 가

족수당법, 1946년에 국민보험법, 산업재해법, 국민보건서비스법, 국민부조법이 제정되고, 1948년에 아동법 등이 제정되었다(김승용 외, 2010: 41). 이상의 Beveridge 보고서를 기초로 하여 1601년부터 시작된 오랜 역사의 영국의 구빈법은 폐지되고, '요람에서 무덤까지'로 일컬어지는 소득보장체계가 마련됨으로써 모든 국민은 다양한 사회적 위험으로부터 최소한의 보장을 받을 수 있게 되었다(김기태 외, 2014: 111; 김승용 외, 2013: 41). 이후 1951년부터 1973년까지 영국은 복지국가의 황금기를 맞이하였다(김기태 외, 2014: 112).

5. 복지국가의 위기 및 신자유주의 단계

1960년대까지 영국은 세계적인 경제적 호황에 힘입어 Beveridge 보고서에서 제시한 복지국가를 안정적으로 발전시켜 나갔다(김승용 외, 2010: 41). 그러나 1970년대 두 차례의 석유파동으로 대부분의 서유럽국가들은 심각한 국가재정 적자에 직면하게 되었고(강용규 외, 2011: 56), 영국 역시 경제적 위기를 맞이하게 되었다.

극심한 경기침체 속에 1979년에 Margaret Thatcher 행정부가 집권하게 되면서 Beveridge 보고서에서 제시한 전 국민을 대상으로 한 복지서비스를 국가의 책임으로 하였던 보편주의 원칙을 포기하고, 욕구대상자를 중심으로 한 선별주의적 사회복지정책으로 선회함으로써 제도적 서비스에서 보충적 서비스로 전환하게 되었다(고명석 외, 2012: 87).

Thatcher 수상의 보수당 정부는 신자유주의의 이념을 지향하고 복지서비스에 대한 국가의 책임을 제한하는 다양한 복지축소정책을 시행하였다(김승용 외, 2010: 41). 보수당 정부의 정책 내용으로는 복지의 민간 공급 장려와 국가의 복지개념 범위의 최소화, 가족과 개인의 책임 및 자조 강조, 국가가 담당하던 의료, 교육, 연금, 지역사회보험 등에 비공식 자원 동원, 사회복지분야에 시장원리 도입 및 확대, 보편주의 원칙을 선별주의 원칙으로 전환, 국민최저수준의 원칙을 열등처우의 원칙으로 전환 등이 있다(김성천 외, 2013: 94; 김승용 외, 2010: 41).

이러한 Thatcher 정부의 복지삭감정책에도 불구하고 사회복지비는 완만하게 증가하였다. 그 이유는 인구고령화로 노령연금과 의료비 지출이 증가하였고, 실업률 증가로 실업수당 지출과 공공부조 지출이 늘어났기 때문이다(엄기욱 외, 2013: 153). 또한 이 기간에 친복지 세력이 증가하여 복지수혜자와 복지종사자의 확대를 가져와 사회복지비 증가에 기여한 것으로 볼 수 있다(엄기욱 외, 2013: 153).

6. 사회보장개혁의 단계

1997년에 노동당이 총선에서 승리하여 집권을 하게 되었고 Tony Blair 수상이 취임하면서 사회학자 Giddens에 의해 제창된 '제3의 길'(The Third Way)을 바탕으로 한 사회복지개혁이 추진되었다(김기태 외, 2014: 114; 엄기욱 외, 2013: 153). 제3의 길은 의존적인 복지에서 자립형 복지로 전환하여 복지재정을 줄이고 보건·교육 분야에 투자함으로써 고용 증대를 통한 자립과 개선된 공공서비스라는 두 가지 성과를 복지의 목표로 추구한다(김윤나, 2013: 81). 또한 복지다원주의로 복지의 주체를 지방정부, 비영리 부문, 기업 등으로 다양화하였으며, 전산 서비스를 통한 변혁적 서비스전달체계, 서비스 조직간의 협력과 서비스 전달의 효율성을 추구하였고, 특히 시설복지에서 재가복지서비스로의 전환을 강조하였다(김윤나, 2013: 81-82).

Blair 정부는 1998년 복지개혁의 청사진을 담은 '우리나라를 위한 새로운 대망: 복지를 위한 새로운 계약'(New Ambitious for Our Country: A New Contract for Welfare)에서 복지개혁의 핵심 내용을 "일할 능력이 있는 사람에게는 일자리를, 일할 능력이 없는 사람들에게는 사회보장을"이라고 제시하였다(엄기욱 외, 2013: 154). 노동당은 '근로복지연계'(welfare-to-work)라는 슬로건을 내걸고 장기 실업자들을 노동시장에 복귀시켜 복지에 대한 정부부담 경감 및 노동력 확보를 함께 이루기 위한 근로복지정책을 도입하였는데, 그 대표적인 정책이 뉴딜(New Deal)이다(엄기욱 외, 2013: 154).

뉴딜은 수급자의 프로그램 참가를 조건으로 급여를 지급하는 것으로 각 대상자별로 다른 서비스를 제공하는 특징을 가지고 있다(김기태 외, 2014: 118; 엄기욱 외, 2013: 154). 청년뉴딜, 성인뉴딜, 고령자뉴딜, 한부모뉴딜, 실직자 배우자를 위한 뉴딜, 자영업자를 대상으로 한 뉴딜 등이 운영되고 있으며, 청년뉴딜, 25세 이상 뉴딜, 한부모뉴딜, 장애인 뉴딜이 대표적인 사업이라고 할 수 있다(김기태 외, 2014: 118; 엄기욱 외, 2013: 154).

2007년 Blair 총리에 이어 노동당의 Gordon Brown 수상은 미래 경제에 장기 목표를 설정하고 공교육의 개혁을 최우선 목표로 두었다(김승용 외, 2010: 42). 영국은 의료·복지증진과 주택공급 확대, 반부패, 세율 인하, 성장과 고용확대, 소외자 배려 등에 초점을 맞추어 개혁정책을 추진하여 왔으며, 빈곤문제해결을 위한 '글로벌 뉴딜정책'과 '부의 조용한 재분배정책'을 펼쳐왔다(김승용 외, 2010: 42).

제4절 미국 사회복지의 역사

미국은 영국으로부터 독립하기 이전까지 영국의 정치와 경제제도를 유사하게 적용하는 정책을 펼쳐 왔다. 구빈정책도 영국의 Elizabeth 구빈법의 전통을 계승하였고, 19세기 이후에도 산업화로 인한 급격한 사회문제에 대처하기 위하여 전문적인 사회사업을 발전시켰다(김윤나, 2013: 82).

미국의 사회복지 발전과정은 초기 구빈정책 시대, 민간사회활동 시대, 복지정책 전환 및 확대 시대, 신보수주와 복지축소 시대 등으로 구분하여 살펴볼 수 있다.

1. 초기 구빈정책 시대

미국은 영국의 중상주의 정책에 의해서 1620년 뉴잉글랜드를 시작으로 13개 지역의 식민지를 지배하게 되었다(김윤나, 2013: 82). 이 시대는 청도교주의와 자유주의사상을 기본으로 한 프로테스탄트(protestant)적인 생활은 근면과 절약을 최우선으로 여겼고 빈궁해지고 부랑화되는 것을 죄악시 하는 빈곤관으로 인해 구호에 의존하는 사람은 거의 없었다(김기태 외, 2014: 119). 이에 따라 구빈활동은 최소한으로 행해졌으며 구호대상도 흑인은 제외되었으며(김윤나, 2013: 82), 인디언의 습격과 학살에 의해 가족을 잃어버린 사람, 고아, 과부, 노인, 부상자, 재해로 인해 가난에 허덕이는 사람 등 노동능력이 없거나 일시적인 원조가 필요한 사람으로 제한되었다(김기태 외, 2014: 120).

18세기에 접어들면서 식민지가 확대되고 인구가 급증하면서 빈궁자가 증가함에 따라 구빈법 제정의 필요성이 제기되면서 공공구빈원에 의한 원내 구호가 시행되었다(김기태 외, 2014: 120). 1646년 버지니아에서 미국 최초의 구빈법이 제정되었으며, 영국의 Elizabeth 구빈법에 기반해 보스턴, 뉴욕 등의 미국 동부 대도시에 공립 구빈원이 설치되었다(김윤나, 2013: 82; 박옥희, 2012: 58). 그 당시 민간차원의 자선사업으로는 목사가 병자나 과부, 고아 등을 방문하는 것과 특수한 문제를 가진 사람들을 구제하기 위해 독지가들이 만든 박애협회의 활동 등이 있었다(박옥희, 2012: 58). 이 당시 설립된 구빈원은 노동능력이 없는 빈민을 보호하기 위한 가장 효과적인 수단으로 간주되었다(김윤나, 2013: 82). 이후 1776년 독립선언, 1787년 연방헌법이 제정되었고, 독립혁명 이후 식민지시대에 존재하던 구제도의 개혁이 이루어졌다(박옥희, 2012: 58).

2. 민간사회활동 시대

19세기 산업화가 활발하게 진행되고 인구가 도시로 유입되면서 도시빈곤문제와 노동조합의 결성 및 최저임금의 요구 등 근본적인 자본주의의 문제점에 직면하게 되었다(김윤나, 2013: 83). 이에 많은 주에서 구빈원과 작업장 및 보호소가 설립되었으며(김윤나, 2013: 83), 민간자선단체들을 중심으로 하는 자선조직협회와 도시 빈민지역을 중심으로 하는 인보관 사업 활동이 활발하게 일어났다(강용규 외, 2011: 58).

미국의 자선조직협회는 영국 런던의 자선조직협회의 자원봉사자로 일한 경험이 있는 Gurteen 목사가 1877년 버팔로에 처음으로 창설한 이후 미국 전역에 퍼지게 되었다(김기태 외, 2014: 121). 미국의 자선조직협회는 개인주의 사상과 기본 철학이 일치하면서 미국사회에서 성황을 이룰 수 있었다(엄기욱 외, 2013: 155). 이에 열등처우의 원칙을 근간으로 무차별적인 구호제공을 반대함으로써 공적인 원외구호를 폐지하고 민간 자선단체들이 빈민을 원조해야 한다고 주장하였다(김기태 외, 2014: 121; 엄기욱 외, 2013: 155).

한편, 미국의 자선조직협회는 미국 사회사업의 전문화와 사회사업교육의 발달

에 크게 기여하였다. 사회사업에 대한 높은 지식과 기술을 다룬 Mary Richmond
의 '사회진단'(Social Diagnosis)은 미국사회사업의 전문화에 크게 기여하였으며,
개별사회사업(case work)의 본질은 자원봉사를 하는 우애방문원들이 좋은 일을 행
하는(goodwill) 것이 아닌 기술(skill)이 되어야 한다고 생각하며 사회사업의 전문
화에 기여했다(김기태 외, 2014: 122).

20세기 전후하여 자선조직협회가 쇠퇴하면서 1890년대부터 빈곤의 원인에 대
해 자선조직협회와 상반된 주장을 하며 인보관 운동이 사회개혁을 주도하게 되
었다(김기태 외, 2014: 123). 미국 최초의 인보관은 Stanton Coit가 1886년 뉴욕
에 설립한 Neighborhood Guild이고, Jane Addams가 런던의 Toynbee Hall을
견학하고 1889년 시카고에 설립한 Hull House는 미국 인보관의 상징으로 불린
다(김기태 외, 2014: 123; 김윤나, 2013: 83).

3. 복지정책 전환 및 확대 시대 (1930-1940)

1) 대공황과 뉴딜정책

제1차 세계대전 이후 지속적 경제성장에 따른 빈부격차의 심화, 아동 및 여성
노동의 증가, 만성 실업자의 증가, 도시빈민지역의 발생 등의 문제가 사회적으로
심각한 문제로 등장하게 되었다(김승용 외, 2010: 44). 또한 1929년부터 시작되어
전 세계에 영향을 미친 경제대공황으로 인한 대규모의 실업발생은 그동안 복지
서비스를 전개해 왔던 지방자치단체와 자선기관의 기능을 유명무실하게 만들었
다(강용규 외, 2011: 59).

이에 제32대 Franklin Roosevelt 대통령은 신자유주의 사상에 입각하여 실업
과 경제부흥을 위하여 뉴딜정책을 발표하였고, 1933년에 연방긴급구호법과 연방
긴급구호청이 창설되었다(강용규 외, 2011: 59). 이는 빈곤은 개인의 책임뿐 아니라
개인의 한계를 넘어서는 돌발적 상황과 사건, 그리고 사회체제의 결함이 원인이
될 수 있다는 인식의 전환으로 연방정부의 개입의 필요성을 확보하게 된 것이다
(김승용 외, 2010: 44). 이러한 상황에서 1935년 제정된 사회보장법(Social Security
Act)은 미국 사회복지정책의 획기적인 변화와 발전의 계기를 마련해 주었다.

경제대공황과 뉴딜정책은 미국 사회복지계에 커다란 영향을 미쳤고, 특히 공

공부문 사회복지서비스 분야의 발달에 기여하였다. 또한 사회사업가 및 사회사업교육기관이 급속도로 증가하면서 빈곤은 개인의 책임이라는 구빈법적 사고에서 벗어나 사회복지가 중요한 위치를 자리잡게 되는 계기가 되었다(강용규 외, 2011: 59-60).

2) 빈곤과의 전쟁(War on Poverty)과 위대한 사회(Great Society)

1960년대까지 미국은 경제적 안정과 번영으로 빈곤문제에 크게 주목하지 않았으나 1962년 Michael Harrington의 저서인 '또 다른 미국'(The Other America)이라는 책을 통해 풍요 속의 빈곤 현상에 대한 사회적 비판이 제기되었고, 빈곤이 주목받는 사회문제로 다루어지기 시작하였다(엄기욱 외, 2013: 157).

1962년 Lyndon Johnson 대통령은 사회복지에 대한 연방정부의 책임성을 강조하며 '위대한 사회'(Great Society) 창출을 위해 '빈곤과의 전쟁'(War on Poverty)을 선포하고 빈곤퇴치운동을 전개하면서 각종 사회개혁 입법과 정책을 펼쳤다(김윤나, 2013: 85; 엄기욱 외, 2013: 158).

구체적인 사업으로는 소수민족 자녀의 조기교육프로그램인 Head Start, 흑인학생들에게 대학진학의 기회를 제공하는 Upward Bound, 중퇴 청소년을 대상으로 하는 직업교육프로그램인 Job Corps, 여성들에게 직업훈련을 주선하고 탁아소 운영을 담당한 직업유인 프로그램인 WIN, 지역사회개혁사업(Community Action Program: CAP) 등이 있으며, 식품권 프로그램인 Food Stamp, 노인을 대상으로 한 의료급여인 Medicare, 저소득층을 대상으로 한 의료급여인 Medicaid 등이 도입되었고, 요보호 아동에게만 지급되는 ADC(Aid to Dependent Children)가 어머니에게도 지급이 가능하도록 AFDC(Aid to Families with Dependent Children)로 변경되었다(김윤나, 2013: 85-86; 엄기욱 외, 2013: 157-158). Nixon 행정부하에서는 1972년 연금급여의 수준에 물가연동제도, 1974년 빈곤한 노인이나 장애인에게 지급되는 현금급여인 보충적 소득보장제도(SSI)가 도입되어 공적부조 프로그램을 연방정부가 운영하도록 전환하였다(김윤나, 2013: 86).

4. 신보수주의와 복지축소 시대

1970년대 두 차례의 석유파동으로 미국경제 역시 쇠퇴기를 맞이하였고, 사회복지를 축소하는 새로운 국면을 맞이하는 계기가 되었다(엄기욱 외, 2013: 158). 특히 1980년대 신자유주의 이념을 표방한 Reagan 대통령은 보수주의적 경제정책을 내세워 연방정부의 지출삭감과 사회복지지출의 억제정책을 추진하였다(김윤나, 2013: 86; 엄기욱 외, 2013: 158). Reagan 정부는 근로연계복지(workfare)를 강화하고, 복지프로그램을 감축하고, 빈자의 보호를 위해 교회와 민간부문의 지원을 호소하며 원조를 필요로 하는 자에게 적절한 원조를 제공하는 것 이외의 복지는 가능하면 억제하고 자력으로 생활하도록 하는 것을 주장함으로써(박옥희, 2013: 63), 국가의 책임을 축소시켰다.

1992년 Bill Clinton 대통령 시기에도 제도적 개혁이 이루어짐에 따라 사회복지가 계속적으로 축소되었고, 이 시기의 가장 대표적인 변화로는 미국 사회복지의 상징이라고 할 수 있는 공공부조인 AFDC를 삭제하고, 이를 빈곤가족에게 일생에 걸쳐 최대 60개월만 지급되도록 하는 제도인 TANF(Temporarily Assistance to Needy Family)로 변경한 것이다.

2000년 George Bush 대통령 시기 이후에도 신보수주의 경향이 지속되면서 사회복지정책은 이전의 틀이 유지되었다. 이러한 보수주의 정책으로 미국사회 내 빈곤층이 증가하고, 빈부의 격차가 심화되었으며, 실직한 노숙자가 급증하고, 가족해체에 따른 한부모가족이 증가하는 등 새로운 사회문제가 발생되는 심각한 상황이 초래되었다(김승용 외, 2010: 46).

그러나 2009년 Barack Obama 정부는 정부 역할 확대를 통한 사회복지정책 강화, 균등한 분배, 중산층과 서민을 위한 세제 개편, 의료개혁, 환경문제 강화 등의 변화를 시도하며 사회복지의 새로운 시대를 열어가고 있다(강용규 외, 2011: 61; 김윤나, 2013: 87).

제5절 한국 사회복지의 역사

사회복지학이 학문분야로 정착한 지 얼마 되지 않았기 때문에 한국의 사회복

지 역사연구는 부진한 실정이다. 사회복지에 대한 개념정립이 빨리 이루어지지
못해 연구범위, 영역, 대상에 대한 합의점을 찾는 데 어려움이 있었으며, 대부분
의 역사기록서가 한문으로 기록되어 있어 한문에 대한 높은 지식을 갖춘 연구자
가 필요히였다는 한계가 있다(김기태 외, 2014: 134). 또한 역사연구는 인접분야(사
회·정치·경제·문화적 배경 등)에 대한 고찰과 함께 인접학문과의 지속적인 상호교
류가 필수적인데, 한국의 사회복지학과 인접학문과의 상호교류가 부족한 이유로
역사연구가 많이 이루어지지 못하였다(김기태 외, 2014: 134).

한국은 고대사회의 전통적 구제사업으로부터 서구의 현대적 사회복지의 도입
에 이르기까지 다양한 형태의 사회복지서비스가 이루어져 왔다(김승용 외, 2010:
47). 전통적으로 고대사회부터 두레나 향약, 계 등 민간의 상부상조 전통이 강하
였고(장승옥 외, 2011: 84), 흉년, 천재지변, 전쟁, 질병, 빈곤 등을 겪는 사람들에게 식
량 또는 식료품을 제공하는 구휼제도가 일찍부터 실시되어졌다(고명옥 외, 2012: 104).

한국의 사회복지 발전과정은 삼국시대, 고려시대, 조선시대를 포함한 근대 이
전의 구빈정책 단계, 일제 감정기부터 1960년대까지를 사회복지제도 도입단계,
1960년대부터 1980년대 후반까지를 사회복지제도 입법단계, 1980년대 후반부
터 1990년대 후반까지를 사회복지제도 확대단계, 1998년부터 현재까지를 사회
복지제도 전환 및 개혁단계로 구분하여 살펴볼 수 있다.

1. 근대 이전의 구빈정책 단계 (일제시대 이전)

1) 삼국시대

한국의 사회복지역사는 삼국시대부터 민생구휼 행정의 역사기록을 뚜렷하게
살펴볼 수 있다(김윤나, 2013: 61). 삼국시대에는 정부에서 비축하고 있는 관곡을
각종 재해시 백성들에게 배급하여 구제하였으며, 환과고독(鰥寡孤獨: 홀아비, 과부,
고아, 무자녀 노인)의 무의탁 빈민을 구제하기 위해 군주가 친히 방문 위로하여 의
류, 곡물, 관제 등의 현물을 지급하던 사궁구휼(四窮救恤) 제도, 재해로 인해 심
한 피해를 입은 지역의 주민에게 재해 정도에 따라 조세를 감면해 주는 조세 감
면 제도, 춘궁기에 백성에게 대여한 관곡을 상환할 때 재해로 인한 흉작으로 상
환이 어려우면 원본 및 이자를 감면해 주는 대곡자모구면(貸穀子母俱免), 천재지

변시 형벌을 경감하거나 방면하는 경형방수(輕形放囚) 등이 있었다(김윤나, 2013: 61; 장승옥 외, 2011: 85). 고구려는 고국천왕 16년(194년)에 흉년이나 춘궁기에 농민에게 대여하고 추수기에 납입하는 제도인 진대법을 제정하였는데 이는 고려의 의창과 조선의 환곡, 사창으로 연결되도록 기여한 중요한 사회복지제도이다(김승용 외, 2010: 47-48).

2) 고려시대

고려시대에는 관료적 봉건체제가 확립된 시기로서 구제제도의 법제화가 이루어졌으며(김윤나, 2013: 61), 불교의 자비정신으로 빈민구호 및 고아와 부양자가 없는 노인 보호사업을 전개하였다(장승옥 외, 2011: 85). 고려시대의 구제제도는 춘궁기와 자연재해 등으로 백성이 궁핍하게 되는 것을 예방하려는 비황, 창제도가 있었고, 자연재해 등으로 어려움을 겪는 백성을 구하는 구황제도와 조세를 감면하는 견감제도, 가족의 보호를 받지 못해서 어려움에 처한 사궁을 비롯한 무의무탁한 사람들을 돕는 구휼제도, 전염병이나 빈민을 치료하는 구료제도 등이 있었다(김윤나, 2013: 61).

고려의 공적 구제기관으로는 흉년, 전쟁, 질병 등 비상시에 대비하여 평상시 곡물을 비축하는 의창, 흉년이 들었을 때 국가가 비축한 양곡을 무상으로 백성에게 배급하는 흑창, 빈민에게 곡식을 대여하고 추수기에 갚도록 하는 상평창 등이 있었다(장승옥 외, 2011: 85). 또한 궁민 및 재민을 구제하는 기관으로 제위보, 구제도감, 동서대비원, 혜민국 등이 있다. 제위보는 최초로 설치된 구휼행정을 총괄 관장하는 기관으로서 곡물을 비롯한 각종 생활필수품을 구비하고 굶주림을 당하고 있는 가난한 백성을 구제하며 병약자를 보호하였다. 동서대비원과 혜민국은 의료구호기관으로서 가난한 자에게 약품과 의복을 내주고 치료를 해주었다(고명석 외, 2012: 106).

3) 조선시대

고려시대까지는 주로 불교의 영향으로 종교적 자선이나 자비를 베푸는 시혜가 구제활동의 중심이었다면, 조선시대에는 유교사상을 기반으로 한 국가통치가의 국가와 백성에 대한 책임감, 의무감을 더 강조하였다는 점에서 일반 백성에 대한 구제사업이 보다 체계적으로 실시되었다(김승용 외, 2010: 48).

조선시대의 구빈제도로는 창제와 환곡이 있으며, 비황을 위한 제도로 의창, 상평창, 사창이 있었다. 또한 민생구휼기관으로는 구황청, 혜민국, 제생원, 활인서, 기로소 등이 있었다(고명석 외, 2012: 107).

☞ 표 7-7 조선시대 구제제도

구제제도		내 용
비황제도	의창	재난을 대비하여 곡물을 비축하는 제도, 무상구제
	상평창	빈민에게 곡물대여, 상환의무
	사창	국가적 차원에서의 구빈제도가 아닌 촌락이나 부락단위의 구휼제도
민생 구휼 기관	구황청	재해가 생겼을 때 국가의 비축곡을 방출하여 구제하고 급식하는 진휼사업을 실시
	혜민국	서민과 궁민에게 질병을 치료해주고 건강을 보살펴보는 일을 담당, 혜민서로 개칭 후 전의감에 병합됨
	활인서	서울 성내의 환자구호기관, 고려시대의 동서대비원으로 불리다 동서활인서로 개칭됨
	기로서	70세 이상의 노인을 입사시켜 노후를 즐겁고 보람되게 보내도록 함

출처: 고명석 외, 2012: 107; 김윤나, 2013: 63 내용을 참고하여 재구성

이 외에도 조선시대에는 계, 두레 등 민간의 상부상조 관습과 오가작통제, 향약이 있었다. 특히 향약은 덕업상권(德業相勸), 과실상규(過失相規), 예속상교(禮俗相交), 환난상휼(患難相恤) 등의 4개 조항을 실천함을 목적으로 삼고 있으며, 환난상휼에 중점을 두어 곤경에 처한 이웃들에게 도움을 주어 현대적 의미의 사회사업을 실천하였다(고명석 외, 2012: 108). 또한 향약은 주민의 정신적·물질적인 면을 함께 취급함으로써 향리주민의 문제와 고난을 감소 또는 제거하는 데 큰 공헌을 하였다(고명석 외, 2012: 108). 그 밖에 제도로서 자휼전칙(字恤典則)이라고 부르는 유기 및 부랑걸식 아동보호법령이 공포되어 유기아동, 걸식아동, 부랑아 등을 관가에서 보호하거나 유양하여 민가에 입양하도록 하였다(고명석 외, 2012: 107).

2. 사회복지제도 도입단계 (일제 감정기~1960년대 까지)

1) 일제 감정기

일제 강점기의 사회사업은 사회통제와 천황의 인정을 강조하여 식민지 국가들의 불만을 희석시키려는 목적에서 식민정책의 일환으로 정치적 성격을 지닌 시혜정책이 시행되었다(강용규 외, 2011: 62; 엄기욱 외, 2013: 160). 1910년 일본의 강제 점령이 이루어지면서 조선시대의 구호사업은 소멸되었고, 1921년 조선총독부 내무부에 사회과가 신설되어 구호사업을 전담하였다(엄기욱 외, 2013: 160). 1929년에 공적부조로서 구호법이 제정되었고(김윤나, 2013: 63), 구호법을 기초로 1944년 조선구호령이 실시되었다(엄기욱, 2013: 161).

조선구호령의 대상은 65세 이상의 노인, 13세 이하의 아동, 임산부, 불구·폐질·질병·상병·기타 정신 또는 신체의 장애에 의해 일할 수 없는 자로 하였으며, 구호의 종류는 생활부조, 의료부조, 조산부조, 생업부조, 장제부조 등으로 구분되었다(김윤나, 2013: 63). 구호방법은 신청에 의해 자산조사 후 거택보호를 원칙으로 하여 시혜 또는 자선의 의미로 조선총독부의 주도하에 실시되었다(김윤나, 2013: 63). 그러나 이러한 제도는 구빈이 목적이라기보다는 식민지 통치의 효율성의 제고를 위한 것이라고 볼 수 있다(엄기욱 외, 2013: 161). 조선구호령은 광복 후 1961년 생활보호법이 제정되기 전까지 우리나라 공공부조의 근간이 되었다(엄기욱 외, 2013: 161).

2) 해방 이후, 미군정시대 및 한국전쟁 시기 (1945년-1960년)

1945년 해방 이후 3년간의 미군정이 실시되었고, 이 시기의 사회복지입법은 빈곤과 사회혼란에 대처하기 위한 구호적·응급대체적인 성격이었다(김윤나, 2013: 64). 1945년 10월 27일에 공포된 미군정법령 제18호에 의하여 정부조직에 보건후생부를 두어 사변재해의 구제, 일반 빈곤한 자의 공공구제, 아동의 후생 및 기타 필요한 보호, 노무자의 후생 및 은급제, 주택문제 등과 같은 업무를 관장하였으며, 아동노동법규를 공포하여 아동의 노동을 보호하기도 했다(김승용 외, 2010: 50).

미군정시기의 구호사업은 주로 피난민과 빈민들에 대한 식량, 기아의 방지, 최저생계 유지, 보건 및 의료보호, 주택보급 등 응급구호에 치중되었다(김승용 외, 2010: 50; 엄기욱 외, 2013: 161). 또한 미군정기간의 복지에 대한 공적인 대책이 크게 부족하였기 때문에 무계획적인 민간구호단체와 시설이 증가하였고 외국 자선단체와 기관의 구호가 중심이 되었다(엄기욱 외, 2013: 161).

1950년에 6.25전쟁으로 국가 전체가 대혼란과 절대적 빈곤 상황의 매우 어려운 처지에 놓이게 되었다. 구호대상자들이 급격하게 증가하게 되었지만 정부는 최소한의 응급구호에 치중할 수밖에 없었다(권중돈 외, 2013: 85; 엄기욱 외, 2013: 161). 이에 구호재정의 대부분을 민간 부문의 해외원조에 의존하게 되면서 해외단체의 원조에 의한 시설보호와 구호물자 및 민간 차원에서의 자선적 활동에 의존할 수밖에 없었고 이러한 상황이 현대적 민간사회사업을 전개하게 만든 계기가 되었다(장승옥 외, 2011: 87; 김승용 외, 2010: 50).

이승만정부의 사회복지는 임시 응급구호와 전후복구에 급급하였고 근대적인 사회복지제도가 제대로 자리잡지 못하였다. 자선적·구호적·사후대책적·응급적·임시적 특성이 강했고, 공적이며 전문적 차원보다는 민간차원의 자발적·비전문적 수준에서 사회복지가 행해졌다. 그럼에도 불구하고 군사원호법(1950), 경찰원호법(1951), 근로기준법(1953) 등이 제정되어 시행되었다(김승용 외, 2010: 50; 엄기욱 외, 2013: 162). 그러나 이는 사회에 대한 지배력 극대화에 초점을 둔 정부가 국민의 복지보다는 특수계층의 충성심 확보를 위한 도구로서 복지를 이용했다고 볼 수 있다(김태성, 성경륭, 2006, 엄기욱 외, 2013: 162 재인용).

한편, 이 시기에 사회사업교육이 시작됨으로써 사회사업을 체계화하고 제도화하는 것에 기여하였으며 이는 한국사회복지발전을 한 단계 높여 주는 계기가 되었다(김기태 외, 2014: 137; 김승용 외, 2010: 50). 1947년에 우리나라 최초로 이화여자대학교에 기독교사회사업학과가 설치되었으며, 그 후 1953년에 강남대학교의 전신인 중앙신학교에 사회사업학과가 개설되었고, 국립대학으로는 최초로 서울대학교에 사회사업학과가 1958년에 설치되었다(김기태 외, 2014: 137). 그리고 사회복지 실천분야가 발전하기 시작하면서 대한적십자사(1949년), 한국사회사업연합회(1952년)가 창설되었고, 1961년에는 사단법인 한국사회복지사업연합회로 개칭되어 사회복지라는 용어가 공식적으로 한국에 등장했다(김기태 외, 2014: 138; 김승용 외, 2010: 50).

3. 사회복지제도 입법단계 (1960년대~1980년대 후반)

1) 박정희 정부와 사회복지 (1961년-1979년)

한국 사회보장제도의 태동에 결정적인 계기가 시작된 시기는 박정희정부부터라고 볼 수 있다. 박정희정부는 산업화 추진으로 급격한 경제성장을 일으켰으며 군사정권의 정당성을 확보하기 위한 노력으로 다양한 사회복지제도의 입법을 추진하였다(권중돈 외, 2013: 85).

1960년대 초부터 공무원연금법(1960)을 시작으로 생활보호법(1961년), 아동복리법(1961년), 윤락행위방지법(1961년), 재해구호법(1961년), 군인보험법(1962년), 군인연금법(1963년), 사회보장에 관한 법률(1963년), 산업재해보상보험법(1963년) 등이 제정되어 현대적인 사회복지의 제도적 기반이 구축되었지만 사회경제적 상황이나 정부의 재정능력 부족 등으로 실제로 이행된 정책은 많지 않았다(장승옥 외, 2011: 87).

1970년대에는 산업화가 가속화되면서 외국의 민간원조 단체들이 철수하거나 사업을 대폭 축소하게 되었고, 사회복지시설들은 국가의 재정적 지원에 매달릴 수밖에 없었다(장승옥 외, 2011: 87). 이 시기에는 사회복지사업법(1970년), 사립학교교원연금법(1973년), 국민복지연금법(1973년), 의료보험법(1976년), 저소득계층을 위한 의료보호법(1977년) 등이 제정되었다(장승옥 외, 2011: 87).

정부 당국은 예방적이며 제도적인 사회복지모델로 전환을 모색하였으나 경제개발정책에 집중함에 따라 실제 진행이 더디게 이루어졌으며 노동자 및 빈민을 위한 복지제도 마련에는 매우 소극적이었다(엄기욱 외, 2013: 164; 장승옥 외, 2011: 87-88).

2) 전두환정부와 사회복지 (1980년-1987년)

전두환정부는 1980년 12.12 정변으로 집권하면서 국정의 정통성을 확보하기 위해 복지사회의 건설을 주요 국정지표로 정하였다(김윤나, 2013: 65; 장승옥 외, 2011: 88). 즉, 빈곤으로부터의 해방을 위한 복지사회건설을 국정지표로 내세우고, 국가책임에 의한 사회복지 및 국민의 행복추구권을 헌법 전문과 제9조에 명시함과 동시에 대한민국헌법 제28조에서 제34조까지 복지사회실현을 위한 구체적 조항을 제시하였다(김승용 외 2010: 51).

이 시기에는 사회복지서비스 분야의 입법화가 이루어졌다(김윤나, 2013: 65). 아동복리법을 개정하여 아동복지법(1981년)으로 확대하고, 심신장애자복지법(1981년), 노인복지법(1981년), 유아교육증진법(1982년) 등이 제정되었다(장승옥 외, 2011: 88). 또한 생활보호법(1982년)이 전면 개정되었으며, 사회복지사업법(1983년)의 부분적인 개정을 통해 사회복지사의 자격조건을 명시하고 한국사회복지협의회를 법정 단체로 규정하였다(고명석 외, 2013: 112-113). 이 외에도 갱생보호법(1986년), 국민연금법(1986년) 개정, 최저임금법(1986년), 의료보험 확대실시(1988년) 등 일련의 입법조치와 복지행정의 확대가 이루어졌다(김승용 외, 2010: 51).

이 시기에는 지역복지와 재가복지가 도입되기 시작하면서 사회복지관 사업이 확장되고, 사회복지 전문 인력이 민간복지기관에 배치되었으며, 1987년부터 대도시 저소득층 밀집지역 동사무소에 7급 지방별정직 사회복지전문요원이 배치되기 시작하면서 사회복지 전달체계의 전문화가 구축되는 계기가 마련되었다(김승용 외, 2010: 51).

그러나 많은 사회복지 관련 법령이 제정되고 개정 및 확대되었음에도 불구하고 전두환정부가 사회복지 확대를 위해 적극적인 의지를 가지고 추진했다고는 평가하기 어렵다(엄기욱 외, 2013: 165). 당시 우리나라는 복지제도가 제대로 갖추어지지 않은 상황에서 서구 복지국가의 복지국가위기론을 언급하면서 자립과 민간의 역할을 강조한 것 등을 그 이유로 들 수 있다(엄기욱 외, 2013: 165).

4. 사회복지제도 확대단계 (1980년대 후반~1990년대 후반)

1) 노태우정부와 사회복지 (1988년-1992년)

1988년에 출범한 노태우정부는 민주화를 염원하는 사회적 분위기, 노동과 자본의 대립 속에서 재분배를 주장하는 노동계 등을 비롯한 국민들의 저항이 거세짐에 따라 사회복지를 확대하는 방향으로 통치전략을 전환하였다(강용규 외, 2011: 65).

노태우정부는 주로 전두환정부의 복지제도를 확대 시행하는 방향으로 전개하였는데, 이 시기 사회복지제도의 특징을 정리하면 다음과 같다(엄기욱 외, 2013: 166). 첫째, 국민연금제도, 최저임금제도, 전국민의료보험 제도 시행으로 소득 및 의료보장의 확대가 이루어졌다. 둘째, 1988년 서울 장애인올림픽 이후 장애인

종합대책 수립, 1990년 장애인고용촉진등에관한법률의 제정 등 장애인복지에 대한 변화가 시도되었다. 셋째, 사회복지관이 전국적으로 확대되었다. 넷째, 아동복지법과 별도로 영유아보육법(1991년)이 제정되면서 영유아보육사업이 크게 부각되었다. 다섯째, 재가복지를 중시하여 재가복지센터가 급격하게 증가되었다. 이외에도 모자복지법(1989년), 청소년보호법(1991년), 고령자고용촉진법(1992년) 등이 제정되었다.

2) 김영삼정부와 사회복지 (1993년-1997년)

1993년에 출범한 김영삼정부 시기에는 세계화라는 흐름이 국제질서로 자리잡아가면서 국가경쟁력이 중요한 과제로 떠올랐다(엄기욱 외, 2013: 166). 이에 기존제도의 내실화에 중점을 두고 복지시책 및 관리운영의 효율화를 통해 복지증진과 경제사회발전이 조화될 수 있는 체계를 확립한다는 것이 기본 방향이었다(고명석 외, 2012: 113).

김영삼 대통령의 문민정부에서는 고용보험법(1995년), 윤락행위등방지법(1995년), 입양특례법(1995년), 국민건강증진법(1995년), 성폭력범죄의처벌및피해자보호등에관한법률(1995년), 여성발전기본법(1995년), 정신보건법(1995년), 사회복지공동모금법(1997년) 등을 제정함으로써 복지행정의 확대가 이루어졌다(김승용 외, 2010: 51). 그러나 1997년 말 외환위기로 인해 한국사회는 실업자가 급증하고, 노숙자가 증가되었으며, 가족해체로 인한 심각하고 다양한 사회문제들이 발생하였다(고명석 외, 2012: 113).

5. 사회복지제도 전환 및 개혁단계 (1998년 이후~현재)

1) 김대중정부와 사회복지 (1998년-2002년)

우리나라는 1997년 외환위기로 실업률의 증가, 소득의 감소, 중산층의 붕괴, 가족해체, 빈곤 등의 사회문제에 직면하게 되었다. 이에 김대중정부에서는 생산적 복지를 주창하며, 사회적 안전망의 설치와 보건·복지제도의 기초마련을 기본 방향으로 설정하였다(강용규 외, 2011: 65).

사회적 안전망의 확충이 절실히 요구되면서 기존의 생활보호법을 개편하여 최저생계비에 근거해 지급하는 새로운 제도인 국민기초생활보장법(1999년)을 제정하면서 우리나라 공공부조에 근본적인 변화가 나타났다(강용규 외, 2011: 65; 권중돈 외, 2013: 88). 이 법은 시혜적 단순보호차원의 생활보호제도에서 저소득층의 수급을 권리로 인정하고 빈곤에 대한 사회적 책임을 강조하고 있다(권중돈 외, 2013: 88). 소득인정액이 최저생계비 이하인 빈곤층은 누구나 수급자가 될 수 있도록 하였고, 근로동기의 유지 및 자활조성을 위한 근로연계복지를 실시하였고, 긴급생계지원 및 주거급여를 신설하여 수급권자의 지원체계를 강화하였다(권중돈 외, 2013: 88).

또한 고용보험의 실행을 통해 실업 예방, 고용촉진 및 근로자의 직무능력 개발과 향상을 도모하였으며, 1997년에 제정된 국민의료보험법에 의거하여 1999년 국민건강보험법이 제정되면서 통합주의 방식으로 전환됨에 따라 보험급여 수급자의 확대 및 보험적용 범위의 포괄성 등이 이루어졌다(권중돈 외, 2013: 88). 또한 1998년 말에 국민연금법이 개정되어 연금의 대상이 확대되어 전국민연금제도가 이루어졌다(김기태 외, 2014: 149).

그리고 노인, 장애인, 여성, 한부모 가정 등 사회적 취약계층에 대한 사회복지서비스의 발전이 있었다. 이 기간 동안의 경로연금 신설, 장애범주의 확대, 가정폭력방지법(1998년)의 제정, 저소득층 자녀를 위한 무상보육사업, 저소득 한부모 가정에 대한 생업자금 융자대상 확대, 사회복지관과 재가복지봉사센터 설치의 확대 등이 있었다(김기태 외, 2014: 150). 또한 1997년 제정된 사회복지공동모금법을 보완 1999년 사회복지공동모금회법으로 이름을 변경해 개정함으로써 민간주도의 모금활동을 활성화하고자 하였다.

2) 노무현정부와 사회복지 (2003년-2007년)

2003년 노무현정부는 '전체 국민에 대한 보편적 복지서비스 제공, 상대적 빈곤 완화, 풍요로운 삶의 질 구현'이라는 3가지 정책목표를 제시하고(김기태 외, 2014: 151), 참여복지라는 슬로건 아래 삶의 질 향상과 균형적 복지를 기본 방향으로 설정하였다(김윤나, 2013: 66). 사회복지공급주체로서의 국가의 역할을 강화하고, 사회복지 대상을 사회적 취약계층에서 전체 국민으로 확장하였으며, 정책결정과정과 복지의 배분 및 소비영역에서 관련 이해 당사자의 참여를 보장하고자 하였다(김기태 외, 2014: 151).

긴급위기 발생시 신속한 생활지원을 위해 긴급복지지원법(2005년)에 근거한 긴급복지제도와 저임금 차상위 계층에게 조세를 통한 현금급여정책인 근로장려세제(EITC)의 실시(권중돈 외, 2013: 89), 지방분권정책과 지역균형발전정책 시도(김기태 외, 2014: 151) 등을 통해 취약계층의 보호 강화 및 사각지대 해소를 위한 제도 개선, 차상위 계층 보호, 일을 통한 탈빈곤 지원, 사회복지 전달체계의 확대 개편을 추진하였다(엄기욱 외, 2013: 168)

이와 함께 급속한 고령화의 진행으로 인해 치매나 중풍 노인 등에 대한 간병이나 수발의 수요가 급증함에 따라 개인 또는 사회 전체의 복지 증진 및 삶의 질 제고를 위한 사회서비스의 확충을 추진하였다(김기태 외, 2014: 152). 이에 따라 저출산고령사회기본법(2005년)을 제정하고 이에 기초한 제1차 고령사회 기본계획을 마련, 노인장기요양보험법(2007년) 제정 등 고령화에 대한 범정부적 대응체계를 구축하였다(엄기욱 외, 2013: 168).

3) 이명박정부와 사회복지 (2008년-2012년)

2008년에 출범한 이명박정부는 친사회적 시장주의와 능동적 복지를 복지정책의 기조로 내세웠다. 능동적 복지는 빈곤과 질병 등 사회적 위험을 사전에 예방하고, 위험에 처한 사람들이 일을 통해 재기할 수 있도록 돕고, 경제성장과 함께 하는 복지를 표방한다(엄기욱 외, 2013: 169). 즉, 경제부문의 능동성을 해치지 않는 범위에서 소외계층을 국가가 철저하게 보호하고, 일할 수 있는 사람들의 근로능력을 제고하여 복지욕구를 해결하고자 하는 복지정책이다(김윤나, 2013: 67).

예를 들면 능동적 복지를 실현하기 위하여 금융소외자(신용불량자), 영세자영업자 등에게 대출을 알선하고, 비정규직에 직업훈련기간중 생계비를 지원하는 New Start 2008 대책의 일환으로 희망디딤돌 복지대책을 마련하였다(오정수 외, 2010: 92). 희망디딤돌 복지대책은 수요자 중심의 틈새 보육서비스 제공, 중증장애인의 일자리 확대, 예방적 건강검진서비스의 강화, 기초노령연금의 지급 대상 확대 및 노인 일자리 보급 등 노인을 위한 맞춤형 복지제공 등을 주요 내용으로 하였다(오정수 외, 2010: 92).

이명박정부의 능동적 복지는 시장과 효율을 강조하는 국정철학에 기초하고 있어 복지에 대한 국가책임의 확대보다는 민간과 시장으로 복지책임이 전가되는

형태로 복지확대에 소극적이라는 평가를 받고 있다(오정수 외, 2010: 92). 즉, 능동
적이 아닌 소극적·명목적 복지라고 평가되며, 경제성장을 강조하고 친기업 보수
우익 성향을 매우 강하게 보이는 것으로 평가되기도 한다(엄기욱 외, 2013: 169).
이명박정부의 복지정책은 효율화, 민간재원의 활용, 공공성의 강화보다는 경쟁과
효율을 중시하는 정책기조가 반영되었던 것이다(오정수 외, 2010: 92).

다음의 〈표 7-8〉은 영국, 미국, 한국 3개국의 사회복지역사를 비교하여 연도
별로 제시한 것이다.

☞ 표 7-8 영국, 미국, 한국의 사회복지역사 연표

구분	영 국	미 국	한 국
-	1349 노동자법 제정		15 백성 구제 기록(백제 시조 온조왕 33년) 18 백성 구제 기록(신라 제2대 남해왕 15년) 38 시궁구휼 실시(백제 다루왕 11년) 194 진대법 실시(고구려 고국천왕 16년) 918 흑창 실시(진대사업)(고려 태조 원년) 963 제위보(구제기관) 설치(고려 광종 12년) 986 의창 실시(고려 성종 5년) 993 상평창 실시(고려 성종 12년) 1112 혜민국(현대의 보건소) 설치(고려 예종 7년) 1783 자휼전칙 공포(조선 정조 6년)
구빈법시대	1601 엘리자베스 구빈법 1662 거주지법(정주법) 1772 작업장테스트법 1782 길버트 법 1795 스핀햄랜드법 1832 구빈법 관리와 운영		

	조사를 위한 왕립위 원회 구성 1834 신구빈법		
근 대 사 회 사 업	1869 자선조직협회 결성 1884 토인비홀 개관 　　　페비안 사회주의 결성 1886-1992 찰스 부스 빈곤 　　　조사보고서 "런던시민 　　　의 생활과 노동" 발간 1899 라운트리 빈곤조사보 　　　고서 "빈곤-지방도 　　　시의 연구" 발표	1886 노동조합연맹　창설 　　　미국 최초 인보관 　　　Neighborhood 　　　Guild 설립 1889 제인 아담스 　　　헐하우스설치 1898 뉴욕자선조직협회 　　　사회복지사양성 　　　교육시작 1904 로버트 헌터 "빈곤" 　　　출간 1909 피츠버그 보고서 발간 1917 리치몬드 Social 　　　Diagnosis 출간	1988 조선영해회 고아원 및 양로원 　　　설치 1920 감리교 태화여자관 설치 1947 이화여자대학교 기독교 사회사 　　　업학과 설치 1949 대한적십자사 1958 캐나다 유니태리언봉사회 가정 　　　봉사 사업 1961 태화사회관 가정상담사업
사 회 보 장 시 대	1907 산업재해보상보험법 1908 노령연금법 1911 국민보험법(실업보험, 　　　의료보험) 제정 1925 과부·고아 및 노령연 　　　금법 1942 베버리지보고서 1944 교육법 제정 1945 가족수당법 1946 산업재해보험법 　　　국민보험법 　　　국민보건서비스법 　　　(NHS) 1948 국민부조법 　　　아동법	1929 대공황 시작 1935 사회보장법 1964 경제기회법 제정, 　　　Food Stamp 프로 　　　그램 도입 1965 Medicare 도입 　　　Medicaid 도입 1972 SSI 도입 1974 사회보장에 Social 　　　Service 포함 1977 카터대통령 복지개 　　　혁 추진 1988 Family Support 　　　Act 1996 개인책임 및 근로기 　　　회조정법 　　　AFDC폐지, 　　　TANF 도입 2010 건강보험 개혁	1960 공무원연금법 1961 생활보호법, 아동복리법 1963 의료보험법(1976년 본격실시) 1963 산업재해보상보험법 1970 사회복지사업법 1973 국민복지연금법　제정(1974 　　　시행 보류) 1977 공무원 및 사립학교 교직원 　　　의료보험법 1979 사회복지사업법 제정 1981 노인복지법, 심신장애자복지법 　　　제정 1983 사회복지관 본격 설치운영 1986 국민연금법 제정 1987 사회복지전문요원배치 1993 고용보험법(1995년 시행) 1995 정신보건법 제정 1997 사회복지공동모금법 1999 사회복지공동모금회법 1999 국민건강보험법 제정(의료보험 　　　통합)

		1999 국민기초생활보장법(2000년 시행, 생활보호법 대체) 2000 국민건강보험, 국민기초생활보장제도 실시 2005 사회복지의 재정분권 시행

출처: 박경일 외, 2004: 108; 박병현, 2010: 47, 149, 263 참고하여 재구성

다음의 〈표 7-9〉는 한국의 산업화 시기별 사회복지 입법 현황을 사회보장일반, 사회보험, 공공부조, 사회복지서비스로 구분하여 연도별로 살펴본 것이다.

☞ 표 7-9 한국의 산업화 시기별 사회복지 입법 현황

구분	사회보장일반	사회보험	공공부조	사회복지서비스
산업화이전 (1945~1950년대) 사회보장의 제도적 기반 없음				
산업화시기 (1960~1970년대)	1963 사회보장에 관한 법률	1960 공무원 연금법 1962 선원보험법 1963 군인연금법 1963 산업재해보상보험법 1976 의료보험법 (전면개정) 1977 공무원및사립학교교직원의료보험법 1977 의료보험법 시행	1961 생활보호법 1961 군사원호 보상법 1962 재해구호법 1962 국가유공자 등 특별원호법 1968 자활지도사업에 관한 임시조치법 1970 의료구호법 1977 의료보호법	1961 아동복리법 1961 고아입양특례법 1961 고아의 후견직문에 관한 법률 1961 윤락행위 등 방지법 1961 갱생보호법 1970 사회복지사업법

산업화 이후 (1980~1990년대)				1981 아동복지법 (전면개정) 1981 노인복지법 1981 심신장애자복지법
			1982 생활보호법 (전면개정)	
		1986 국민연금법(전면개정)		1987 청소년육성법
		1988 전국민의료보험실시(1989)		
				1989 장애인복지법 (전면개정) 1989 모자복지법
				1991 장애인고용촉진 1991 영유아보육법 1991 청소년기본법 전면개정)
		1993 고용보험법		1993 일제하일본군 안부에대한생 안정지원법 1994 성폭력방지및 해자보호등에 한법률
	1995 사회보장기본법 (전면개정)	1995 고용보험법 시행		1995 정신보건법 1995 청소년기본법
		1997 국민의료보험법 (통합의료보험)		1997 청소년보호법 1997 사회복지공동 금법 1997 가정폭력방지 피해자보호등 관한법률 1997 장애인·노인·산부등의편의증 보장에관한법률
		1999 국민건강보험법 (개정)	1999 국민기초생활보장법(전면개정)	1999 사회복지공동모회법
			2001 의료급여법 (전면개정)	

1997년 경제위기 이후(1998~현재)			
			2002 모·부자복지법 (전면개정)
	2003 건강보험재정통합		2003 청소년복지지원법
			2003 일제하일본군위안부피해자에대한생활안정및지원사법등에관한법률(전면재정)
			2004 성매매방지및피해자보호등에관한법률
			2004 농어촌주민의보건복지증진을위한특별법
		2005 긴급복지지원법	2005 저출산·고령사회기본법
			2006 식품기부활성화에관한법률
	2007 노인장기요양보험법	2007 기초노령연금법	2007 한부모가족지원법(전면개정)
			2008 다문화가족지원법

출처: 성영혜, 2001: 67; 장인협 외, 2007: 65; 이용교, 2011: 106 참고하여 재구성

생각해 볼 문제 및 과제

1. 사회복지 역사연구의 중요성에 대해 생각해 보자.

2. 사회복지의 발달에 영향을 미치는 요인들에 대해 논의해 보자.

3. 자선조직협회와 인보관운동의 주요 차이점은 무엇인지 비교해보고, 각각 사회복지에 어떠한 영향을 미쳤는지를 설명해 보자.

4. 영국 사회복지발전과정에 있어서 빈민관련법의 변화과정에 대해 생각해 보자.

5. 우리나라의 사회복지역사가 어떻게 발전되어 왔는지 살펴보고, 서구 복지국가들과 비교해 어떠한 유사점과 차이점이 있는지 논의해 보자.

참고문헌

강용구, 김종상, 염일열, 최정규, 임옥빈(2011). 사회복지개론(제2판). 공동체.

고명석, 승금희, 최성균, 최우진(2012). 사회복지개론(제4판). 대왕사.

고재욱, 이원웅, 심의보, 김종상, 어흥선(2013). 사회복지개론. 정민사.

권중돈, 조학래, 윤경아, 이윤화, 이영미, 손의성, 오인근, 김동기(2013). 사회복지개론(제
        2판). 학지사.

김기태, 박병현, 최송식(2009). 사회복지개론. 박영사.

김기태, 박병현, 최송식(2013). 사회복지개론(제6판). 박영사.

김성천, 강욱모, 김혜성, 박경숙, 박능후, 박수경, 송미영, 안치민, 엄명용, 윤혜미, 이성기,
        최경구, 최현숙, 한동우(2009). 사회복지학개론: 원리와 실제. 학지사.

김성천, 강욱모, 김혜성, 박경숙, 박능후, 박수경, 송미영, 안치민, 엄명용, 윤혜미, 이성기,
        최경구, 최현숙, 한동우(2013). 사회복지학개론: 원리와 실제(제2판). 학지사.

김승용, 김상오, 김순안, 김오복, 김은묵, 김재중, 박금윤, 박은주, 오준심, 정미경(2010).
        사회복지개론. 양서원.

김윤나(2013). e-사회복지개론. 도서출판 신정.

김욱(2003). 복지란 무엇인가: 인간의 행복 찾는 사회제도. teenNews, 55, 32-34.

김정기, 최원규, 진재문(2004). 사회복지의 역사. 나남출판.

김형태, 원지영, 이은희, 이준우, 임원선(2013). 사회복지개론. 신정.

성영혜(2001). 사회복지개론. 형설출판사.

박경일, 김경호, 서화정, 윤숙자, 이명현, 이상주, 이재모, 전광현, 조수경(2010). 사회복지
        학강의. 양서원.

박병현(2010). 사회복지의 역사. 공동체.

박옥희(2013). 사회복지의 이해. 학지사.

엄기욱, 김순규, 배진희, 오세영(2013). 사회복지개론. 학지사.

오정수, 최해경, 정연택, 류진석, 유채영(2010). 사회복지학개론. 양서원.

이용교(2011). 디지털사회복지개론(제3판). 인간과 복지.

장승옥, 정은아, 김주영, 권은정, 차동석(2011). 사회복지의 이해. 청목출판사.

장인협, 이혜경, 오정수(2007). 사회복지학(제2개정판). 서울대학교출판부.

제 **8** 장 사회복지 전문직과
사회복지사

제1절 사회복지 전문직

1. 전문직의 개념

사회복지는 전문직인가? 사회복지사는 전문성이 있는가? 이러한 질문은 사회
복지학을 연구하고 사회복지를 실천하는 현장에서 흔히 접하게 되는 질문이다.
이렇게 전문성을 강조하는 이유가 사회복지가 전문직이 아니어서 그런 것인지
더욱 전문성이 필요해서 그런 것인지에 대해서는 다양한 의견이 있다. 사회복지
의 전문직으로서의 위상은 어떠한지, 어느 정도 전문성을 인정받고 있는지는 전
문직이 무엇을 의미하고, 전문직 여부를 판별하는 기준들이 무엇인지를 살펴봄
으로써 접근할 수 있다(김용일 외, 2003: 353).

일반적으로 전문직이란 사회적 지위가 보장되고 장기간의 교육과 훈련과정을
통하여 형성된 전문적인 지식과 기술을 독점적으로 사용할 권한이 보장된 직업
을 말한다(김용일 외, 2003: 353). 사회복지가 전문직인가에 대한 논쟁은 오래전부
터 있어 왔는데 그 중 중요한 계기는 1915년 전미 자선 및 교정 컨퍼런스에서 의
사 Abraham Flexner가 '사회사업은 전문직인가?'(Is Social Work a Profession?)라
는 논문에서 사회복지의 전문성을 비판한 것이다.

Flexner는 사회복지가 전문직이 될 수 없는 두 가지 중요한 이유에 대해 첫
째, 다루는 영역이 너무 광범위하여 특정의 세부적 영역을 갖지 못하였고, 둘째,
체계적 지식(이론)체계가 발전하지 못하여 전문교육을 시킬 수 없다는 점을 들었
다(김상균 외, 2007: 499).[1] 이러한 Flexner의 비판 이후 사회복지계는 지속적인
논쟁이 있었고 전문직의 위상을 정립하기 위한 노력이 다양하게 전개되었다.

당시 사회복지는 전문직의 위치를 얻고자 주요활동이던 사회개혁운동이나 공
공복지는 등한시하고 대상영역을 좁혀 정신의학 편중의 개별사회사업이 한동안
강조되다가 1930년대 대공황시기의 뉴딜정책과 1960년대의 빈곤과의 전쟁시기

---

1) Flexner는 사회복지가 비록 과학적 지식이 바탕이 되고 공공의 이익을 위해 일하는 직업이지
만 사회과학적 기초와 독자적이고 명확한 지식체계 및 전수할 만한 전문기술이 결여되어 있
고, 정부의 책임 아래 실시되는 교육 및 전문적 자격제도 및 전문적 조직체가 없으며, 전문적
실천에 대한 강령이 없어 전문직이 되기 어렵다고 하였다.

에는 공공복지와 사회운동이 다시 확대되었다(김상균 외, 2007: 499).

Toren(1969)은 체계적 지식과 전문적 규범의 측면에서 사회복지는 준전문직 (semi-profession)이라고 평가하였고, Etzioni(1969)는 사회복지가 전문직이 되기에는 훈련기간이 짧고 의사나 변호사에 비해 특유의 의사전달방식이 없다고 하였다.

여기에서는 직업의 전문직 여부에 대한 검토를 속성론, 과정론, 그리고 권력론 이라는 3가지 관점에서 살펴보고자 한다.

2. 전문직의 조건

1) 속성론(trait model)

Greenwood(1957)는 '전문직의 속성'(Attributes of a Profession)이라는 글을 통하여 전문직이 될 수 있는 직업의 속성을 필수속성과 파생속성으로 나누어 제시하였다. 그는 필수속성으로 체계적 이론, 사회적 인가, 윤리강령을 들었고, 파생속성으로 전문적 권위와 전문직 문화를 제시하였다.

(1) 필수 속성

① 체계적 이론(systematic body of theory)

체계화된 지식기반과 기술을 전문직의 필수속성으로 들었다. 체계화된 이론으로부터 나온 우월성을 가진 기술을 강조하고 이러한 기술의 근원이 되는 이론의 체계화 여부를 전문직과 비전문직을 구별하는 요인으로 보았다. 전문직은 장기적인 교육과 훈련과정을 통하여 체계화된 이론을 전수하게 된다.

② 사회적 인가/승인(sanction of community)

사회 일반이나 지역사회로부터 전문직에 주어지는 권한과 특권을 인가(승인)받는 것을 의미한다. 전문가를 교육하고 훈련하는 자격 있는 교육기관에 전문가를 배출하는 권한을 주거나 자격시험을 관장하게 하는 등 독점적인 권한을 부여한다. 교육기관에 대한 인가는 학교의 수, 졸업생의 수, 교육과정, 교육의 질 등의 규제를 포함한다. 특권은 클라이언트와의 관계에서 정보를 얻을 권리를 인정받는 것을 말하며 비밀을 누설해야 하는 특별한 상황을 제외하고는 비밀보장의 특권을 가진다.

③ 윤리강령(code of ethics)

사회적 인가로 인해 얻어지는 전문직의 특권은 남용과 오용의 가능성이 있으므로 자체규제 등의 목적으로 전문직은 전문직 자체의 윤리강령을 가진다. 전문적 행위의 옳고 그름은 전문직 내부에 의존할 수밖에 없기 때문에 윤리강령은 구속력을 가진다. 윤리강령은 전문직의 행위를 안내하고 구성원이 이를 어기게 되면 자격을 박탈하는 등의 역할을 담당하는 전문직 자체의 구속력 있는 규범체계이다.

(2) 파생 속성

① 전문적 권위(professional authority)

장기간의 교육과 훈련과정을 통해서 얻어지는 지식과 체계적 이론이 전문적 권위를 파생시킨다. 전문직은 클라이언트와 전문적 관계를 형성하고 전문적 지식이 결여되어 있는 클라이언트를 돕기 위한 서비스의 내용과 제공방법의 결정권한을 가진다. 클라이언트에게 서비스를 제공하는 데 있어서 전문적 권위를 존중받는지 여부가 전문직의 구성요인이 될 수 있다.

② 전문직 문화(professional culture)

전문직은 고유한 가치와 규범을 공유함으로써 전문직 자체의 고유한 문화를 형성하게 된다. 전문직은 일종의 사명 혹은 소명으로 받아들일 수 있기 때문에 고유한 가치와 규범을 준수한다. 전문직의 윤리강령은 전문직 문화를 파생시키는 데 주요한 역할을 담당한다.

그러나 속성론은 너무 이상적 형태의 전문직에 초점을 맞추고 있고 지나치게 이분법적이어서 현실세계에 존재하는 많은 직업들의 전문직 여부 판단에 있어서 비현실적이라는 비판을 받는다. 다양한 직업들은 나름대로의 특수성을 가지고 있기 때문에 위의 속성을 가졌다고 해서 전문직이고, 가지지 않았다고 해서 비전문직이라고 쉽게 단정하기는 어렵다.

☞ 표 8-1   Greenwood의 전문직의 속성

구 분		내 용
필수 속성	체계적 이론	• 체계화된 지식기반과 기술을 가짐
	사회적 인가(승인)	• 사회 일반이나 지역사회로부터 전문직에 주어지는 권한과 특권을 인가(승인)받음
	윤리강령	• 전문직의 윤리적 실천을 안내하는 성문화된 강령을 가짐
파생 속성	전문직 권위	• 클라이언트와 전문적 관계를 형성하고 서비스를 제공하는 데 있어서 권위를 가짐
	전문직 문화	• 고유한 가치와 규범을 공유함으로써 전문직 자체의 고유한 문화를 형성

2) 과정론(process model)

속성론의 한계를 극복하는 차원에서 나온 것이 이른바 '과정론'이다. 이 관점에서는 어떤 직업의 전문직 여부를 몇 가지 속성 등과 관련해 전문직과 비전문직처럼 이분법적으로 볼 것이 아니라, 전문성 정도와 발전과정에 따른 연속성(continuum)에 따라 판단해야 한다는 것이다. 예를 들어 특정 직업을 전문화가 많이 진행된 직업 또는 적게 진행된 직업으로 분류할 수 있다는 것이다. 이 관점은 직업의 발전과정(life history)에 초점을 맞추어 어떤 단계나 수준에 도달하였는가를 기준으로 전문직화의 정도를 판단하는 것이다. 과정론의 관점들 중 가장 널리 알려진 Wilensky(1964)에 의하면 어떤 직업이 전문직화 하는 과정에는 다음의 여덟 단계가 필요하다고 하였다(김태성 외, 1998: 20-21 재인용).

직업의 전문직화 과정 8단계

1단계 직업을 수행하는 데 유급의 전일제 활동(full-time paid activity)이 필요하게 됨
2단계 직업을 수행하기 위해서는 대학에서의 전문 교육을 받아야 가능해짐
3단계 직업의 전국적 조직체(협회, 연합회 등)가 만들어짐
4단계 직업에서 수행하는 고유하고 핵심적인 임무(core task)가 명확히 나타나야 함
5단계 과거에 그 직업을 가졌던 사람들과 새로운 교육과 자격으로 그 일을 하는

사람들간의 갈등이 나타남
6단계 그 직업과 유사한 직업들 사이에 갈등이 첨예해짐
7단계 그 직업에 대한 법적인 보호 장치(면허, 등록, 자격제도 등)를 만듦
8단계 그 직업의 윤리강령이 만들어지게 됨

과정론에 의하면, 서로 다른 직업들의 전문직 위상은 위에서 설명된 전문직화 단계상 서로 다른 위치에 있고, 이에 따라 전문직화가 결정된다고 한다. 그러나 과정론의 한계점은 현실세계의 많은 전문 직업들이 이러한 단계를 충실히 따르지 않는다는 점이다. 그리고 더 근본적 문제로서 그가 제시한 8단계의 위계가 과연 전문성의 심화 정도를 정확히 반영하고 있는가 하는 점이다(김상균 외, 2007: 497).

3) 권력론(power model)

권력론은 속성론과 과정론을 비판하며 전문직이론에 대한 보다 근본적인 질문을 던진다. 무엇이 전문직을 구성하느냐 하는 질문은 사소한 것에 불과하며, 그러한 질문 대신에, "전문직이 그들의 특수한 입장을 유지하고 협상하기 위하여 무엇을 하는가?"라는 질문을 던진다. 즉, 속성론을 따르든 과정론을 따르든 지금까지의 두 가지 관점에서는 전문직에 대한 객관적 기준을 가지고 있다는 공통점이 있다. 그러나 권력론에서는 전문직에 대한 일정한 사전 기준이 존재하지 않는다고 본다. 대신, 어떤 직업이든 특정영역에서 특정한 일을 하는 데 사회에서 독점적 지위를 부여받으면 전문직이 된다는 것이다(Cullen, 1978, 김태성 외, 1998: 21-22 재인용).

이 관점에 의하면 전문직화는 전문직이 되고자 하는 직업과 사회의 상호관계에서 결정된다. 사회가 복잡해질수록 사회에서 필요로 하는 일이 복잡해지고 관료적(bureaucratic) 방법은 한계가 있기 때문에 점차 어떤 영역에서는 전문직이 필요하게 된다. 전문직 등장의 초기 단계에서 많은 직업들이 해당 영역의 독점권을 둘러싸고 치열한 권력투쟁(power struggle)을 하게 되며 권력투쟁의 최종 승자가 그 영역을 독점하게 되어 전문직이 된다는 것이다.

어떤 직업이 특정 영역에서 독점적인 지위를 차지해 전문직이 되는 것은 그

영역에서 발휘하는 효과성이나 효율성과는 상관없이 권력투쟁을 통한 영역의 독점과 관련된다는 것이다. 즉 의료의 전문직화는 의료가 질병치료에 효과적이라기보다는 초기에 정규대학을 졸업한 의사들이 다른 경쟁자들을 물리치고 정치적인 권력을 발휘해서 의료를 독점했기 때문이다(Freidson, 1970; 김융일 외, 2003: 356-357 재인용).

이와 같이 권력론은 전문직 결정요인이 얼마나 기능을 잘 수행하느냐에 따른 것이 아니라 독점권을 사회로부터 배당받게 되는 정치적 권력투쟁의 결과에 의해 주로 결정된다고 본다. 그 결과, 전문직화의 결과를 설명하는 데 있어서는 앞서 살펴본 두 관점이 보지 못한 측면을 부각시키는 장점이 있는 반면, 특정직업의 전문직화 가능성을 예측하기 어렵다는 약점도 지니고 있다(김상균 외, 2007: 498).

4) 전문직의 조건과 한국의 사회복지 위상[2]

앞서 살펴본 속성론, 과정론, 권력론을 근거로 한국사회복지의 전문성 정도를 살펴보고자 한다.

속성론의 관점에서 한국의 사회복지학은 이론과 실천에 관한 체계적인 지식을 보유하고, 전문적 권위의 중요성도 강조되고 있으며, 윤리강령을 갖추고 소명의식을 매우 중요시한다는 점에서 전문적인 속성은 대체로 갖추었다고 생각된다. 다만 사회적 인가를 높일 수 있는 학교의 수와 전문가의 수가 통제되지 못하고 있어 꾸준한 사회복지 수요증가를 감안하더라도 전문인력에 대한 적절한 양적 통제는 필요하다.

과정론의 관점에서 살펴보면 이미 한국의 사회복지직은 유급의 전문직화를 이루었고, 대학교육의 자격요건을 정해 놓고 있으며, 전국적 조직체로 한국사회복지사협회를 구성하고 있다. 또한 의존성을 보이는 클라이언트를 대상으로 상담, 치료, 교육, 재활, 정보제공과 의뢰서비스를 제공하는 핵심적인 과업이 있으며, 사회복지 1세대와 2세대간의 갈등이 분출하고, 가족학, 상담심리학, 정신의학, 교육학, 경영학 등의 학문과 영역다툼이 노출되고, 법적 보호 장치로 자격증제도가 있으며, 윤리강령도 채택하고 있다. 따라서 사회복지는 과정론적 측면에서 충

---

2) 김융일 외(2003: 357-358)의 '한국사회복지사의 위상과 전문직' 부분을 주로 참고하여 정리하였다.

분히 전문직으로 인정될 수 있다.

그러나, 권력론의 관점에서 한국 사회복지직은 전문직화에 실패했다고 판단된다. 아직까지도 사회복지업무에 있어서 사회복지전문직이 전적으로 독점적인 지위를 획득하지 못하고 있기 때문이다. 그 이유를 사회복지에서 다루게 되는 '업무의 다양성' 측면에서 찾아보는 시각도 있다. 물론 사회복지사업법에 의하면 사회복지시설과 기관에서는 반드시 사회복지사를 채용하도록 규정하고 있기 때문에 어느 정도 독점적인 지위가 있다고 볼 수 있으나 어떤 업무에 얼마나 많은 사회복지사가 필요한가에 관한 상세한 규정은 없기 때문에 이러한 측면에서도 독점성은 느슨하게 나타난다.

결론적으로 한국 사회복지직은 전문직의 요건은 어느 정도 갖추었다고 판단되지만 의사와 변호사와 같이 독점적인 지위를 확보할 수 있는 위치와 사회적 승인은 없고 간호사와 교사와 같은 수준의 준 전문직(semi-profession)의 수준에 있으면서 전문직으로 발전하는 과정에 있다고 판단된다. 사회복지사 2,479명을 대상으로 한 '2011년 사회복지사 기초실태 및 인식조사'에 의하면 응답자의 49.7%('매우 그렇지 않다' 15.4%, '그렇지 않다' 34.3%)가 사회복지사의 전문성이 인정되지 않는다고 응답하였고, 16.4%('매우 그렇다' 2.4%, '그렇다' 14.0%)가 사회복지사의 전문성이 인정된다고 응답하였으며, 33.7%는 '보통'으로 응답하여 아직까지는 사회복지사가 느끼는 사회의 전문성 인정부분과 관련해서는 부정적인 의견이 많은 것으로 보인다(한국사회복지사협회, 2011: 72).

제2절   사회복지사

1. 사회복지사 현황

사회복지사는 사회복지사업법 제11조 제1항에서 규정하고 있듯이 '사회복지에 관한 전문지식과 기술을 가진 자'로서 '유일한' 사회복지전문가이다(한국사회복지사협회, 2012: 4). 정부의 '한국직업표준분류'에서도 사회복지사는 "현대사회에서 발생하고 있는 청소년, 노인, 여성, 가족, 장애인 등 다양한 사회적·개인적 문제를 겪는 사람들에게 사회복지학 및 사회과학의 전문지식을 이용하여 문제를 진단·평가함으로써 문제해결을 돕고 지원하는 업무를 담당하는 자"로 정의된다(한국사회복지사협회, 2012: 4).

사회복지사 자격증을 교부받은 사람은 2014년 1월 31일 기준 641,396명에 이르며 이 중 1급은 110,606명, 2급은 518,035명, 3급은 12,755명으로 나타났다.

☞ 표 8-2 사회복지사 자격증 발급 현황

연 도	1 급	2 급	3 급	합 계
2001	30,028	13,292	9,273	52,593
2002	40,515	19,365	9,443	69,323
2003	45,834	29,857	9,758	85,449
2004	50,878	43,579	10,188	104,645
2005	55,299	63,927	10,773	129,999
2006	60,354	91,798	11,162	163,314
2007	64,799	132,621	11,446	208,866
2008	73,969	183,315	11,790	269,073
2009	81,255	244,384	12,013	337,651
2010	90,988	308,612	12,215	412,815
2011	94,593	375,766	12,408	482,807
2012	104,457	443,498	12,575	560,530
~ 2014.1.31.	110,606	518,035	12,755	641,396

출처: 한국사회복지사협회, 2012: 149, 한국사회복지사협회, 2014

한국사회복지사협회의 자료에 의하면 2012년 기준 사회복지사 총 73,619명이 각종 사회복지현장에서 근무하고 있다. 이 중 63,284명은 민간사회복지전달체계인 사회복지기관 및 시설 등에서 사회복지사로 활동하고 있고, 10,335명이 공공사회복지전달체계에서 사회복지전담공무원으로 근무하고 있다. 그리고 공공 및 민간기관에 근무하는 사회복지사들은 전국적으로 1일 평균 600여만 명의 서비스 이용자들과 만나며 국민들에게 최일선의 사회복지를 전달하는 핵심적인 역할을 담당하고 있다(한국사회복지사협회, 2012: 4).

☞ 표 8-3 사회복지사 취업 현황(2009-2012)

연 도	총 계	민 간*				공 공
		사회복지시설	법 인		기 타 관련기관 **	사회복지 전담공무원
			사회복지	기타***		
2009	66,790	46,757	4,766	652	4,280	10,335
2010	68,361	48,890	4,040	747	4,188	10,496
2011	72,981	51,042	4,280	1,320	5,700	10,639
2012	73,619	51,642	4,371	1,316	5,955	10,335

출처: 한국사회복지사 기초통계연감, 2012: 173.
* 민간 사회복지사의 경우 자격증 취득 후 종사 여부에 대한 사항을 신고하도록 법령에 규정되어 있지 않으므로 실제 현재 파악되지 않은 종사자 존재 가능
** 사회복지법인, 사회복지시설 외 사회복지관련 사업을 실시하고 있는 기관
*** 사단법인, 재단법인, 의료법인 등 사회복지법인 외 사회복지관련 사업을 실시하고 있는 법인

2. 사회복지사 자격제도

1) 사회복지사 자격제도의 변화과정

우리나라 사회복지사의 자격제도의 변화과정을 살펴보면 우선 1970년에 제정된 사회복지사업법에서 '사회복지사업종사자' 자격제도를 명시하였다. 1970년 1월 제정된 사회복지사업법 제5조에서 "보건사회부장관은 대통령령이 정하는 자격을 가진 자에게 사회복지사업 종사자 자격증을 교부한다"고 하였다(엄기욱 외, 2013: 69). 1983년에 이 법이 개정되면서 "사회복지에 관한 전문지식과 기술을 가진 자에게 사회복지사 자격증을 교부할 수 있다"고 하였고, 동법 시행령 제11조에서 사회복지사자격을 3등급으로 세분하여 자격기준을 강화하였고, 1997년 개정법에서는 사회복지사 1급은 국가시험을 합격한 자로 더욱 강화하였다(이용교, 2011: 157; 엄기욱 외, 2013: 69).

제1회 국가시험은 법 개정 이후 4년이 경과한 2003년 4월에 시행되었고, 2007년 12월 법 개정에서는 사회복지법인 또는 사회복지시설에 종사하는 사회

복지사는 매년 8시간의 보수교육을 받도록 의무화하여 사회복지사의 전문성 제고를 위한 법적 장치가 마련되었다. 2011년 3월에는 사회복지사 등에 대한 처우를 개선하고 신분보장을 강화하여 사회복지사 등의 지위를 향상하도록 함으로써 사회복지 증진에 이바지하는 것을 목적으로 하는 사회복지사등의처우및지위향상을위한법률이 제정되었고, 이어 12월에 시행령도 제정되었다.

한국사회복지사협회는 사회복지사 자격제도의 변화과정을 크게 '사회복지사업종사자 자격증 시대', '사회복지사 1, 2, 3급 자격시대', '사회복지사 국가시험 시대'로 구분하였고, 구체적인 내용은 〈그림 8-1〉과 같다.

그림 8-1 한국 사회복지사 자격제도의 변화 과정

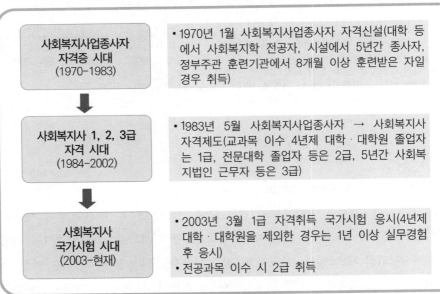

출처: 한국사회복지사협회, 2012: 5

2) 사회복지사의 등급과 자격기준

(1) 등급별 자격기준

사회복지사 등급은 2010년 3월 15일 개정된 사회복지사업법시행령 제2조 제1항에 의하면 '사회복지사 1급', '사회복지사 2급', '사회복지사 3급'으로 구분되고, 각 등급별 자격기준은 다음의 〈표 8-4〉와 같다. 자격은 관리주체에 따라 국가자격과 민간자격으로 구분될 수 있는데 사회복지사는 국가자격에 해당되며, 특히 사회복지사 1급은 2003년 이래로 1급 국가시험을 합격한 자에 한하여 보건복지부장관 명의로 주어진다.

☞ 표 8-4 사회복지사의 등급별 자격기준

등급	자격기준
사회복지사 1급	법 제11조제3항("사회복지사 1급 자격증을 받으려는 사람은 국가시험에 합격하여야 한다")의 규정에 의한 국가시험에 합격한 자
사회복지사 2급	가. 고등교육법에 따른 대학원에서 사회복지학 또는 사회사업학을 전공하고 석사학위 또는 박사학위를 취득한 자. 다만, 대학에서 사회복지학 또는 사회사업학을 전공하지 아니하고 동 석사학위를 취득한 자는 보건복지부령이 정하는 사회복지학 전공교과목과 사회복지관련 교과목중 사회복지현장실습을 포함한 필수과목 6과목 이상(대학에서 이수한 교과목을 포함하되, 대학원에서 4과목 이상을 이수하여야 한다), 선택과목 2과목 이상을 각각 이수한 경우에 한하여 사회복지사 자격을 인정한다. 나. 고등교육법에 따른 대학에서 보건복지부령이 정하는 사회복지학 전공교과목과 사회복지관련 교과목을 이수하고 학사학위를 취득한 자 다. 법령에서 고등교육법에 따른 대학을 졸업한 자와 동등 이상의 학력이 있다고 인정하는 자로서 보건복지부령이 정하는 사회복지학 전공과목과 사회복지관련 교과목을 이수한 자 라. 고등교육법에 따른 전문대학에서 보건복지부령이 정하는 사회복지학 전공교과목과 사회복지관련 교과목을 이수하고 졸업한 자 마. 법령에서 고등교육법에 따른 전문대학을 졸업한 자와 동등 이상의 학력이 있다고 인정하는 자로서 보건복지부령이 정하는 사회복지학 전공교과목과 사회복지관련 교과목을 이수한 자 바. 고등교육법에 따른 대학을 졸업하거나 이와 동등 이상의 학력이 있는 자로서 보건복지부장관이 지정하는 교육훈련기관에서 12주 이상 사회복지사업에 관한 교육훈련을 이수한 자 사. 사회복지사 3급자격증소지자로서 3년 이상 사회복지사업의 실무경험이 있는 자
사회복지사 3급	가. 고등교육법에 따른 전문대학을 졸업한 자 또는 법령에서 이와 동등 이상의 학력이 있다고 인정하는 자로서 보건복지부장관이 지정하는 교육훈련기관에서 12주 이상 사회복지사업에 관한 교육훈련을 이수한 자 나. 고등학교를 졸업하거나 이와 동등 이상의 학력이 있는 자로서 보건복지부장관이 지정하는 교육훈련기관에서 24주 이상 사회복지사업에 관

한 교육훈련을 이수한 자

다. 3년 이상 사회복지사업의 실무경험이 있는 자로서 보건복지부장관이 지정하는 교육훈련기관에서 24주 이상 사회복지사업에 관한 교육훈련을 이수한 자

라. 법 제2조제1항의 규정에 의한 업무에 8급 또는 8급상당 이상으로 3년 이상 종사한 공무원으로서 보건복지부장관이 지정하는 교육훈련기관에서 4주 이상 사회복지사업에 관한 교육훈련을 이수한 자

비고: 외국의 대학 또는 대학원에서 사회복지학 또는 사회사업학을 전공하고 학사학위 이상의 학위를 취득한 자로서 등급별 자격기준과 동등한 학력이 있다고 보건복지부장관이 인정하는 경우에는 당해 등급의 사회복지사자격증을 교부할 수 있다.
출처: 사회복지사업법시행령 제2조 제1항 [별표1]

(2) 사회복지사 자격취득을 위한 전공교과목

사회복지사 자격취득을 위한 전공교과목을 살펴보면 <표 8-5>와 같다. 다음과 같이 필수과목 10개와 선택과목 20개가 지정되어 있다.[3]

☞ 표 8-5 사회복지사 자격취득을 위한 전공교과목

구 분	교 과 목	이수과목(학점)	
		대학원	대학·전문대학
필수과목	사회복지개론, 인간행동과 사회환경, 사회복지정책론, 사회복지법제, 사회복지실천론, 사회복지실천기술론, 사회복지조사론, 사회복지행정론, 지역사회복지론, 사회복지현장실습	6과목 18학점 (과목당 3학점) 이상	10과목 30학점 (과목당 3학점) 이상
선택과목	아동복지론, 청소년복지론, 노인복지론, 장애인복지론, 여성복지론, 가족복지론, 산업복지론, 의료사회사업론, 학교사회사업론, 정신건강론, 교정복지론, 사회보장론, 사회문제론, 자원봉사론, 정신보건사회복지론, 사회복지지도	2과목 6학점 (과목당 3학점) 이상	4과목 12학점 (과목당 3학점) 이상

3) 2008년 11월 사회복지사업법 시행규칙개정으로 사회복지현장실습기준이 명문화되어 현장실습은 사회복지사업법에 규정된 법인·시설, 기관 및 단체에서 실시하여야 하며, 실습지도자는 사회복지사 1급 자격증을 소유하고 3년 이상 또는 2급 자격증을 소지하고 5년 이상 사회복지사업 실무경험이 있는 자이어야 하고, 실습시간은 120시간 이상이어야 실습학점으로 인정된다(엄기욱 외, 2013: 75).

감독론, 사회복지자료분석론, 프로그램 개발과 평가, 사회복지발달사, 사회복 지윤리와 철학	

출처: 한국사회복지사협회 자격관리센터(http://lic.welfare.net)

3) 사회복지사 1급 국가시험제도

(1) 사회복지사 1급 응시자격 및 교과목

1급 사회복지사를 대학원이나 대학교에서 사회복지학을 전공하고 졸업하면 무시험으로 취득할 수 있는 제도에 대한 비판은 사회복지계에서 끊임없이 제기되어 왔고, 마침내 2003년부터 국가시험에 합격한 자만이 사회복지사 1급을 취득하게 되었다. 다음은 사회복지사업법시행령에 있는 사회복지사 1급 국가시험 응시자격이다.

사회복지사 1급 국가시험 응시자격

1. 고등교육법에 따른 대학원에서 사회복지학 또는 사회사업학을 전공하고 석사학위 또는 박사학위를 취득한 자. 다만, 대학에서 사회복지학 또는 사회사업학을 전공하지 아니하고 동 석사학위를 취득한 자는 보건복지부령이 정하는 사회복지학 전공교과목과 사회복지관련 교과목 중 사회복지현장실습을 포함한 필수과목 6과목 이상(대학에서 이수한 교과목을 포함하되, 대학원에서 4과목 이상을 이수하여야 한다), 선택과목 2과목 이상을 각각 이수하여야 한다.
2. 고등교육법에 따른 대학에서 보건복지부령이 정하는 사회복지학 전공교과목과 사회복지관련 교과목을 이수하고 학사학위를 취득한 자
3. 법령에서 고등교육법에 따른 대학을 졸업한 자와 동등 이상의 학력이 있다고 인정하는 자로서 보건복지부령으로 정하는 사회복지학 전공과목과 사회복지관련 교과목을 이수한 자
4. 외국의 대학 또는 대학원에서 사회복지학 또는 사회사업학을 전공하고 학사학위 이상을 취득한 자로서 제1호 및 제2호의 자격과 동등하다고 보건복지부장관이 인정하는 자
5. 사회복지사 3급자격증소지자로서 3년 이상 사회복지사업의 실무경험이 있는 자로서 시험일 현재 1년 이상 사회복지사업의 실무경험이 있는 자

출처: 사회복지사업법시행령 제4조 제1항 [별표3]

국가시험은 매년 1회 이상 필기시험방법으로 시행되며, 매 과목 4할 이상(40점 이상), 전 과목 총점의 6할 이상(60점 이상)을 득점한 자를 합격자로 한다. 국가시험과목은 사회복지학 필수교과목을 '사회복지기초'(50문항), '사회복지실천'(75문항), '사회복지정책과 제도'(75문항)의 3과목 8개 시험영역 총 200문항으로 구성된다.

☞ 표 8-6 사회복지사 1급 시험과목

시험과목	시험영역	문제형식
사회복지기초 (50문항)	• 인간행동과 사회환경 (25문항) • 사회복지조사론 (25문항)	객관식 5지 선택형
사회복지실천 (75문항)	• 사회복지실천론 (25문항) • 사회복지실천기술론 (25문항) • 지역사회복지론 (25문항)	
사회복지정책과 제도 (75문항)	• 사회복지정책론 (25문항) • 사회복지행정론 (25문항) • 사회복지법제론 (25문항)	

(2) 사회복지사 1급 시험 합격률

2003년 처음 실시된 사회복지사 1급 국가시험은 67.2%의 합격률을 나타냈으나 매년 낮아지는 경향을 보이면서 제5회 시험과 제9회 시험의 합격률은 각각 24.7%와 14.4%로 역대 최저 합격률을 보였다(엄기욱 외, 2013: 73-74). 2014년 1월 실시된 제12회의 합격률은 28.4%로 나타났다.

☞ 표 8-7 사회복지사 1급 국가시험 합격률

구 분	일 자	응시자	합격자	합격률
제1회	2003년 4월 27일	5,190	3,487	67.2
제2회	2004년 3월 7일	7,233	4,543	62.8
제3회	2005년 3월 6일	8,640	3,731	43.2
제4회	2006년 3월 12일	12,151	5,056	41.5
제5회	2007년 3월 4일	16,166	4,006	24.7

제6회	2008년 2월 3일	19,493	9,034	46.3
제7회	2009년 2월 8일	22,753	7,081	31.1
제8회	2010년 1월 24일	23,050	9,700	42.1
제9회	2011년 1월 23일	21,868	3,141	14.4
제10회	2012년 2월 5일	23,627	10,320	43.7
제11회	2013년 1월 26일	20,544	5,809	28.4
제12회	2014년 1월 25일	22,604	6,366	28.4

출처: 한국산업인력공단(www.q-net.or.kr)

3. 사회복지사의 역할과 직무내용

1) 사회복지사의 역할

사회복지사는 가치를 기반으로 지식과 기술을 사용하여 광범위한 문제를 다루기 위하여 다양한 역할을 수행한다. 사회복지사 역할을 실천수준에 따라 미시적, 중범위적, 그리고 거시적 수준으로 분류하기도 한다.

☞ 표 8-8 사회복지사의 실천수준과 역할

실천수준	역 할
미시적 수준	사례옹호자, 사례관리자, 클라이언트 교육자, 임상가/상담자, 조력자, 집단촉진자, 아웃리치실천가
중범위적 수준	행정가, 기관 스탭 교육훈련자, 중개자, 특정인구집단옹호자, 집단촉진자, 프로그램계획자, 조사자/프로그램 평가자
거시적 수준	행동가, 중개자, 지역사회옹호자, 지역사회교육자, 지역사회촉진자, 지역사회계획자, 조정자

출처: Cummins et al., 2006: 15; 오정수 외, 2010: 151 재인용

Sheafor, Horejsi 및 Horejsi(1997)에 의하면 사회복지사는 중개인, 옹호자, 교사, 상담가 혹은 임상가, 사례관리자, 업무량 관리자, 직원개발자, 행정가, 사회변화 대행자 그리고 전문가의 역할을 수행한다고 한다(김욱 외, 2004: 22-23 재인용).

☞ 표 8-9   Sheafor, Horejsi, 및 Horejsi의 사회복지사의 10가지 역할과 내용

역 할	내 용
중개인 (broker)	클라이언트를 적절한 인간서비스와 여타 자원에 연결한다
옹호자 (advocate)	클라이언트가 자원과 서비스를 받도록 그들의 권리를 유지하는 것을 돕거나, 클라이언트나 클라이언트 집단에게 부정적 효과를 주는 프로그램 정책을 변화시키는 것을 적극적으로 지지하는 것이다
교사 (teacher)	클라이언트가 문제를 예방하거나 사회적 기능을 향상시키기 위하여 필요한 지식과 기술을 준비시키는 것이다
상담가/임상가 (counselor/clinician)	클라이언트가 자신의 감정을 보다 잘 이해하고, 행동을 수정하며, 문제 상황에 대처하는 것을 배우도록 도움으로써 그들의 사회적 기능수행 능력의 향상을 돕는 것이다
사례관리자 (case manager)	클라이언트에게 적절한 서비스를 연결하고, 그러한 서비스를 이용하도록 조정하는 과정을 통하여 개인과 가족에게 서비스를 지속적으로 제공하는 것이다
업무량 관리자 (workload manager)	클라이언트에게 가장 효율적으로 서비스를 제공하고 고용된 기관에 책임을 지기 위하여 업무량을 관리하는 것이다
직원개발자 (staff developer)	훈련, 슈퍼비전, 자문 및 인사관리를 통하여 기관 직원의 전문적 발전을 촉진시키는 것이다
행정가 (administrator)	기관에서 정책, 서비스 및 프로그램을 계획하고 발전시키며 실행하는 것이다
사회변화 대행자 (social change agent)	지역사회의 문제나 삶의 질을 향상시킬 수 있는 영역을 찾는데 관여하고, 변화나 새로운 자원획득을 옹호하기 위하여 이익집단을 동원하는 것이다
전문가 (professional)	유능하고 윤리적인 사회복지실천에 종사하며 사회복지 전문직의 발전에 기여하는 것이다

출처: Sheafor, Horejsi, & Horejsi, 1997: 57-70; 김욱 외, 2004: 22-23 재인용

2) 사회복지사의 직무내용

사회복지사업법시행령 제6조에 규정된 사회복지사의 업무는 첫째, 사회복지프로그램의 개발 및 운영업무, 둘째, 시설거주자의 생활지도 업무, 셋째, 사회복지를 필요로 하는 사람에 대한 상담업무이다. 그러나 실제 사회복지사의 직무는 사회복지사가 어떠한 영역이나 분야에서 일하는가에 따라 다양하다. 한국사회복

지사협회 발간 사회복지사 표준직무 메뉴얼에 의하면 사회복지사는 접수, 사정, 직접서비스, 점검, 평가 및 종결, 사후관리, 간접서비스, 자기계발, 업무형성과 유지, 인력관리, 기획 및 재정관리, 시설관리, 문서관리 등의 직무를 수행한다(윤현숙·강흥구, 2006: 엄기욱 외, 2013: 76 재인용).

직무수행을 위해 사회복지사에게는 다양하고 폭넓은 지식과 기술이 요구되는데 미국사회복지교육협의회가 제시한 인증정책 내용에 의하면 사회복지실천에 필요한 직무내용은 다음과 같다(한인영 외, 2011: 62).

미국사회복지교육협의회(CSWE)의 사회복지실천 직무 내용

- 클라이언트와 관계 형성
- 클라이언트의 이슈 · 문제 · 욕구 · 자원 규명
- 정보의 수집과 사정
- 서비스 전달의 계획
- 의사소통 기술, 슈퍼비전 활용
- 목표달성을 위하여 개입 계획 설정, 실행
- 실천 관련 지식과 개입기법 적용
- 프로그램의 성과 평가, 실천의 효과성 평가
- 사회경제적 정의 실현

사회복지사는 구체적으로 다음과 같은 업무를 수행하고 있다.

☞ 표 8-10 사회복지사의 수행업무

개인, 가족, 집단의 문제 진단 및 평가	자료수집과 분석, 진단, 사정 평가, 접근계획과 계약
지역사회 문제파악과 서비스 제공	욕구조사, 지역사회 프로그램 개발과 시행, 지역사회조직, 지역사회 자원동원, 지역사회연계
서비스 제공을 위한 관계형성과 면접	문제해결과 적응력 향상을 목적으로 적절한 평가를 근거로 서비스 내용을 결정하고 계획
서비스 대상에 따른 서비스 내용 결정	서비스 대상의 욕구와 문제에 관한 진단과 평가를 근거로 서비스 내용을 결정하고 계획

문제해결을 위한 상담과 치료	접수상담, 개인상담, 가족상담, 집단상담, 개인치료, 가족치료, 집단치료, 정신보건상담
사회복지 프로그램의 기획, 시행 및 평가	욕구 및 실태, 효과측정 조사연구 및 자료분석, 지역사회문제진단과 평가, 지역사회자원의 발견과 개발, 프로그램 계획, 시행, 평가
각종 사회복지기관 행정	사회복지기관 조직 및 운영, 일반 사회복지사 지도와 감독, 사업계획 및 추진
공공부조 및 사회복지 서비스전달	사회복지서비스 대상자 자격조사 및 선정, 복지조치, 복지급여 제공, 생활지도 및 서비스 홍보
사회복지정책 형성과정에 참여, 제안	사회복지 정책분석 및 평가, 사회복지 정책제안
사회보장정책 시행	대상자 자격결정, 급여제공 등 사회보장 업무
사회복지학 전공 실습생과 신임사회복지사 지도감독	
사회복지정책 건의를 위한 시민단체와의 협력과 연계활동	
자원봉사자 조직, 교육 및 훈련 배치, 지도 및 감독의 역할	

출처: 성민선 외, 2005: 450

생각해 볼 문제 및 과제

1. Greenwood가 제시한 전문직의 필수속성과 파생속성에 대해 논의해 보자.

2. 사회복지가 전문직으로 인정받게 되기까지를 과정론과 권력론의 입장에서 비교하여 설명해 보자.

3. 전문직을 속성론, 과정론, 권력론의 관점으로 보았을 때 사회복지는 전문직이라고 생각하는지 논의해 보자.

4. 사회복지사 자격제도의 변화과정에 대해 살펴보자.

5. 사회복지사의 다양한 역할에 대해 논의해 보자.

6. TV 프로그램이나 영화 등 사회복지 관련 동영상을 시청하고 사회복지나 사회복지사에 대한 인식 혹은 역할 등에 관해 감상문을 작성해 보자.

7. 사회복지 현장을 방문하여 사회복지사를 인터뷰한 후 사회복지 업무와 사회복지사의 역할 등에 대한 소감문을 작성해 보자.

참고문헌

김상균, 최일섭, 최성재, 조흥식, 김혜란, 이봉주, 구인회, 강상경, 안상훈(2007). 사회복지
　　개론. 나남출판.
김욱 외 30인(2004). 사회복지사 이야기: 사회복지 현장실무자 31인의 일과 사랑. 학지사.
김용일, 김기환, 김미혜, 김형식, 박능후, 신준섭, 오창순, 이영분, 정무성, 황성철(2003).
　　사회복지학개론. 동인.
김태성, 최일섭, 조흥식, 윤현숙, 김혜란(1998). 사회복지전문직과 교육제도. 소화.
박차상, 강세현, 김옥희, 남진열, 이현주, 전영록(2010). 사회복지학개론. 학현사.
성민선, 김종해, 오혜경, 권구영, 이상균, 김영란, 박정호, 엄미선, 백은령, 류명화, 김용석,
　　이광재, 이용표, 권문일, 정재훈, 노연희, 김인숙, 김용일, 장혜경(2005). 사회복지
　　개론. EM커뮤니티.
엄기욱, 김순규, 배진희, 오세영(2013). 사회복지개론. 학지사.
이용교(2006). 디지털 사회복지개론. 인간과 복지.
한국사회복지사협회(2011). 한국사회복지사 기초통계연감. 한국사회복지사협회.
한국사회복지사협회(2012). 한국사회복지사 기초통계연감. 한국사회복지사협회.
한국사회복지사협회(2014). 사회복지사 자격증 발급현황(2014년 1월 31일 기준). 한국사
　　회복지사협회.
한인영, 권금주, 김경미, 김수정, 김지혜, 김희성, 석재은, 어윤경, 이홍직, 정익중, 조상미,
　　최명민, 현진희(2011). 사회복지학개론. 학지사.

Cummins, L., Sevel, J., & Pedrick, L.(2006). Social Work Skills Demonstrated:
　　Beginning Direct Practice(2nd ed.). Boston: Allyn & Bacon.
Greenwood, E.(1957). Attributes of a Profession. Social Work, 2, 44-55.

한국사회복지사협회, www.welfare.net.
한국사회복지사협회 자격관리센터, lic.welfare.net.
한국산업인력공단, www.q-net.or.kr.

제 9 장

복지국가론

제1절 복지국가의 개념

일반적으로 복지국가(福祉國家, welfare state)는 국민 전체의 복지증진과 행복추구를 국가의 핵심목표로 설정하고, 실질적으로도 상당한 수준의 복지를 실현하는 국가로 정의할 수 있다. 즉 복지국가는 계층간, 세력간 입장 차이를 평화로운 이해와 조화를 통해 최소화하고, 전 국민을 위한 최선의 방법을 지향하는 국가형태라 할 수 있다. 복지국가는 자본주의 경제체제하에서 시장의 실패를 정부의 정책을 통해 수정, 보완하고자 한다. 또한 복지국가는 전 국가적 최저 생활수준(national minimum standard of living)을 마련하고, 이를 보장하기 위해 완전고용의 실현, 국민의 기본 욕구 충족을 위해 노력한다. 그리고 이러한 목표를 달성하고자 복지국가는 보편적 서비스의 제공, 빈곤의 해소와 예방 등의 구체적 실천 목표를 제시한다.

복지국가에 대한 학자들의 정의를 몇 가지 살펴보면 다음과 같다. 먼저, Briggs(1961)는 정치와 행정에 의한 조직화된 권력을 의도적으로 사용하여 시장기제(market mechanism)에서 발생하는 제 문제들을 수정, 보완하는 국가, 즉 시장에서 모든 국민들의 최소한의 소득 및 경제적 안전을 보장받을 수 있는 국가를 복지국가로 정의하였다. Briggs에 의하면 복지국가는 빈곤자의 절대적 생활수준이 일정 수준 이하로 탈락하는 것을 방지하기 위한 안전망(safety net)을 제공하고, 각 경제적 계급이나 사회적 계층이 체감하는 상대적 박탈감 및 불평등의 심화를 예방 또는 사후 통제하고자 다양한 복지제도를 도입, 운영한다.

또한 복지국가는 시장진입에 실패한 이들이 자신의 노동력을 상품화하지 않고도 최저생활을 영위할 수 있게 지원한다는 측면에서는 탈 상품체계로, 사회계층간 과도한 간극을 예방, 교정하는 데 관심을 지닌다는 측면에서는 사회 재계층화체계로 불리기도 한다.

국가가 국민의 빈곤과 곤궁(困窮)에 대한 책임을 지고 사회 보장과 완전 고용 등 국민의 최저 생활권을 적극적으로 보장하여야 한다는 취지는 일찍이 독일의 Lassalle과 영국의 Chartist운동에서 제시된 바 있으나, 실제로 구체적 정책으로 구현된 사례는 영국 노동당의 페이비언 사회주의(Febian Socialism)체제의 정책에서 찾아볼 수 있다.

영국에서는 제2차 세계대전중 Fascist와 Nazi가 표방한 전체주의적인 국가 내지는 전쟁국가와의 차별성을 부각시킨다는 차원에서 민주주의 하에서의 국민의 기초 생활 보장을 우선으로 하는 복지국가를 주창하였다. 그 후에 이러한 복지국가에 대한 하나의 국가체계로 정착하는 데 있어서는 William Beveridge에 의하여 제출된 Beveridge 보고서의 역할을 간과할 수 없다. 당시 William Beveridge는 새로운 사회보장 및 사회복지를 추구하는 국가체제를 사회서비스 국가라 명명하였으며, 제2차 세계대전 이후에 이르러서는 영국과 미국을 중심으로 점차 이러한 형태의 국가를 복지국가로 명명하게 되었다.

상기한 정의들을 종합 정리하면, 복지국가란 정부와 민간조직이 개인의 일상적 생활보장과 위험 및 사회적 문제를 해결하고 자유와 평등을 포함한 인간의 행복 추구의 권리를 보장하기 위해 적극적으로 노력하는 국가를 의미한다.

제2절 복지국가의 역사

1. 복지국가의 기원

복지에 대한 논의는 인류의 역사와 함께 출현하였다고 해도 과언이 아니다. 개인이 일상생활을 영위함에 있어서 욕구와 문제에 직면하게 되면, 이들은 자신이 스스로 문제를 해결하거나, 가족, 친지, 또는 이웃으로부터 도움을 받아 문제를 해결하고자 한다. 나아가서는 개인의 사회활동의 비중이 증가함에 따라 친목단체, 종교단체, 자선단체를 비롯한 사회단체에서도 이러한 개인들의 욕구충족과 문제해결이라는 복지의 역할의 수행에 대한 관심이 증가하게 되었다.

부와 권력의 세습, 기회의 불평등 등 사회의 제 문제로 인해 일반 대중은 다양한 사회적·경제적 위험을 경험하게 되었다. 뿐만 아니라 사회적 계층화, 경제적 계급화가 심화됨에 따라 사회적 약자, 경제적 빈민들의 삶에 대한 사회적 논의가 진행되기 시작하였으며, 이를 바탕으로 한 복지에 대한 사회적 책임과 개입도 보다 본격화되기 시작하였다. 이렇듯 사회구조 속에서 농민사회의 붕괴와 산업화의 과정을 경험하며, 영국과 독일 등 서구 유럽 국가에서 빈민을 통제하려는 의도에서 복지제도를 실시한 것을 복지국가의 원형으로 파악하기도 한다.

14세기부터 영국에서는 빈민을 구제하고 통제하며 나태한 빈민을 만들지 않고자 하는 목적으로 노동자법, 구빈법, 장인법, 건장한유민과걸인에대한처벌법 등의 제도를 도입하였다. 또한 'Elizabeth 구빈법'하에서는 국가의 감독하에 빈민구제를 보다 명확히 하고, 단순한 자선의 범위를 벗어나서 세금을 통해 복지에 대한 국가의 법적·재정적 책임을 보다 구체적으로 이행하는 정책을 시행하였다. 이후 복지 제공자 즉, 권력자들에게 유리한 복지가 아닌 빈민자들의 보다 인간다운 삶을 위한, 다양한 처우 개선의 노력이 진행되었는데, 이러한 예로 길버트법, 스핀햄랜드법, 공장법 등의 제정을 들 수 있다.

이러한 제도는 훗날 현행의 사회보험제도를 도입, 운영하기 전까지 국민의 복지를 보장하고자 하는 복지국가의 중추적 기능을 담당하였다. 그러나 이러한 제도들은 여전히 빈민자들을 위한 제도라기보다는 그들의 상황을 통제하여, 빈민자에 의한 더욱더 심각한 사회문제를 사전에 예방하고, 이들로 하여금 노동력을 공급하여 경제부문의 생산력을 증대시키고자 하는 지배계급을 위한 제도였다고 평가할 수 있다.

2. 복지국가의 전개(복지국가의 성립)

19세기 산업화로 인한 인구의 도시집중화와 2차·3차 산업으로의 이동 및 과도한 경쟁으로 인한 자본주의 성향의 심화 등은 빈곤, 실업 및 주택부족, 질병 등 다양한 사회문제를 야기하였다. 이러한 사회문제를 해결하기 위한 노력과 민주주의의 확산은 복지국가 발전에 큰 영향을 미쳤다. 선거권 확대나 사회주의 정당의 등장으로 노동자와 근로자의 정치적 영향력이 신장되어 그들을 보호하고자 하는 사회보험제도들의 도입을 추진하게 되었는데, 이는 복지국가의 형성과 발전의 근간이 되었다.

이후 20세기 들어 세계대전과 경제대공황 등의 발생은 대규모 국민들에게 육체적·정신적 피해를 야기했으며, 다방면에서 다양한 문제들을 지진 빈민이 대거 등장함으로써, 사보험 및 민간부분에서의 자선사업으로는 구제가 어려운 수준에 이르게 되었다. 이에 복지수혜자의 범위를 확대하고 국가예산에서 복지부분의 예산을 늘리며 정책적, 제도적 방안을 보다 적극적으로 모색하게 되었다. 이러한 사회 환경의 변화 속에서 20세기 중반 영국에서는 현재 전 세계의 기본이 되는 사회보험제도들을 가장 먼저 전면적으로 실시하게 되었다. 이 시기의 급속한 복지제도의 확대는 경세성장을 도모하고 실업률과 인플레이션을 저하시키는 등 국가·자본·노동자들 모두에게 긍정적인 영향을 미치며 정부로 하여금 급격한 복지 팽창의 명분을 마련해 주었다.

그러나 20세기 후반 발생한 석유파동과 경기침체 등으로 신자유주의 정권이 등장하여 자유시장의 활성화를 요구하였고, 더 이상 큰 비중의 복지지출을 용납할 수 없다는 주장이 대두되었으며, 복지국가의 위기, 축소 등을 운운하며 복지국가에 대한 회의론을 주장하기 시작하였다.

석유파동을 계기로 생산성이 저하되고 성장이 둔화되며 실업률이 높아지는 상황으로 인해 국가재정이 악화되어 복지지출 경감에 대한 주장이 점차 힘을 얻게 되었다. 신자유주의자들은 복지국가의 위기가 발생한 것에 대해 자본체제에 대한 국가의 과도한 개입으로 인하여 국가가 팽창되고 이는 다시 과도한 부담으로 이어져 결국 '국가실패'의 결과를 초래하였다는 주장을 제기하였다. 신자유주의자들은 복지국가의 위기를 새롭게 보고자 국제사회통합과 경쟁의 세계화 등의 견해를 제시하면서 최소한의 국가를 다시 주장하였다. 하지만 복지자본주의를 주장하는 신자유주의자들의 의견은 복지가 아닌 시장자본주의에만 초점을 맞추고 있다는 비판을 받기도 하였다.

3. 한국 복지국가의 역사

우리나라의 경우에 복지국가의 발전은 과거 개인의 나태 또는 문제로 인해 생긴 빈곤과 질병을 자선차원에서 접근하다가 경제적·사회적인 큰 변화를 경험하며, 그 충격 속에서 발생한 위기의식과 인간존중을 바탕으로 국가가 적극적인 복지를 시행하게 된 서구의 복지국가의 생성과정과는 다소 차이가 있다.

우리나라 역시 과거 백성의 대부분이 농업에 종사할 때에는 흉년 때의 민생구휼과 고아 및 부양가족이 없는 노인, 과부 등을 나라에서 구제하는 제도를 운용하였는데, 이러한 제도에서 '전통적인 복지'의 면면을 찾아볼 수 있다. 이는 고조선시대를 거쳐 삼국시대, 고려시대 그리고 조선시대에 이르기까지 나라의 법을 통해 빈민을 위한 복지를 직·간접적인 방법을 동원하여 가난한 백성들에게 의복과 식량 등 생활에 필요한 물자를 공급하고, 의료구호기관을 통해 질병을 겪는 백성을 돌보았으며, 자연재해 등의 유사시에는 세금을 면제해 주기도 하였다. 과거 한국의 사회복지는 그 당시 중시되었던 불교와 유교 등의 가르침인 인도주의 및 덕치주의 등을 바탕으로 지배계층의 온정주의 및 정치적 통제를 위한 하나의 기제로 평가되고 있다.

또한 과거 우리나라에서는 향약 및 계조직 등 민간부문에서의 자조노력들도 엿볼 수 있다. 가족중심적인 한국사회에서는 인간이 당면한 문제를 한 개인의 문제라기보다는 가족단위, 또는 더 나아가 지역사회의 문제로 여겨, 가족 및 지역사회 주민간의 부양책임을 우선하였으며, 이를 1차적인 것으로 간주하고, 국가에 의한 복지정책이나 제도는 2차적이고 차선적인 것으로 간주하였다.

이러한 복지정책들은 일제 강점기를 거치며 그 성격이 변화하기 시작하였다. 전통적인 방법으로 복지정책을 시행한 과거와는 달리 국내에서도 19세기 후반, 개화 이후 외국선교단 및 국내종교인들에 의해 고아원 등 약자를 위한 근대적 형태의 복지가 출현하기 시작하였다. 20세기 초반 일제 강점기에는 일본이 조선침략에 대해 조선국민들의 저항과 분노를 통제하는 일환으로 '조선구호령'을 1944년에 공포·실시하게 되었다. 그러나 침략 후 30년이 경과한 시점에서 이 법은 제구실을 하지 못하고 통제의 수단으로만 존재하게 되었다.

정치적·경제적으로 완전한 독립을 이루지 못한 채 맞이한 미군정시대에는 '조선구호령'을 토대로 하여 점차 복지혜택의 범위를 확대하기 시작하였으나, 당시 국민의 복지를 도모하고 문제에 대처하는 방식은 간헐적이고 일시적인 성격에 머무르는 수준이었다.

미군정시대를 지나 대한민국정부 수립 직후 공무원들과 군인들을 중심으로 그들의 처우 및 연금관련 제도를 시작으로 하여 일반노동자들을 위한 근로기준법 등이 제정되었지만 빈민들을 위한 복지는 그 당시까지도 민간부분의 자선활동에 크게 의존하는 상태였다.

이후 1970년, 1980년대에 들어서 지속적인 경제성장과 이로 인한 도시화 및 산업화는 지역간·계층간 소득격차의 확대 등 빈곤의 문제를 심화시키게 되었다. 박정희정부(1961-1979)시기에는 국내 기초적인 사회복지법을 재정비하고 현대적 사회복지제도들의 핵심인 법1)들을 새로 제정하였다.

전두환정부(1980-1987)에서는 '복지사회의 건설'을 슬로건으로 걸고, 최저임 금제실시 및 국민연금제도의 시행 등 복지국가를 위한 계획은 제시되었으나, 군 사정권의 정당성에 대한 국민들의 기본적 동의가 이뤄지지 않아 제도의 도입과 운영이 원활히 진행되지 못했다.

이러한 상황에서 1980년대 후반 민주주의와 시민사회의 성숙에 기반을 둔 국 민의 복지권에 대한 주장이 증폭되기 시작하였으며, 이러한 시민사회의 노력은 복지정책을 대거 도입하게 되는 계기를 마련하였다.

6.29 민주화 선언 이후 노태우정부(1988-1992)는 적극적으로 근로자의 복지증 진을 위한 다양한 시책을 시행하였다.

이후 김영삼정부(1993-1997)에서는 사회보험을 점진적으로 확대하고 '삶의 질 의 세계화'를 모토로 하였으나 뚜렷한 성과는 거두지 못했다.

1997년 IMF(International Monetary Fund) 구제금융 경제위기를 맞은 후 공공복 지의 필요성에 대해 국민들이 공감하며 김대중정부(1998-2002)에서는 '생산적 복지'를 슬로건으로 하여 성장과 복지의 균형을 추구하였다. 4대 보험의 적용확 대 및 급여수준을 인상하고 공공부조를 시행함으로써 국가의 책임을 강화하고 복지재정비율을 늘렸다.

노무현정부(2003-2007)의 복지슬로건은 '참여복지'로 지식경제와 저출산 및 고령화 문제에 초점을 두고 모든 국민을 위한 보편적 복지를 추구하고자 노력을 경주하였다.

---

1) 생활보호법(1961), 원호법(1961), 아동복리법(1961), 재해구호법(1962), 사회보장에관한법 (1963), 군인연금법(1963), 산업재해보상보험법(1963), 의료보험법(1963) 등.

이명박정부(2008-2012)는 '능동적 복지'를 슬로건으로 하여 복지제도 내 시장 친화적 접근을 시도하며, 미래 중산층을 양성하기 위한 투자책으로 휴먼뉴딜정책을 추구하며 복지·교육·노동 분야를 유기적으로 연결하려 노력하였다.

제3절 복지국가의 이념과 가치

'복지국가는 무엇을 추구하는가?' 이는 복지국가가 지향하는 이념과 가치에 대한 질문이다. Furniss와 Tilton은 그들의 저서 '복지국가론'에서 복지국가의 기본적 가치를 6가지인 평등, 자유, 민주주의, 연대의식, 안정성 보장, 경제적 효용으로 구분하여 제시하였다. 모든 사람들이 가지고 있는 기본적인 가치는 동등하여 차별을 두지 않는다는 평등과 인간이 어떠한 행동을 할 때 방해조건 없이 행동하는 것을 의미하는 자유, 국가의 주권이 국민에게 있어서 국민이 주인이 되어 정치를 행하는 민주주의, 사회 구성원간 또는 그들과 사회간의 상호의존적 의식인 연대의식, 변화하는 삶 속에서 최소한의 삶에 대한 안정성 보장 그리고 최대한의 효과를 최소한의 자원을 사용한다는 경제적 효용이 그것이다. 이를 보다 구체적으로 살펴보면 다음과 같다.

1. 평 등

평등은 교육기회의 평등, 법 앞에 평등, 개인 인격의 평등, 정치적·경제적 영향력의 평등 등 다양하면서도 구체적인 의미를 포괄하는 개념으로 사용하고 있다. 평등에는 크게 인간의 존엄성, 인간으로서의 가치 등에 대한 인식에 바탕을 둔 절대적 평등과 각자의 잠재적·후천적 능력과 기여도 및 필요의 상이성에 바탕을 둔 상대적 평등 등이 있다.

2. 자 유

자유는 누구든지 발전의 자유, 신앙의 자유, 신체적 자유, 직업선택의 자유,

거주이전의 자유 등 사회생활 전반과 관련된 구체적이면서 포괄적인 자유를 의미한다.

3. 민주주의

민주주의는 모든 시민이 의사결정에 참여할 수 있으며 개인의 이익을 보장받을 권리, 자신의 이익을 보호할 수 있는 능력을 개발할 수 있는 권리, 참여를 통해 개인과 사회를 위해 노력할 수 있는 권리 등을 의미하는 것이다.

4. 연대의식

연대의식이란 사회구성원이 협동과 박애의 원리를 바탕으로 공동체를 구성하는 것이다.

5. 안정성 보장

안정성 보장은 사회생활에서 어려움이나 문제로부터 보호받고 출생에서 사망에 이르기까지 생활이 안정되고 보장받는 것을 의미한다.

6. 경제적 효용

경제적 효용은 사회정책 수행을 위한 자원 활용은 가능한 최소한으로 사용되어야 한다는 것을 의미한다.

제4절 복지국가의 특징

복지국가의 특징은 크게 3가지로 정리할 수 있다. 첫째로는 복지국가가 국민의 생존권을 보장하는 것으로서 사회보장제도가 확립되어 있는 것이고, 둘째로 복지국가는 경제적으로는 자본주의의 결함인 빈부의 격차와 실업, 그 밖에 불안정성을 수정하고자 하는 수정자본주의 체제의 국가이거나 경제에 대한 국가의 조정이 광범하게 미치고 있는 국가이며, 세 번째로 복지국가는 정치 구조에서 시민적 자유와 민주주의를 기초로 하는 국가라는 점이다.

물론 실제로는 행정 권력의 비대화·관료화 등의 문제도 내포하고 있어서 복지국가론에 대해서는 현실을 은폐하는 이데올로기라는 비판적 견해도 존재한다. 하지만 세계화와 더불어 저임금과 비정규직 등 고용불안과 빈곤과 불평등이 증폭될수록 복지에 대한 시민의 욕구는 점차 증대되고 있다.

제5절 복지국가 관련이론

복지국가를 설명하는 이론은 산업화이론, 독점자본주의이론, 사회민주주의이론, 이익집단이론, 국가중심이론, 시민권이론을 들 수 있는데 그 구체적인 내용은 다음과 같다.

1. 산업화이론(industrialization theory)

산업화이론은 복지국가의 발전을 설명하는 이론들 가운데 가장 먼저 등장하였고 또한 가장 많이 논의되어졌으며, 이로 인해 가장 많은 비판을 받는 견해이기도 하다. 산업화이론에서는 복지국가의 발전은 산업화된 사회에서 발생하는 욕구(needs)에 대한 대응이 산업화로 인하여 가능해진 자원(resources)을 통해서 이루어진다고 주장한다.

이 이론에서는 현대사회를 이해하는 주요변수로써 산업화와 경제발전을 든다. 산업화로 인해 도시화, 이혼의 증가 및 지리적 이동의 증가 등 가족의 역할이 취약해지면서 국가 개입이 이루어진다는 것이다. 가족구조의 간소화로 가족 내에서 담당하던 기본적인 복지역할이 축소되고, 종교단체가 담당했던 빈민구제 기능 역시 자본주의와 시장경제에 흡수되며, 자본이 우선시되어 인간에 대한 비인격적인 처우가 사회 속에서 빈번히 발생하며, 산업화로 인해 빈번해진 산업현장에서의 각종 재해 및 실업 등의 부정적인 경제적 파급이 발생하여 사회복지

기능의 확대를 부추겼다고 본다. 각 분야의 기술적 발전은 인간의 삶에 직접적·간접적 영향을 미치므로 그 영향으로 인해 오히려 복지수요 또한 증가된다는 것이다.

예를 들어 의료기술의 발전은 인간수명을 연장하고 이로 인한 노년기 생활에서의 복지욕구가 증가한다는 것이다. 즉 산업화는 경제성장을 가져오는 동시에 새로운 사회적 욕구를 유발시킨다고 본다. 산업화로 인한 경제성장은 복지 확충에 필요한 자원을 제공하며, 새로운 욕구는 새로운 복지 프로그램을 등장시키게 된다는 논리이다. 이렇듯 산업화이론은 산업화가 되어 복지에 대한 욕구가 증가하게 되면 자연적으로 복지지출이 증가되어 복지국가가 형성된다는 논리를 제시하고 있다.

하지만 미국과 같은 경제 강대국이 서구유럽 복지국가들에 비해 복지수준이 낙후되어 있는 것과 같이 각 국가별 차별성 등 다른 요인들이 존재하므로 산업화와 복지국가간의 인과관계는 제한적이라는 비판을 받는다. 즉, 각 국가의 정치이념 및 문화 그리고 국민의 복지에 대한 사회적 합의의 정도에 따라 복지국가의 수준 및 형태가 상이하다는 점에서 산업화 이론은 복지국가를 설명하는 데 제약이 있다.

2. 독점자본주의이론

'자본필요이론'이라고도 불리는 이 이론은 제2차 세계대전 이후 자본주의의 형태가 자유경쟁에서 독점적으로 변화하였고 이 상황에서 국가의 역할도 소극적에서 적극적으로 변화하게 되었다고 본다. 이때 신 마르크스주의가 등장하여 복지국가의 성립요인을 설명하기 위해 크게 도구주의와 구조주의로 이원화되는 독점자본주의이론을 주장하였다.

도구주의적 관점에서 국가는 자본계급들의 이익을 위해 존재하는 도구에 지나지 않기 때문에 자본가들의 이익을 위해, 그들의 자본축적을 위해 등장한 것이 복지국가라는 것이다. 반면 구조주의적 관점에서 국가는 자본가들의 영향력에 대해서는 '상대적 자율성'(relative autonomy)을 가지고 있지만 자본주의적 경제구조 그 자체를 기반으로 활동하기 때문에 불가피하게 그것을 유지·강화해야만

존속할 수 있다고 본다(김교환, 2002 재인용). 또한 노동자계급을 통제하고 분열시키는 기능이 매우 중요하게 된다. 자본가들은 계급의식도 없고 또한 개인들의 단기적인 이익 때문에 분열되기 쉬워, 국가만이 노동자계급의 통제와 분열작업을 효과적으로 할 수 있다고 본다. 이러한 분열작업을 하는데 협동(co-operative)전략상 복지정책을 자본가들의 반대에도 불구하고 확대할 수 있다는 것이다(김태성·성경룡, 2008 재인용).

이처럼 독점자본주의이론은 복지국가가 자본주의의 안정을 위한 도구적·기능적 역할로 인해 필요하다는 것이다. 이 이론 역시 산업화이론처럼 경제적 요인만을 지나치게 고려하였다는 점과 국가별로 복지체계가 상이하다는 점을 설명하지는 못하지만, 산업화이론에서 간과했던 자본의 독점적 이익과의 관계를 설명한다는 장점을 지닌다.

3. 사회민주주의이론

사회민주주의이론에 의하면 복지국가는 자본과 노동의 계급투쟁에서 노동이 승리하여 노동계급을 대변하는 정치적 집단의 정치적 세력이 커질수록 발전한다고 주장한다. 독점자본주의이론이 경제적 힘을 강조했다면, 이 이론은 노동자들의 조직화를 통해 투쟁하는 의회민주주의 제도에서 정치적 힘을 강조한다. Pierson(1991)에 의하면 사회민주주의 이론에 의한 복지국가 발전을 위해서는 선거권에 있어서 노동계급의 참여확대, 노동계급을 대변하는 사회민주당의 발전, 강하고 중앙 집권화된 노동조합운동, 우익정당의 약화, 지속적인 사회민주당의 집권, 지속적인 경제성장, 노동자의 강한 계급의식과 종교, 언어, 인종적 분열의 약화 등 7가지 요인이 충족되어야 한다고 주장하였다.

이러한 사회민주주의이론은 다른 이론에서 경시한 정치적 요소를 복지국가발전의 핵심요소로 제시하였으며, 의회 민주주의에서의 계급들간의 역학관계가 변할 수 있음을 보여주었으며, 실증적 연구를 통해 사회복지 발전을 설명한다는 점에서 그 의의가 있다. 그러나 이러한 사회민주주의이론 역시 모든 국가로 일반화하기에는 곤란하며 사회민주주의 정당 이외의 다른 정당에서도 집권을 위한 복지국가 확대 정책의 표방이 가능하므로 복지국가 정책에 차이가 없게 된다는 한계를 지닌다.

4. 이익집단이론

이익집단이론은 '이익집단정치이론' 또는 '정치이론'이라고도 불리며 후기산업사회 이후 다양한 이익집단들의 정치적 힘에 초점을 맞춰 복지국가 발전을 설명한다. 산업화의 등장과 자본주의 시대의 도래는 전통적인 계급간의 갈등이 아닌 자신이 속한 집단의 이익을 위해 정치적 힘을 발휘하게 하며, 이러한 과정을 통해서 사회복지가 발전한다는 것이다.

즉, 다양한 이익집단들간 사회적 자원의 배분을 둘러싼 경쟁이 치열해지고, 이러한 집단들의 정치적 힘에 민감해진 정치가들이 이들의 요구를 수용함으로써 사회복지 발전이 이루어진다는 것이다. 후기 산업사회에서는 자신이 속한 이익집단의 정치적 행동은 본인이 원하는 것을 획득하기 위한 투쟁인 것이다. 이 이론의 논리적 근거는 다음과 같다.

첫째, 후기산업사회에 들어서서는 계급적 구분에 따른 투표성향이 약화되고 중간층 확대로 인해 계급정당들의 이념이 중도화되자 이념보다는 정책이 더욱 중요하게 되었으며, 둘째, 후기산업사회에서는 인종, 종교, 언어, 문화, 성, 연령 등의 귀속적 차이에 따른 이익집단들간의 집단적 정치행동이 커지기 때문에 이러한 귀속적 집단들의 결속력이 강해지면 전통적 계급차이를 극복할 수 있으며, 셋째, 후기산업사회에서는 많은 이익 집단들이 자신들의 이익을 추구하기 위한 정치적 경쟁이 계급간 정치적 경쟁을 대체하게 되며, 많은 이익집단들은 자신들의 이익을 정책에 반영시키는 정치가나 정당과 표를 맞바꾼다는 것이다(김교환, 2002, 재인용; 김태성·성경륭, 2003).

이로 인해 앞서 언급한 이론들처럼 사회적 약자들의 복지욕구에 따른 복지정책의 발전이라기보다 정치적 힘이 강한 집단이 그 집단의 이익을 추구하기 위한 정치적 투쟁을 한 결과로 복지가 발전하는 것으로 본다. 하지만 이 이론은 정치적으로 다원화된 국가들에게만 적용된다는 한계를 가지고 있다.

5. 국가중심적이론

국가중심적이론은 사회복지를 제공하는 '국가'에 그 초점을 맞춰 복지국가의 성립을 설명한다. 산업화이론, 독점자본주의이론, 사회민주주의이론, 이익집단이론 등과 같이 국가중심적이론은 사회복지에 대한 수요와 그것을 위한 투쟁의 결과로 사회복지를 설명한다는 점은 부정하지는 않으나, 이 이론에서는 국가의 적극적인 역할을 강조하며, 국가의 적극적 역할로 인해 복지국가가 성립된다고 본다.

국가중심적이론은 복지국가 성립요인과 구체적인 복지정책 사이의 관계는 각 국가들이 지니는 국가구조의 특이성에 좌우된다고 본다. 이 이론은 사회복지정책을 국가가 스스로 문제를 인식하고 해결하려는 노력의 산물로 파악하고, 특정 집단의 요구를 반영한 것이 아니라 독립된 주체인 국가가 스스로 문제를 인식하고 해결하려는 노력의 산물로 본다. 즉, 사회복지정책의 공급자로서 정부와 관료조직의 역할을 가장 중시한다. 국가중심적이론은 여타 이론에서 제시하는 수요자의 입장이 아닌 복지공급자인 국가를 중심으로 설명하였다. 즉 국가의 복지관련 특성에 따라 복지국가의 성립 여부 및 복지발전 정도가 차별화될 수 있으므로 일반화하는 것에는 무리가 있다고 주장한다.

그러나 이 이론은 복지욕구의 발생 원인이 아닌 복지욕구에 대해 각 국가들이 어떻게 대응했는가에 초점을 맞추고 있으므로 복지국가 성립의 본질적 원인에 대해서는 소홀했다는 지적을 받는다.

6. 시민권이론

시민권은 공동체의 완전한 성원에게 부여된 여러 가지의 권리와 권력을 향유할 수 있는 지위(status)를 말한다. 시민권으로서 복지권이란, 경제적 복지와 삶의 보장에 대한 권리, 사회복지제도, 교육제도 등을 말한다. 시민권이론은 인간의 경제적·사회적 안전에 대한 시민의 권리 즉, 시민권이 복지국가의 발판이 되었다는 이론으로 권리로서의 복지를 주장한다. 이 이론은 복지에 대한 권리를 모든 사람들이 지니는 보편적 권리로 파악하고 복지수혜자에 대한 낙인감을 제거하고자 한다. 이러한 시민권은 재산권에서 자유권, 정치권을 거쳐 사회권으로 점차 확대·발전되었다.

Marshall(1963)에 의하면 시민권은 공동체의 구성원에게 부여된 하나의 지위이며, 이 지위를 소유한 모든 사람은 그 지위에 따르는 권리와 의무에 있어서 평등하다고 주장한다. 이는 공동체의 참여로 부여되는 당연한 권리로서의 복지를 의미한다. 즉, 복지국가를 사회전체 발전의 맥락에서 생각하여 자본주의와 민주주의를 포함하며 사회구성 원리로 간주한다.

시민권이론은 인간을 자유와 평등 안에서 사회적 권리를 누릴 수 있도록 시민권에 대한 개념 및 의의를 확장시켰다. 그러나 개인의 능력에 기초하여 자원의 배분이 이뤄지는 시장경제체제 하에서 평등한 분배적 권리를 갖는 것은 이러한 시민권 이론에서 제시하는 바처럼 진행될 가능성이 희박하며, 권리로서의 복지는 법에 명시되지 않는 사회복지정책 전체를 설명하기에는 부족하여, 이 이론역시 일반화에 어려움이 있다.

제6절 복지국가의 유형

1. Willensky와 Lebeaux의 이분적 모형

Willensky와 Lebeaux(1965)는 복지국가의 유형을 사회복지 서비스 제공 책임 주체와 제공 방법에 따라 '잔여적 복지 모형'(residual model)과 '제도적 복지 모형'(institutional model)으로 구분하였다.

1) 잔여적 복지 모형(residual model)

잔여적 복지 모형은 개인의 욕구가 1차적으로 가족, 시장을 통해 충족된다고 본다. 다만 가족 및 시장이 제대로 기능하지 못할 때 잠정적·일시적으로 그 기능을 대신하는 구호적 성격의 복지모형을 말한다. 그러나 구성원의 부족했던 기능이 회복되면 잔여적 복지 모형의 기능은 멈춘다고 본다. 잔여적 복지 모형은

개인의 책임을 중시하며 문제의 해결 역시 개인적 차원에서 이루어져야 한다고
여긴다.

2) 제도적 복지 모형(institutional model)

제도적 복지 모형은 사회적 욕구충족을 목적으로 하는 사회복지제도가 가족·
경제·정치·교육 제도와 같은 여타 사회제도와 동등한 수준에서 일차적·정상적으
로 제도화되어 있는 것으로 간주한다. 제도적 복지 모형은 사회문제에 대한 사
회 구조적 책임을 인정하기 때문에 문제해결에 있어서 사회 구조적 접근이 필요
하다고 여긴다. 즉, 현대사회에서 사회구성원들이 만족할 만한 수준의 삶을 누릴
수 있도록 국가가 적극적으로 개입하는, 사회적·제도적으로 조직화된 모형을 말
한다. 이 모형은 사회구성원 각각이 자신의 능력을 최대한 발휘하고 발전시킬
수 있도록 사회복지의 혜택을 받을 수 있어야 한다는 것을 주장하는 유형이라고
볼 수 있다.

2. Titmuss의 복지국가 유형

사회정책학자인 Titmuss(1974)는 Wilensky와 Lebeaux의 복지모형에 산업성
취수행 모형을 추가하여 복지모형을 '잔여적 모형', '산업성취수행 모형', '제도
적 재분배 모형'으로 분류하였다.

1) 잔여적 모형(residual model)

잔여적 모형이란 '잔류복지 모형'이라고도 불리며 개인의 욕구가 1차적으로
가족 및 시장을 통해 충족되어야 하고 그것이 제대로 기능하지 않을 때만 사회
복지가 일시적으로 기능해야 하는 것을 말한다. 이 모형에 있어서 사회복지제도
는 일시적인 것이며, 가족 및 시장의 역할과 기능을 우선시한다.

2) 산업성취수행 모형(industrial-achievement-performance model)

산업성취수행 모형은 '시녀 모형'(handmaiden model)이라고도 불리며 사회복지
를 경제발전의 부산물로 이해한다. 개인의 사회적 욕구는 그의 업적, 생산성, 성
취도에 기초해 충족된다고 본다. 즉, 사회복지는 국가나 사회에 대한 개인의 기
여 및 공헌과 연결되어 구성원들을 위한 유인책이나 보수의 측면, 즉 경제적 성

과물로 간주한다.

3) 제도적 재분배 모형(institutional redistribution model)

제도적 재분배 모형은 사회복지제도가 1차적이고 정상적으로 제도화되어 있는 것으로 개인의 욕구 충족에는 필연적이라고 본다. 즉, 사회복지 욕구를 가진 사회구성원들에게 보편적으로 평등하게 사회복지를 제공하는 모형이다.

☞ 표 9-1   Titmuss의 복지모형(1974년)

잔여적 모형	산업성취수행 모형	제도적 재분배 모형
• 1차적으로 가족과 시장을 통해 욕구충족이 안 되는 빈곤자나 요보호대상자를 대상으로 함 • 잠정적으로 최소한의 생활을 보장함	• 사회복지급여를 경제적으로 기여한 업적에 따라 결정 • 사회복지제도를 경제성장의 수단 또는 종속물로 보기 때문에 시녀모형이라고 함	• 사회복지제도를 사회의 주요한 요소로 간주 • 개인욕구의 원리에 입각하여 시장경제 메커니즘 외부에서 보편적 급여제공 • 평등추구의 입장

출처: 고명석 외, 2012: 65 참고하여 재구성

3. Furniss와 Tilton의 복지국가 유형

Furniss와 Tilton(1977)은 사회복지 욕구에 대한 정부의 개입형태에 따라 복지국가의 모형을 '적극적 국가'와 '사회보장국가' 그리고 '사회복지국가'의 3가지 형태로 구분된다.

1) 적극적 국가(the corporate-oriented positive state)

적극적 국가는 가장 중요한 정책목표를 지속적 경제성장으로 설정하고 이를 위해 정부와 자본이 공생관계를 유지하는 것을 최선으로 여긴다. 그러므로 적극적 국가에서는 자유방임주의와 개인주의를 바탕으로 한 자유경제시장체제에서 선호되는 사회적 강자들이 가장 큰 혜택을 받게 된다.

2) 사회보장국가(the social security state)

사회보장국가에서는 사회복지정책을 통해 국민 누구나가 최저수준의 삶을 보장받는다. 그러나 사유재산 체계하에서는 국민 모두의 생활안정을 약속할 수 없으므로 국가가 개입해야 한다고 본다. 사회는 사회보험뿐 아니라 사회부조나 보

편적 사회 서비스의 제공과 같은 제도도 운영한다. 사회보장국가에서는 국가의
책임 못지않게 개인의 동기, 기회 그리고 책임의 중요성도 동시에 강조한다.

3) 사회복지국가(the social welfare state)

사회복지국가에서는 경제정책이 사회복지정책의 영향을 받게 된다. 평등과 사
회통합의 실현을 목표로 상정하고 철저한 민주주의와 사회평등주의를 지향한다
는 점에서 사회복지국가는 사회보장국가와 차별성을 지닌다. 사회복지서비스는
취약계층에 대한 원조라는 성격을 초월하여 이들이 국가정책과정에 적극적으로
참여할 수 있게 하는 수단이다. 이처럼, 사회복지국가에서는 평등과 국민화합을
실현하기 위해 정부와 노조가 긴밀히 협조하고, 상대적 취약계층의 협조관계를
강화한다.

☞ 표 9-2 Furniss와 Tilton의 복지국가 유형 비교

	적극적 국가	사회보장국가	사회복지국가
국 가	미 국	영 국	스웨덴
특 징	지속적 경제성장 무한경쟁의 승자가 가장 큰 혜택	국민의 최저수준 보장 개인의 책임, 동기도 중시	평등과 사회통합이 목표 철저한 민주주의와 사회 평등주의

4. Mishra의 복지국가 유형

Mishra(1984)는 복지국가의 위기를 극복하고, 새로운 복지국가를 모색하는 차
원에서 복지국가유형을 '분화된 복지국가'(pluralist or differentiated welfare state)와
'통합적 복지국가'(corporatist or integrated welfare state)로 분류하였다.

1) 분화된 복지국가(pluralist or differentiated welfare state)

분화된 복지국가는 사회복지와 경제가 분리되어, 자율성을 유지하며, 경제영역
에서 수요 및 고용창출을 방해하는 사회복지는 제한한다. 즉 정부는 경제활동
활성화를 강조하며, 자유로운 경쟁방식을 채택한다.

2) 통합적 복지국가(corporatist or integrated welfare state)

통합적 복지국가는 경제와 정치 그리고 사회복지가 조화를 이루어 상호보완적 기능을 할 수 있다. 즉 각 부문을 규제하고, 협력 가능하게 하여 계층간의 합의를 이루도록 한다. 이를 통해 주요 세력들간의 균형을 유지하게 한다.

5. Esping-Anderson의 복지국가 유형

Esping-Anderson(1990)은 탈상품화의 정도와 복지국가 정책에 의한 사회계층체제의 형태를 기준으로 복지국가를 '자유주의 복지국가'(liberal welfare state), '조합주의 복지국가'(corporatist welfare state), '사회민주주의 복지국가'(social democratic welfare state)로 구분한다. 그는 복지국가는 역사의 산물이며 사회계급 간의 투쟁의 산물이라는 점을 전제로 한다. 탈상품화는 근로자가 자신의 노동력을 상품으로 시장에 내다팔지 않고도 생활을 영위할 수 있는 정도를 의미하며, 탈상품화가 높을수록 복지선진국을 의미하게 된다.

1) 자유주의 복지국가(liberal welfare state)

자유주의 복지국가는 소득조사에 의한 공공부조 프로그램이 중시되고 사회복지 급여의 대상은 저소득층이 된다. 자유주의 복지국가에서는 개인에 대한 복지의 1차적 책임은 가족이 지며, 가족능력으로 가족구성원 개개인의 복지문제를 해결하는 데 실패한 경우 2차적으로 국가가 개입하게 된다 그러므로 이 체제에서는 탈상품화 효과와 재분배 효과가 미약하다. 자유주의 복지국가 유형의 예는 미국, 캐나다, 영국, 호주 등을 들 수 있다.

2) 조합주의 복지국가(corporatist welfare state)

조합주의 복지국가에서는 자유주의 복지국가의 시장효율성과 노동력의 상품화 문제는 중요하지 않다. 조합주의 복지국가에서는 국가가 수행하는 사회복지의 제공을 통해 사회적 지위의 차이를 유지시킨다. 이 유형에서는 국가복지재분배의 효과는 적고 보험의 원칙을 강조한다. 즉 사회보험이 중요시되며 직업별 다양한 복지제도가 존재한다. 개인복지의 1차적인 책임은 가족에 있으며, 국가는 2차적 책임을 담당한다. 그러므로 이 모형에서도 탈상품화 효과는 제한적이다. 오스트리아, 프랑스, 독일, 이탈리아 등이 이 유형에 해당되는 국가라 할 수 있다.

3) 사회민주주의 복지국가(social democratic welfare state)

사회민주주의 복지국가는 보편주의 원칙과 사회권을 통한 탈상품화의 효과가 크다. 국가 대 시장, 노동계급 대 중간계급 사이의 이중성을 피하고 최소한의 평등을 추구한다. 사회의 모든 계층이 하나의 보편적이고 포괄적인 복지체계에 통합된다. 사회의 모든 구성원이 급여를 받고 국가에 의존하며 모든 사람이 지불의무를 지닌다. 이 모형에서는 복지를 가족의 복지능력이 약화될 시점까지 기다리지 않고 미리 가족생활의 비용을 사회화한다. 탈상품화 효과가 가장 큰 사회민주주의 복지국가의 유형에는 스웨덴, 덴마크, 핀란드, 노르웨이 등의 스칸디나비아국가들이 해당된다.

☞ 표 9-3 Esping-Anderson의 복지국가 유형 비교

국가 유형	자유주의 복지국가	조합주의 복지국가	사회민주주의 복지국가
주요 프로그램	공공부조	사회보험	기초연금을 기본으로 하는 보편적 사회보장제도
급여 단위	가족	가족	개인
급여 수혜조건	자산조사	취업활동 및 사회보험가입	시민권
급여와 서비스 질	시장에서 행한 역할에 따라 차이가 남	수평적 재분배	수직적 재분배
고용 및 노동에 대한 국가 개입	국가는 최후의 개입보루	조합주의적 전통	공공서비스망 구축, 돌봄 및 가사노동 경감을 통한 취업 촉진
사회적 서비스 공급에 있어 국가, 시장, 가족간의 관계	시장에 맡김 가족의 개인에 대한 책임을 강조하고 가족의 실패 후에 국가가 최소한으로 개입	가족의 개인에 대한 전통적 역할을 강조하고 가족이 실패한 후 국가가 개입 부양아동을 가진 여성의 노동시장 참여 동기를 저하시키는 정책	가족역할의 책임을 크게 사회화하고 가족이 실패하기 전에 개입 완전고용 추구
여성의 삶	무보수, 돌봄 노동, 높은 취업률 이면의 불완전 노동	돌봄 가사노동 담당자로서 여성, 노동시장에서의 성차별, 낮은 취업률	높은 취업률, 공공서비스망을 통한 돌봄 가사노동 부담경감

탈상품화 수준	최소화: 사회적 위험 발생시 최소한의 수준을 보장하는 사회적 연결망	중간 수준	높은 수준
주요 국가	미국, 캐나다, 영국, 호주	오스트리아, 프랑스, 독일, 이탈리아	스웨덴, 덴마크, 핀란드, 노르웨이

6. George와 Wilding의 복지이념 모형

George와 Wilding(1985)은 사회가치, 사회조직관, 사회복지관, 복지국가에 대한 관점, 빈곤완화에 대한 국가책임에 대한 견해를 기준으로 '반 집합주의', '소극적 집합주의', '페이비언사회주의', '마르크스주의'로 복지국가를 유형화하였다.

1) 반 집합주의(신우파)

Hayek와 Friedman으로 대표되는 반 집합주의자는 다른 사람의 간섭 혹은 의지로부터의 자유, 즉 소극적 자유를 강조한다. 인간을 자신들의 이익을 위하여 자신의 능력을 최대한 발휘하는 존재로 파악하고, 평등은 경제적으로 노동 동기를 감소시키고, 사회적 존경심을 파기시킨다고 주장한다. 또한 정치적 평등이 성취되기 위해서는 강제를 필요로 하므로 평등의 추구는 자유를 위협한다고 주장한다. 즉 불평등은 경제성장에 기여하므로 정당화하며, 수요와 공급, 이윤, 자유로운 임금협약을 강조한다. 사회복지에 있어서는 비효율성, 전체주의를 이유로 국가의 개입을 원칙적으로 반대하며, 자신의 기본 복지를 책임질 수 없는 이들에게만 제한적으로 국가의 복지개입을 인정한다. 즉 국가의 복지책임보다는 민간시장의 가격 메커니즘(mechanism), 이윤동기를 중요시 여긴다.

2) 소극적 집합주의

Beveridge와 Keynes가 제시하는 소극적 집합주의는 결핍, 불결 등 사회악으로 인한 경제적 예속으로부터 자유로울 수 있도록 개인주의와 자조에서 출발하여, 혁신과 창조를 통해 보다 나은 사회를 구현한다는 것이다. 이들 역시 경제적 보상에서 차이가 없으면, 효율성이 저하된다고 여기나, 소득의 재분배는 인정한다. 즉, 소극적 집합주의자들은 자본주의의 결함을 인정하고 수정 가능성을 열어두는 실용적인 노선을 취한다. 즉 자본주의는 비효율, 낭비적인 요소를 소지하고 있으며 비리와 빈곤도 소멸시킬 수 없다고 본다. 그러므로 국민의 최저수준 보장만을 국가가 책임지고, 그 이상은 사회보험 프로그램 등을 활용하며 시장과 개인의 책임으로 돌린다. 이들은 문제해결의 차원에서 복지국가를 찬성하며 시장의 실패 상황에 대한 대책을 마련하며 불평등보다는 빈곤 제거, 재분배보다는 사회적 균형의 유지에 주안점을 둔다.

3) 페이비언 사회주의(Fabian Socialism)

Titmuss와 Crosland 등이 주장하는 페이비언 사회주의는 평등의 가치를 강조한다. 사회적 조화와 절적한 생산, 그리고 이를 통한 효율의 추구, 사회 정의의 추구를 중시한다. 페이비언 사회주의자들은 책임과 능력에 따른 차등적 보상을 인정하며 자신이 원하는 것을 할 수 있는 적극적 자유도 강조한다. 뿐만 아니라 경쟁보다는 협동, 권리보다는 의무, 개인의 요구보다는 공동체의 선, 자조보다는 이타심을 강조한다. 그러므로 수정자본주의하에서 정부는 국민경제생활의 조정자가 될 수 있으며, 국가는 사회주의 건설의 도구로 이용될 수 있다고 확신하며, 불평등의 완화, 재분배 기능 등의 역할을 국가의 책임으로 간주한다. 이들은 국가복지와 민간복지의 공존을 인정하지만, 국가의 사회복지 역할의 확대를 주장한다. 결과적으로 이들은 복지국가의 확산을 통해 자본주의의 개혁과 사회주의로의 이행이 가능하다고 본다.

4) 마르크스주의(Marxism)

Marx, Miliband, Laski 등은 복지가 적극적 자유, 경제적 평등에 의해 실현 가능하다고 본다. 이들은 생산수단의 계급적 독점으로 인한 계급갈등을 자본주의의 고질적인 병폐로 간주하였으며, 자본주의에서 국가는 자본가계급의 하수인으로 평가한다. 그러므로 이들은 개별적인 사회복지서비스와 대안제시 보다 자본주의 사회에서 사회복지는 피지배계급의 투쟁에 의한 자본가계급의 양보에 의해 이루어질 수 있다고 판단한다. 결과적으로 이들은 모든 사회문제의 근원은 계급갈등에 있으므로 국가를 통한 빈곤이나 불평등 제거가 불가능하다고 본다.

제7절 복지국가의 쟁점

오늘날에도 복지국가로의 발전을 저해하는 다양한 비판이 존재한다. 이를 요약하자면, 복지국가는 경제성장을 저해하고, 빈곤층을 양산하고, 빈곤층의 의존심을 증가시키고, 가족구조의 변화를 초래하여 복지욕구를 증가시킨다는 것이다. 그러나 이에 대한 반박도 존재한다. 이러한 주요쟁점에 대한 견해를 정리해 보면 다음과 같다. 복지국가를 둘러싼 논쟁을 바탕으로, 현 사회의 정치·경제·사회적 상황을 종합적으로 파악하여, 복지국가를 위한 제도와 정책을 운영할 필요가 있을 것이다.

1. 복지국가의 경제성장 저해 여부

복지국가가 경제성장을 저해한다는 주장은 복지확대로 인해 산업생산 부문이 위축되며, 생산부문의 생산성을 향상하기 위해 사용될 자원이 줄어들어, 결과적으로 자본가들의 이윤을 줄이고 자본가들은 투자를 줄이는 악순환이 발생하게 된다는 것이다. 하지만 사회복지서비스의 확대가 항상 산업을 위축시키는 것은 아니며 산업경쟁력 약화로 인한 위축이 사회복지 서비스의 확대로 이어졌다고 볼 수도 있다. 또한 경험적으로도 사회복지의 확대와 산업둔화의 인과관계를 보편타당하다고 실증적으로 증명하기는 쉽지 않다.

또한, 복지국가의 확대가 노동력 공급의 감소를 불러와 국가성장률을 둔화시킨다는 주장에는 다양한 근로동기 강화를 꾀하는 사회복지제도의 존재가 이를 반증하고 있으며, 소위 아동, 장애인, 노인 등 근로능력이 없는 빈민(deserving poor)이라고 하는 근로 무능력자만이 근로활동에 참여하지 않고 사회복지혜택을 받고 있다는 점을 통해서도 이러한 주장에 반박하고 있다.

마지막으로 복지국가의 확대가 국민들의 저축을 막고 자본축적을 저해해 투자의 감소를 일으킨다는 주장은 사람들의 저축동기 영향요인을 지나치게 복지라는 단편적인 요소만으로 파악한다는 점에서 한계를 지닌다고 주장한다.

2. 복지국가의 빈곤층 양산 여부

복지국가의 확대가 빈곤층을 양산한다는 논리는 사회복지를 통한 재분배 정책도 사회 전체적으로 자원이 있을 때 가능하며, 그렇지 못한 경우에는 결국 빈곤층이 늘어나게 된다고 주장하며, 경제성장을 추구하여야 만이 빈곤층의 어려움을 해결할 수 있다고 본다. 그러나 이러한 주장에 대해서는 이론적으로나 실증적으로도 경제성장 만으로 빈곤율이 줄어든다는 자료도 존재하지 않으며, 공급자 측면의 정책은 빈부간의 불평등을 증가시키며, 부자로부터 빈곤층으로의 낙수효과(trickle down effect)가 나타나는 데에는 상당한 시간이 걸릴 것이며, 그 효과가 적절하리라는 보장도 없다고 반박한다.

3. 복지국가의 빈곤층 의존심 증가 여부

복지국가가 확대되면서 복지서비스에만 의존하는 이들이 증가한다는 의견에 대해서는 그간의 복지프로그램이 수혜자들의 의존성을 높였다는 실증적인 연구가 충분하지 않으며, 장기간 수혜를 받은 이들은 근로능력을 제대로 갖추지 못하여 프로그램의 혜택을 받을 수밖에 없었으며, 이들의 대부분은 사회적 약자들이었다고 반박한다.

규범적인 측면에서도 복지혜택을 받을 자격이 없는 사람들이 서비스를 받는다는 점이 복지국가가 비판을 받는 내용인데, 한 개인이 복지혜택 수급의 원인이 개인의 책임인가 사회적 책임인가를 판단하는 것이 우선시되어야 하며 수급 여부의 판단은 제도운용상의 문제라고 할 수 있다고 반박한다.

4. 복지국가의 가족구조 변화 초래로 인한 복지욕구 증가 여부

복지국가의 확대가 가족구조의 변화를 초래하고 복지욕구를 증가시킨다는 주장에 대해서는 가족구조를 변화시키는 요인은 경제적 요인뿐 아니라 그 외의 다양한 요인이 존재한다는 점, 즉 가족구조의 변화는 복지국가 변수만으로는 설명하지 못하는 다양한 요인에 의해 발생한다고 반박한다. 따라서 복지프로그램의 증가가 가족구조의 변화에 부정적 영향을 끼쳤다는 주장은 한계가 있다고 주장한다.

생각해 볼 문제 및 과제

1. 복지국가의 개념에 대해 생각해 보자.

2. 서구 복지국가의 발전 과정과 한국 복지국가의 발전 과정을 비교해 보자.

3. 복지국가의 특징과 가치를 설명해 보자.

4. 다양한 복지국가 관련 이론 및 유형들을 비교해 보자.

5. 복지국가의 성장과 관련한 쟁점들에 대해 논의해 보자.

참고문헌

김교환(2002). 현대복지국가론. 교육과학사.

김상균, 최일섭, 최성재, 조흥식, 김혜란(2004). 사회복지개론. 나남출판.

김윤태, 김진욱, 박경순, 신동면, 양재진, 윤도현, 조흥식(2010). 한국 복지국가의 전망. 한울.

김은수(2009). 복지국가 재편에 관한 연구. 국제신학, 11, 367-402.

김태성, 성경륭(2003). 복지국가론. 나남출판.

김태성, 성경륭(2008). 복지국가론. 나남출판.

박종삼, 유수현, 노혜련, 배임호, 박태영, 허준수, 김교성(2006). 사회복지학개론. 학지사.

송호근, 홍경준(2006). 복지국가의 태동. 나남출판.

Beveridge, W. (1942). Social Insurance and Allied Services. London: Her Majesty's Stationery Office.

Briggs, A. (1961). The Welfare State in Historical Perspective. European Journal of Sociology. 2. 221-258.

Esping-Andersen, G. (1990). The Three Worlds of Welfare Capitalism. New Jersey: Princeton University Press.

Esping-Anderson, G., Gallie, D., Hemerijck, A., & Myles, J. (2006). 21세기 새로운 복지국가. 유태균 역. 나남.

Furniss, N., & Tilton, T. A. (1977). The Case for the Welfare State. Bloomington: Indiana University Press.

George, V. & Wilding, P. (1985). Ideology and Social Welfare. Psychology Press.

George, V., & Wilding, P. (2004). 세계화와 인간복지. 김영화, 권현수, 박남도, 박태정 옮김. 삼우사.

Marshall, T. H. (1963). Sociology at the Crossroads and Other Essays. London: Heinemann.

Mishra, R. (1984). The Welfare State in Crisis. Brighton: Wheatsheaf Books.

Mishra, R. (1990). The Welfare State in Capitalist Society. Harvester Wheatsheaf.

O'Connor, J. (1973). The Fiscal Crisis of the State. New York: St. Martin's Press.

Pampel, F. C. & Williamson, J. B. (1992). Age, Class, Politics and the Welfare State. Cambridge: Cambridge University Press.

Evans, P. B., Rueschemeyer, D., & Skocpol, T. (1985). Bring the State Back in. Cambridge: Cambridge University Press.

Skocpol, T. & Amenta, E. (1986). States and Social Policies. Annual Review of Sociology, 12. 131-157.

Pierson, C. (1991). Beyond the Welfare State. Cambridge: Polity Press.

Piven, F. Fox & Cloward, R. A.(1972). Regulating the Poor. New York: Vintage books.

Titmuss, R. M.(1974). Social Policy: an Introduction. London: George Allen and Unwin Ltd.

Titmuss, R. M.(1976). Commitment to Welfare. London: Allen and Unwin Ltd.

Wilensky, H. L.(1975). The Welfare State and Equality. Berkeley: University of California Press.

Wilensky, H. L. & Lebeaux, C. N.(1965). Industrial Society and Social Welfare. New York: Free Press.

법제처 국가법령정보센터, www.law.go.kr.

http://blog.daum.net/best0067/8376150.

http://cyber.chongju.ac.kr/welfare.

찾아보기

Index

◀ 인명색인

공저자 약력

김욱
Fordham University Graduate School of Social Service
사회복지학박사(Ph.D.)
경기대학교 사회과학대학 사회복지학과 교수

이홍직
Columbia University School of Social Work
사회복지학박사(Ph.D.)
강남대학교 사회복지학부 부교수

강선경
Columbia University School of Social Work
사회복지학박사(Ph.D.)
서강대학교 신학대학원 사회복지학과 교수

김학주
Washington University School of Social Work
사회복지학박사(Ph.D.)
동국대학교 불교대학 사회복지학과 부교수

사회복지학총서 **사회복지총론**

초판인쇄   2015. 3. 5
초판발행   2015. 3. 10

저 자   김욱·이홍직·강선경·김학주
발행인   황 인 욱
발행처   도서출판 **오 래**
　　　　　서울특별시용산구한강로2가 156-13
　　　　　전화: 02-797-8786, 8787; 070-4109-9966
　　　　　Fax: 02-797-9911
　　　　　신고: 제302-2010-000029호 (2010. 3. 17)

ISBN 978-89-94707-06-8   93330

http://www.orebook.com
email orebook@naver.com

정가   11,000원

이 도서의 국립중앙도서관 출판시도서목록(CIP)은
서지정보유통지원시스템 홈페이지(http://seoji.nl.go.kr)와
국가자료공동목록시스템(http://www.nl.go.kr/kolisnet)에서 이용하실 수 있습니다.
(CIP제어번호: CIP2015004455)